KB139489

상대적이며 절대적인
세계사

상대적이며 절대적인 세계사

9개 테마로 읽는 인류 문명의 역사

표학렬 지음

인물과
사상사

다원화 시대에서
세계사 읽기

과거 역사 교과서는 시대 구분이 특징이었다. 고대, 중세, 근대, 현대 등으로 시대를 나누고 이에 따른 각 시대의 특징을 노예제, 봉건제, 자본주의 등으로 설명했다. 19세기 유럽에서 유행해 우리에게 근대 학문으로 도입되었던 시대 구분에 입각한 발전 사관은 가장 기본적인 역사관이었다.

그러나 이제는 시대 구분에 입각해 역사를 설명하지 않는다. 한국사 교과서에도 고대나 중세라는 말이 없어졌고, 세계사 교과서도 지역별로 나눌 뿐이다. 그 대신 그 빈자리를 대체한 것은 다양한 주제사다. 여성사, 종교사, 문화사, 물질사 등이 대유행이다. 우리는 서점에서 세계사를 흔든 약물, 식품, 무역, 교통, 질병 등을 다룬 역사서를 쉽게 접할 수 있다. 우리는 다양한 주제로 접근해오는 여러 역사책을 흥미롭게 읽다가 문득 이런 질문에 부딪히게 된다. 나는 어떤 역사를 공부해야 하는 것일까?

최근 이슬람 혐오가 화제가 되고 있다. 모 지역에 이슬람 모스크를 지으려 했는데 지역 주민들이 반대하고, 이슬람 난민 수용에 반대하는 온라인 시위가 일어나기도 했다. 그런데 이는 우리만 그런 것이 아니다. 이슬람과 교류가 많은 프랑스 등 유럽은 오래전부터 이와 관련한 사회적 논쟁이 있었다. 이슬람 테러에 대해서도 1960년대 알제리 독립운동 탄압과 관련해서 프랑스는 큰 내홍을 겪은 바 있다.

미얀마 민주화 시위, 홍콩 민주화 시위 등 한국의 국제적 위상이 높아지면서 지지와 성원을 바라는 사건도 많이 생겨나고 있다. 그런데 이는 동남아 지역 정치나 중국과의 외교 문제로 한국 정부에서 많이 고민하는 문제이기도 하다. 역사적으로 본다면? 한층 더 복잡한 문제가 있다. 미얀마의 정체성, 홍콩의 정체성 논쟁은 너무 민감해서 감히 건드리기를 주저하게 될 정도다.

세계화 시대 한국은 전 세계와 교류하는 국가로 성장했고 발전할수록 그 역할을 요구받는 선진국이 되고 있다. 한국의 시민사회가 발달하면서 과거와 달리 다양하게 국제적 현안에 대해 발언하고 있다. 1975년 인혁당 사건 당시 제임스 시노트James Sinnott 신부의 항의가 한국 정부를 곤혹스럽게 한 것처럼 이제 한국 시민사회의 발언과 개입은 수많은 국제적 분쟁에 영향력을 행사하고 있다. 지금은 세계화 시대이고, 우리도 지구촌의 일원으로 어떤 식으로든 역할을 하고 있는 것이다.

1990년대 냉전이 종식되고 신자유주의가 발전하면서 이에 발맞추어 나온 것이 포스트모더니즘이다. 포스트모더니즘 하면 어렵게 느껴지지만 우리는 『총, 균, 쇠』나 『음식의 세계사』 등의 다양한 베스트셀러를 통해 이미 익숙해져 있다. 다양한 주제와 분야의 역사가 대유행하면서 국가와 정치에 매몰된 기존 역사를 극복하고 새로운 역사를 써내려가고 있다.

이 책은 이러한 다원화와 다문화 시대와 관련한 여러 주제 중 특히 우리가 많은 관심을 가지고 있는 분야의 역사에 대해 서술하려 한다.

각 민족의 대표적 신화를 소개하고자 한다. 신화는 민족 형성기의 역사를 반영하면서도 현대 문화 콘텐츠의 기본 구조로 강력한 영향력을 발휘하고 있다. 그리스 신화가 영화〈스타워즈〉가 되고 북유럽 신화가 영화〈반지의 제왕〉이,『성경』이 영화〈어벤져스〉의 기본 스토리 구조를 형성한다는 것은 주지의 사실이다. 그리고 독자적 창조신화를 갖고 있는 티베트인들의 독립 여망도 이해할 수 있을 것이다.

다음으로 종교와 정치의 이야기를 소개하고자 한다. 종교는 항상 정치권력과 밀접한 관계를 맺으며 발전해왔고, 그것이 새로운 역사 발전의 원동력이 되었다. 신탁이 없었다면 그리스는 페르시아에 멸망했을지도 모르고, 종교개혁이 없었다면 영국의 무적함대도 없었을 것이다. 종교를 부정한 과학이 누린 종교적 지위라는 역설이 오늘날 어떤 영향을 미치는지도 흥미로운 주제일 것이다.

선동 정치의 역사에서 선동이 왜 민중과 밀접한 연관을 맺는지, 오늘날 인터넷과 미디어의 정치 선동이 왜 중요한지 생각해볼 것이다. 선동은 무지몽매한 민중을 역사적으로 올바르게 이끌 수 있는 힘이었지만, 금단의 흑마술처럼 정반대의 결과를 낳기도 했다. 거짓으로 점철된 프랑스혁명의 역사적 영향은 상상을 초월한다.

전쟁과 역사의 관계도 이야기하고 싶다. 모두 평화를 사랑하지만 폭력은 역사를 바꾸는 힘이기도 했다. 전쟁은 그 파괴적 재앙 속에서도 인류에게 변화의 계기가 되었다. 전쟁만큼 인간의 모순된 얼굴이 또 있을까?

미군의 아프가니스탄 철수로 다시 중동 이슬람 사회가 국제적 이슈가 되고 있다. 그러나 이슬람은 중세시대 가장 발달된 남녀 관계를 자랑했다. 19세기 유럽인에게 퇴폐적으로 묘사되었던 이슬람 세계의 여성 이야기는 사실 권위적인 유럽 남성이 바라본 자유로운 이슬람 여성에 대한 성적 판타지였던 것이다. 그런데 왜 이슬람 세계는 이토록 남녀차별적 사회가 되었을까?

한일 관계를 이해하기 위한 일본사 이야기도 소개하고자 한다. 일본 천황이 대부분 무력한 상징적 존재였다가 메이지유신 이후 강력한 권력을 잡게 되었다고 생각하는 독자가 많다. 그러나 갑자기 일본 천황이 국가의 독재권력을 행사할 수는 없다. '무기력한 천황'론은 패전 후 일본 우익 세력이 천황을 보호하기 위해 만든 이데올로기 중 하나다. 실체가 있는 천황 중심으로 일본사를 보는 것도 흥미로울 것이다.

우리는 20세기 마르크스주의라는 실패한 이상주의와 대면해야 했다. 그러나 역사 속에서 이상주의의 실패는 보기 드문 일은 아니었다. 그런 의미에서 본다면, 마르크스주의 역시 수많은 실패 중 하나이며, 우리는 또 다른 이상을 찾아나설 것이다. 그들의 실패 속에 인류는 꾸준히 더 나은 사회를 향해 전진했기 때문이다.

여성사를 빼놓고 페미니즘의 시대를 이야기할 수 없을 것이다. 이 책에서는 중요한 여성 정치 지도자들을 소개했다. 나는 종종 교실에서 여학생들에게 "야망을 가져라", "대통령을 꿈꿔라"라고 가르친다. 지도자는 만들어지는 것이지 하늘에서 떨어지지 않는다. 여성 정치의 시대, 여성 정치인을 양성하기 위한 많은 고민이 필요하다.

마지막으로 한 시대를 풍미한 도시들의 당대 모습을 재현했다. 우리가 아는 과거 도시는 지금은 무너지거나 낡은 건물과 돌조각만 남았다. 사람의 정취를 느낄 수 없는 돌조각의 도시 잔해는 얼마나 허무한가? 향수 거리가 있는 콘스탄티노플과 모란이 풍성했던 당나라 장안으로 가서 전성기 도시의 찬란함을 간접 체험하며 도시가 갖는 역사적 의미를 생각해보는 것도 좋은 일일 것이다.

오늘날 역사를 공부하는 이유는 각자의 목적과 주제에 따라 천차만별이다. 역사를 통해 교훈을 얻어야 한다고 하지만, "과거 상황이 그대로 복제되지 않는 한 어떤 교훈이 가장 적절할지 알 수 없다.…… 우리는 과거를 특정 위치에 고정시켜서는 안 되고 논쟁해야 한다".●

우리는 새로운 것을 얻기 위해 역사를 공부한다. 이미 들어서 알고 있는 것이라 해도 다른 시각에서 보거나 다른 의도에서 본다면 충분히 논쟁거리가 되는 역사를 가질 수 있지 않을까? 이 책이 작은 도움이 되기를 바란다.

2021년 10월
연희동에서

● 사라 마자, 박원용 옮김, 『역사에 대해 생각하기』, 책과함께, 2019년, 333쪽.

차례

제
1
장

신화 이야기

그리스 신화

타이탄의 시대와
올림포스 12신의 시대

태초에 세상은 아무것도 구분되지 않는 하나였다. 모든 것은 뒤죽박죽 섞여 있는 혼돈, 즉 카오스의 시대에 신들이 만물을 구분하기 시작했다. 땅과 하늘이 나뉘고 바다와 육지가 나뉘었다. 창조의 신은 땅과 바다를 정리하고 짐승을 만들고 마지막으로 사람을 만들었다. 인간을 만든 신은 프로메테우스였다. 프로메테우스는 자신이 만든 인간을 사랑했기에 신의 불을 훔쳐 인간에게 주었다. 결국 이 일로 제우스의 진노瞋怒를 사서 프로메테우스는 영원히 간이 쪼여 먹히는 벌을 받고 말았다.

하지만 프로메테우스는 남자만 만들었기에 제우스가 여자를 만들었다. 최초의 여자가 판도라다. 하지만 판도라는 인간과 결혼한 것이 아니라 프로메테우스의 동생 에피메테우스와 결혼했다. 처음에 여자는 인간 남자와 동격의 존재가 아니었던 모양이다.

그리스인들은 신을 믿었지만 신보다 인간을 중시했다. 그래서 창조신화는 어딘가 뒤죽박죽이다. 단일한 교리가 없고, 다양한 이설異說이 존재한다. 절대적이고 권위적인 창조신화는 역시 인간보다 내세를 중시하는 민족에게 어울리는 모양이다.

그리스 신화가 인간 중심적인 것은 그 문화가 융합적 문화로서 다양한 민족 간의 교류 속에서 만들어졌기 때문이다. 가장 오랜 인류 문명인 중동 지방의 메소포타미아 문명이 서서히 서쪽으로 이동했고, 찬란한 북아프리카 문명의 중심인 이집트 문명은 지중해 서안을 따라 북상했다. 이 두 문명이 만난 곳이 에게해, 바로 그리스 앞바다의 섬과 해안 지역이었다. 그리스 토착 문명이 이집트 문명과 메소포타미아 문명과 만나면서 만들어진 것이 바로 그리스 문명이고, 그 속에서 그리스 신화가 탄생한 것이다.

미개한 그리스인들은 이집트나 중동의 선진 문명을 가진 자들을 대단히 두려워했다. 최초의 그리스 문명 중 하나로 추정되는 크레타 문명과 관련된 테세우스 신화가 이를 잘 보여준다. 테세우스는 아테네의 왕자였는데, 아테네는 크레타섬의 미노스 왕에게 인신공양을 해야 했다. 크레타섬의 미궁에 사는 반인반수의 괴물 미노타우로스에게 남녀 14명을 바쳤던 것이다. 테세우스는 스스로 공물이 되어 크레타섬으로 가서 미노타우로스를 죽이고 아테네의 오랜 인신공양의 역사를 끊어냈다.

여기서 주목할 것은 미노타우로스다. 머리가 소이고 몸이 인간인 이 괴물은 이집트의 신들에 대한 묘사와 흡사하다. 이는 이주민 문명인 크레타 문명이 그리스 본토의 침입을 받아 파괴된 역사적 사실과

테세우스는 반인반수 괴물 미노타우로스를 죽이고 아테네의 오랜 인신공양의 역사를 끊어냈다.

부합하는데, 외부의 이질적 문명이 점차 그리스 토착 문화와 융합해 독자적인 그리스 문명으로 발전하고 있음을 보여주는 것이다.

그리스 신화는 두 단계로 구분된다. 처음은 거대하고 잔인한 신족 타이탄의 시대이고, 그다음이 인간적이고 인간을 보살피는 제우스 등 올림포스 12신의 시대다. 타이탄의 시대는 앞서 언급한 이주민 문명이 지배하던 시기로 추정되며, 올림포스 12신의 시대는 그리스 문명의 토착화가 완성된 이후로 보고 있다. 그 시기를 명확히 구분하기는 어렵지만, 기원전 1600년 무렵 미케네 문명이 크레타 문명을 파괴했을 때로 보는 것이 타당하다. 그러나 미케네 문명이 도리아인에 의해 파괴된 기원전 12세기 무렵부터 폴리스의 시대가 열리는 기원전 8세기 사이로 추정할 수도 있다.

헤라, 아프로디테, 아테네의
여신 전쟁

그리스 문명이 남긴 가장 위대한 문학 유산인 『일리아드』는 바로 미케네 문명 시대의 트로이 전쟁을 무대로 하고 있다. 트로이 전쟁 이야기는 다음과 같다.

신의 여왕 헤라, 미의 여신 아프로디테, 지혜의 여신 아테네가 최고로 아름다운 여신의 자리를 두고 다투었다. 제우스는 여신들의 다툼에 끼고 싶지 않아 애꿎은 양치기 파리스에게 그 일을 떠넘겨버렸다. 여신들은 파리스에게 환심을 사기 위해 조건을 내걸었는데, 그중 아프로디테가 내건 지상 최고의 미녀를 아내로 맞이하게 해주겠다는 조건에 파리스가 넘어가고 말았다.

결국 최고 미모의 여신은 아프로디테가 되었고, 파리스는 약속에 따라 최고의 미녀인 메넬라오스의 아내 헬레네를 유혹해 고향 트로이로 가버렸다. 파리스는 트로이의 왕 프리아모스의 아들이었는데, 파리스가 나라에 재앙을 불러오리라는 예언 때문에 추방했다가 큰 곤경에 빠지게 되었다.

트로이는 현재 터키에 해당하는 소아시아 지역의 대표 도시국가였다. 반면 메넬라오스는 그리스 지역 스파르타의 왕이었다. 그리스 지역 왕들은 이 사건을 계기로 트로이를 격파하고 소아시아 지역을 지배하려 동맹을 맺고 쳐들어왔다. 그리스는 여신 경쟁에서 패한 헤라와 아테네, 그리스 지역을 대표하는 영웅 오디세우스와 아킬레우스가 있었다. 반면 트로이는 파리스를 궁지로 몬 제우스와 승리자 아프로디테, 트로이의 영웅 프리아모스와 헥토르가 있었다. 몇 년을 끌었

신의 여왕 헤라, 미의 여신 아프로디테, 지혜의 여신 아테네가 최고로 아름다운 여신의 자리를 두고 다투었다. 페테르 파울 루벤스Peter Paul Rubens의 〈파리스의 심판〉(1638년).

던 이 전쟁은 신들의 다툼이자 영웅들의 전쟁이었는데, 결국 오디세우스의 목마의 계책으로 그리스의 승리로 끝이 났다.

트로이 전쟁을 노래한 서사시 『일리아드』와 그 후속작이라 할 『오디세이아』는 그리스 신화의 완성판이자 정수라고 할 수 있다. 사실 그리스 신화는 정리된 내용 없이 다양한 이야기가 다양한 기록에 실려 전해진 것이다. 오늘날 우리에게 익숙한 그리스 신화는 19세기 미국의 토머스 불핀치Thomas Bulfinch, 1796~1867가 정리한 것에 지나지 않는다.

19세기 그리스와 그 중심 도시 아테네는 유럽이라기보다 아시아에 가까운 지역이었다. 오랫동안 이슬람의 지배를 받아 유럽의 영향에서 벗어나 있었고, 기독교나 이슬람이 보기에 그리스 신화는 이교異敎의 신화였기에 극히 일부만이 예술의 소재로 활용될 뿐 대부분은 잊혀 있었다. 수많은 그리스의 유적이 잡초 속에서 이름 모를 들짐승의 보금자리 속에 숨어 있었다.

잠들어 있던 유적을 깨운 이는 독일의 고고학자 하인리히 슐리만Heinrich Schliemann, 1822~1890이었다. 어릴 때부터 『일리아드』에 빠져 있던 그는 트로이 전쟁이 실제 사건이라고 믿고 그의 일생을 트로이 유적 발굴에 바쳤다. 물론 19세기 '발굴'은 오늘날 관점에서 보물찾기에 더 가까운 것이었지만, 보물에 대한 열정이든 역사에 대한 열정이든 그

수많은 그리스의 유적을 발견한 사람은 독일의 고고학자 하인리히 슐리만이었다. 그는 일생을 트로이 유적 발굴에 바쳤다.

는 트로이 유적을 발굴하는 데 성공했다. 그의 성공 전후로 그리스 신화는 아테네의 철학만큼이나 인류의 소중한 문화유산으로 다가왔다.

그러나 정확하게 말하자면, 그는 트로이 전쟁의 유적을 발굴하지 못했다. 그가 발굴한 트로이 유적은 트로이 전쟁 이전의 트로이 유적이었다. 그는 트로이 전쟁 당시의 지층을 지나 더 깊은 지층의 도시 유적을 발굴했다. 트로이가 여러 차례 파괴되고 복구되었다는 사실까지 알지 못했던 것이다.

역사상 최고의 SF 영화로 손꼽는 〈스타워즈〉 등 서양의 스토리 콘텐츠는 대부분 그리스 신화와 『성경』에서 기원한다고 한다. 그리스 신화야말로 현대 인류 문명에 가장 큰 영향을 끼친 고대의 정신세계이자 신화라 할 수 있을 것이다.

중국 신화

수인씨,
복희씨, 신농씨

세상은 1만 8,000년 동안 잠을 자던 반고라는 거인에 의해 깨어났다. 거인은 세상을 둘로 나눈 뒤 가벼운 것을 위로 밀고 무거운 것을 아래로 눌러 하늘과 땅을 만들었다. 반고가 죽은 후 그의 몸은 지상이 되고 숨은 바람이 되고 눈은 각각 태양과 달이 되었다. 피는 바다와 강이 되고 뼈는 산이 되고 털은 나무와 꽃이 되고 목소리는 천둥이 되었다. 이렇게 세상이 만들어졌다.

그리고 오랜 세월이 흐르고 하늘에 신들이 살았다. 여신 여와가 지상으로 내려와 흙으로 사람을 빚어 생명을 불어넣으니 인류가 창조되었다. 또 세월이 흘러 불의 신 축융과 물의 신 공공 사이에 싸움이 붙었다. 물과 불이 온 세상을 휩쓰니 생명이 살 수가 없었다. 여와가 달려와 싸움을 말리고 세상을 다시 고쳐 생명이 살 수 있도록 했다. 이 싸움의 충격으로 세상이 동쪽은 낮고 서쪽은 높게 기울어졌다. 아마도 이것이 중국 땅의 탄생일 것이다.

처음 인류는 불도 모르고 음식도 날것 그대로 먹었다. 짐승과 다름없이, 어쩌면 짐승만도 못하게 살던 어느 날 수인씨라는 눈이 3개인 지도자가 나타났다. 그는 자연 발화한 불을 보고 인간이 그것을 통제할 수 있을 것이라고 생각했다. 그는 부싯돌 등으로 불을 내는 법을 익히고 보존하는 법도 알아냈다. 불로 날것을 익혀먹고 불빛으로 짐승을 쫓아내면서 인간은 점차 짐승보다 우위를 갖게 되었다.

이어 복희씨라는 지도자가 등장했다. 그는 뱀의 몸통을 가졌는데 그물을 만들어 물고기를 잡는 법과 짐승을 길들여 기른 뒤 잡아먹는 목축을 알아냈다. 이로써 인간은 짐승을 지배하고 강가에서 능동적인 생활이 가능해졌다.

그다음 지도자가 신농씨다. 머리가 황소였는데 농사짓는 법과 농기구 만드는 것을 개발해 인류의 정착 문명의 시작을 알렸다. 또 약초와 독초를 일일이 먹어보고 이를 구분해 의학을 발전시켰다. 이로써 인류가 인류다워지고 본격적인 문명 생활을 시작할 수 있었다.

천지창조에서 3명의 지도자 시대, 즉 삼황 시대까지는 신화의 시대로 보며, 그 이후의 시대인 오제(소호, 전욱, 제곡, 요, 순) 시대부터는 신화로 보기도 하고 역사로 보기도 한다. 그렇다면 진짜 중국 문명의 발전은 어떠했는가?

인류의 탄생에서 구석기 시대까지는 유골·유적·유물이 많이 출토되었지만, 아직까지 그 진화의 단계는 미스터리로 남아 있다. 일반적으로는 아프리카에서 오스트랄로피테쿠스가 등장한 이래 점차 인류는 진화하며 유럽과 아시아로 이동했다는 이동설이 주류인 듯하다.

신화 시대의 세 지도자 중 한 명인 복희씨는 뱀의 몸통을 가졌다. 그는 물고기를 잡는 법과 짐승을 길들여 기른 뒤 잡아먹는 목축을 알아냈다. 중국 신장웨이우얼자치구新疆維吾爾自治區 지역인 투루판Tulufan의 7세기 고분에서 발견된 당나라 때의 〈복희여와도伏羲女媧圖〉. (국립 중앙박물관 소장)

하지만, 아시아 등에서 발굴되는 고인류의 화석으로 인해 여기저기서 등장해 자체적으로 진화했다는 다원적 기원설도 존재한다. 무엇보다 현생 인류의 진화 계통이 해명되지 않고 있어서 고고 인류학의 과제는 아직도 산적한 상태다.

이것을 은유적으로 '애니를 찾아서'라고 표현하기도 한다. 애니는 현생 인류의 최초 조상에 해당하는 고인류에게 붙인 이름이다. 인류가 오스트랄로피테쿠스, 호모 에렉투스, 호모 사피엔스로 진화했다고 하지만, 오스트랄로피테쿠스의 후손이 계속 이어져 호모 사피엔스가 된 것인지, 아니면 그 후손은 어딘가에서 끊어지고 그 중간에 새로 생겨나 진화한 흐름이 호모 사피엔스가 된 것인지는 아직 밝혀지지 않았다.

그러나 신석기 시대부터는 분명 다원적 기원설이 주류다. 세계 각지에 퍼져 있는 인류가 자체적으로 신석기 시대를 일구어냈다고 보는데, 중국 역시도 이러한 신석기 문명이 곳곳에서 발달했다.

하나라와 은나라

중국의 신석기 문화는 서부 황허강 중상류의 양사오仰韶 문화, 동부 황허강 하류의 다원커우大汶口 문화, 양쯔강 하류 허무두河姆渡 문화, 동북부 랴오허강遼河 일대의 홍산紅山 문화 등이 있었다. 이 시대 신석기인들은 농사와 목축을 하고 토기를 제작하고 소규모 문명을 발달시켰다. 아마도 이 시대의 모습이 삼황 시대의 신화로 묘사되었을 것이며, 삼황은 부족 지도자 혹은 원시 신앙의 제사장이었을 것이다.

기원전 2000년 무렵 양사오 문화 지역에 해당하는 곳에서 초기 국가로 볼 수 있는 유적이 등장하는데, 아마도 이것이 하나라 전설의 배경이 되었을 것이다. 사마천의 『사기』에 따르면 중국은 삼황오제에 이어 하나라(기원전 2070년~기원전 1600년), 은나라(기원전 1600년~기원전 1046년), 주나라(서주시대, 기원전 1046년~기원전 770년, 주나라는 서주시대와 동주시대로 나뉘는데 동주시대는 흔히 춘추전국시대라고 한다. 동주는 기원전 256년 진시황에 의해 공식적으로 패망했다)로 발전했다고 하는데 이 중 하나라까지는 전설의 시대로 본다.

아무튼 전설에 의하면 요순 태평성대는 우왕에게 넘어간다. 우왕은 하나라 창시자인데 황허강의 범람을 막기 위한 치수 사업을 통해 황허 문명을 반석에 올려놓았다. 그는 백익이라는 현자에게 왕위를 물려주려 했지만, 백익이 도망가는 바람에 우의 아들 계가 승계하면서 이때부터 왕위의 세습 제도가 생겨났다. 하나라는 400여 년을 이어가다 17대 걸왕이 여인 말희에게 넘어가 폭정을 일삼다 은나라 탕왕에게 멸망당하고 말았다. 걸왕은 이후 은나라 주왕과 함께 폭군의 대명사가 되었다.

실증적으로 밝혀진 중국사는 기원전 17세기 은나라 때부터다. 공식적으로는 은나라가 아니라 상나라라고 하는데, 갑골문에 그 나라 이름이 나오기 때문이다. 이 무렵 중국은 청동기 문화가 번성하면서 본격적으로 정복 전쟁과 국가 발전의 단계로 넘어간다. 특히 상나라는 다섯 차례 도읍을 옮기며 왕권을 강화하고 체제를 정비하고 영토를 넓혀갔다. 이 중 마지막 수도로 추정되는 은허(현재 허난성 안양安陽)

克勤于邦　烝民乃粒

慮敷在昔　厥中允執

惡酒好言　九功由立

不伐不矜　振古莫及

禹

하나라를 창시한 우왕은 황허강의 범람을 막기 위해 치수 사업을 벌여 황허 문명을 반석에 올려놓았다.

로 천도한 기원전 1300년 무렵부터는 확고한 실증적 역사시대라고 할 수 있다.

은허의 상나라 왕들은 제사장들로 하여금 거북이 등껍질이나 황소의 어깨뼈 등에 글자를 새긴 후 불에 구워 신의 뜻을 물어보는 점을 치도록 했다. 점을 치고 난 뒤 그 껍질들은 매장되었는데, 이것이 오늘날 전해오는 갑골문이다. 제사, 전쟁, 농사, 출산 등 모든 길흉화복을 점쳤기 때문에 그 양은 실로 방대했다. 가령 한군데에서만 무려 1만 7,096개나 되는 갑골문 조각이 발굴되었다. 이로써 완전한 당대 기록을 중심으로 상나라 역사가 우리에게 다가온 것이다.

기록을 보다 보면 전설 같은 이야기가 우리에게 실체로 다가오기도 한다. 기원전 13세기 초 상나라를 다스린 왕은 무정이다. 그의 왕비는 부호婦好였는데 갑골문에 그녀와 관련된 기록이 나온다. '정등부호 삼천등려만호벌貞登婦好三千登旅萬乎伐'. 부호가 삼천의 병력을 이끌고 다른 1만의 병력과 함께 정벌에 나섰다는 의미로 읽을 수 있는데, 부호가 왕비이자 여장군이었다는 의미다.

진실로 고대 사회에서 여장군이 가능했을까? 또 실제로 전투를 지휘했을까? 전설 같은 이야기지만, 당대 기록에 있으니 분명 그 실체는 명백한 것이다. 그러고 보면 전설 같은 것이 사실이고, 사실인 줄 알았던 것이 전설인 것이 바로 중국 고대 신화와 기록이지 않나 싶다.

북유럽 신화

오딘, 빌리, 베가
태어나다

　　세상은 온통 바다와 안개뿐, 하늘도 없고 땅도 없었다. 안개 속에 샘이 하나 있고 이 샘에서 솟아난 물은 12개의 내를 이루어 흐르는데, 마지막에는 모두 얼어서 거대한 얼음의 세상을 만들었다.

　안개의 세계 남쪽 끝에 있는 빛의 세계에서 따뜻한 바람이 불어와 점차 얼음이 녹고 증기가 올라가 구름이 생기고 그 구름에서 이미르라는 서리의 거인과 아우둠블라라는 암소가 태어났다. 거인은 암소의 젖을 먹고 암소는 얼음에서 소금을 핥아 먹으며 살았는데, 그가 핥아 먹던 바위에서 신이 나왔다.

　신은 거인의 딸과 결혼해 오딘, 빌리, 베 등을 낳았다. 이들은 이미르를 죽이고 그의 육체로 땅을, 피로 바다를, 뼈로 산을 하는 식으로 세상을 만들었다. 마지막으로 이미르의 눈썹으로 인류가 살 땅, 미드가르드(중간계)를 만들었다. 그러나 아직 인류는 탄생하지 않았다.

신들은 물푸레나무로 최초의 남자 아스케를, 오리나무로 최초의 여자 엠블라를 만들었다. 오딘은 이들에게 생명과 영혼을, 빌리는 이성과 운동을, 베는 감정과 표정과 언어를 부여했다. 인간은 미드가르드에서 그들의 세계를 만들어나가기 시작했다.

이그드라실이라는 거대한 나무가 있었다. 이 나무는 큰 뿌리를 갖고 있었다. 하나는 신들의 세계 아스가르드, 하나는 거인들의 세계 요툰하임, 하나는 어둠과 추위의 나라 니플레하임으로 뻗쳤다. 각 뿌리의 곁에는 샘이 하나씩 있었다. 아스가르드의 샘에는 운명의 세 여신, 즉 우르드르(과거), 베르딘다(현재), 스툴드(미래)가 뿌리를 수호하고 있었다. 요툰하임의 샘에는 지혜와 기지가 숨어 있었다. 니플레하임의 샘에는 니든호게(어둠)라는 독사가 살고 있었다. 이그드라실 밑에는 이미르가 누워 있는데, 그가 몸을 움직이면 지진이 일어났다.

비프로스트라는 무지개 다리를 건너면 신들이 사는 아스가르드에 들어간다. 이곳에는 발할라 궁전이 있는데, 오딘이 주관하는 이 전당은 영웅들의 영혼이 즐기는 곳이다. 영웅들은 모두 용감하게 싸우다 죽은 이들로 침대에서 죽은 사람들은 여기 올 수 없다. 식탁에는 슈립니르라는 돼지고기가 오르는데, 이 고기는 다음 날 아침에는 전날 먹은 만큼 원상으로 복구된다. 또 하이드룬이라는 벌꿀 술이 무한대로 공급된다. 영웅들은 마음껏 먹고 마시다 서로 무용을 겨루었다. 그런데 치명상을 입을 정도로 싸움은 격렬하지만 싸움이 그치면 그 상처는 치유되고 영웅들은 서로 격려하며 다시 식탁으로 돌아간다.

신들의 왕이자 발할라 궁전의 주인인 오딘은 궁전의 옥좌에 앉아

이그드라실이라는 거대한 나무의 뿌리는 신들의 세계인 아스가르드, 거인들의 세계인 요툰하임, 어둠과 추위의 나라인 니플레하임으로 뻗어 있다. 프리드리히 빌헬름 하이네Friedrich Wilhelm Heine의 〈물푸레나무 이그드라실〉(1886년).

있다. 그는 애꾸눈이지만 세상 모든 일을 지켜보고 감시한다. 그의 어깨 위에는 후긴(생각)과 무닌(기억)이라는 까마귀 두 마리가 앉아 있으며, 발 밑에는 게리와 프레키(욕망)라는 늑대 두 마리가 앉아 있다. 까마귀는 세상을 둘러보고 오딘에게 보고하는 역할을 하고, 늑대는 전쟁에서 상대를 갈가리 찢어 죽이는 역할을 한다. 오딘이 들고 있는 창 궁니르는 절대로 상대를 놓치지 않는다. 강력한 전사인 오딘은 거인 이나 악신을 물리치고 신과 인간의 세상을 보호하는 수호신이다.

오딘에게는 여신들로 구성된 군대인 발키리가 있다. 그들은 인간 의 영혼을 거두어가는 역할을 하며 최후의 날에 신들을 위해 싸우는 사명을 띠고 있다. 이들은 기병대로 찬란한 투구와 갑옷은 신비한 광 채를 발하며 북쪽 하늘을 밝히는데, 이를 오로라라고 한다.

토르의 무기,
몰니르

오딘에게는 아들 토르가 있다. 그의 주무기는 몰니 르라는 망치다. 토르가 망치를 던지면 정확하게 상대를 격파한 뒤 주 인에게 돌아온다. 토르는 강력한 망치를 다루기 위해 쇠로 만든 신성 한 장갑을 끼어야만 한다. 토르는 천둥의 신, 즉 기후를 관장하는 신 으로 적절한 비와 햇빛으로 풍년을 관장한다. 『성경』의 여호와가 벼 락으로 적을 징벌하기 때문에 천둥의 신이라 하면 강력한 권능자라고 생각하기 쉽지만 토르의 천둥은 생산과 풍요의 상징이다. 그래서 북 유럽에서는 오딘보다 인기가 많은 신이다.

로키는 신이 아니다. 로키는 거인족으로 육체적으로 최고의 외모 를 갖춘 악당이다. 그의 역할은 신과 인간을 이간질해 전쟁을 일으키 는 것과 각종 재해를 일으키는 것이다. 그에게는 자식이 셋 있는데 늑 대 펜리르, 독사 요르문간드, 죽음의 여신 헬라다. 세 자식들은 최후의

토르는 천둥의 신으로 비와 햇빛으로 풍년을 관장한다. 토르의 주무기는 몰니르라는 망치인데, 정확하게 상대를 격파한 뒤 되돌아온다. 마르텐 에스킬 윙거Mårten Eskil Winge의 〈거인족과 싸우는 토르〉(1872년).

날 전쟁을 일으키고 신들을 죽이는 사명을 띠고 있다.

로키야말로 파괴자이자 종말의 사도다. 그런데 종말에 이르기 전까지 그는 중재자이자 장난꾸러기이기도 하다. 토르가 거인족에게 망치를 잃어버린 적이 있었는데 로키가 중재자로 나섰다. 거인족이 여신 프레이야를 요구하자 로키는 꾀를 내어 토르를 프레이야로 꾸며 거인족의 땅으로 데려갔다(신은 거인족의 땅 요툰하임으로 들어갈 수 없다. 토르가 몇 차례 시도했지만 모두 실패했다). 결혼잔치가 열리고 거인족이 방심한 사이 토르는 망치를 되찾고 거인들을 때려 죽였다.

종말의 날이 오면 최후의 전쟁 라그나로크가 일어난다. 오딘은 펜리르에게 죽임을 당하고, 토르는 요르문간드의 독기에 중독되어 죽으며, 로키는 문지기 헤임달이 죽인다. 최후에 남은 수르투르가 세상과 자신까지 불로 태워 암흑뿐인 세상으로 만들어버린다. 이 무無의 세상은 전지전능한 알파두르가 새로운 창조를 할 때까지 지속된다.

북유럽 신화는 게르만족의 일파인 노르드인들의 신화로 게르만 신화에 기원을 두고 있다. 게르만족은 지금의 북독일과 북유럽과 동유럽 지역에 퍼져 살던 민족인데, 로마의 북진으로 인해 조금씩 그들의 영향을 받기도 했다. 훈족의 침입으로 게르만족이 대이동을 하면서 유럽 토착민족은 정복되고 게르만과 로마 문화가 뒤섞인 중세 유럽 문화가 탄생했다. 게르만인들은 기독교로 개종하면서 그들의 신앙과 신화를 잃었고 노르드 신화를 중심으로 파편적인 부분만 남았다.

19세기 중부 유럽을 하나의 국가로 통일하려는 운동이 일어났다. 하지만 지난 1,000년간 수십 개의 다른 나라로 살아온 사람들이 갑자기 하나의 국가나 국민으로 묶이려니 어색하기 그지없었다. 그래서 독일통일 운동은 독일 민족 문화 운동으로 번졌고 이는 독일어와 독일 신화의 연구로 이어졌다. 가장 큰 공헌을 한 이는 그림 형제였다. 『신데렐라』로 대표되는 그림 형제의 독일 민담 발굴과 국민 문학의 탄생은 독일 탄생에 절대적인 영향을 끼쳤다. 그 공으로 그림 형제는 1848년 최초의 독일통일의 시작을 알리는 프랑크푸르트 회의에서 기념 연설을 하는 영광을 얻었다.

마침내 1874년 빌헬름 리하르트 바그너Wilhelm Richard Wagner, 1813~1883의 기념비적 오페라 〈니벨룽겐의 반지〉가 발표되었다. 〈니벨룽겐의 반지〉는 바그너의 국민 가곡의 대표작 중 하나로 독일 민족의 신화와 정체성을 찾는 작업이 완성되었다는 것을 의미했다. 그 줄거리는 다음과 같다.

옛날 독일에 세상을 지배할 권력을 부여하는 절대 반지가 있었다. 거인족 파프너가 이 반지를 손에 넣자 신들의 왕 보탄의 아들 지그프리트가 그를 죽이고 반지를 손에 넣었다. 하지만 그로 인해 저주를 받았고 결국 불행에 빠지고 만다. 그는 브린힐트 공주와 사랑에 빠지지만 군터 왕의 여동생 크림힐트가 지그프리트에 반해 마법의 묘약을 먹여 그를 차지하고 군터가 브린힐트를 차지하도록 조종했다. 브린힐트는 사랑의 배신에 분노해 지그프리트를 죽이지만 곧 자신이 속았음을 깨닫고 지그프리트를 화장하는 불길에 자신의 몸을 던진다. 그리고 반지는 두 연인의 시신과 함께 라인 강물에 잠겨 사라진다.

티베트 신화

관음보살이
티베트인을 낳다

석가모니가 열반을 기다릴 때 관음보살이 말했다.

"아직 돌아가시면 안 됩니다. 티베트를 가보지 못하셨잖습니까? 북쪽 눈의 땅은 아직 동물만이 있는 왕국입니다."

그러자 석가모니가 말했다.

"그곳에는 인간의 이름을 가진 존재조차 없습니다. 보살님께서 그 왕국을 바꾸어주십시오. 우선 보살로 태어나시어 당신을 따르는 인간의 세계를 지켜주시고, 그 후에는 종교로 그들을 단결시켜주십시오."

이 말을 듣고 관음보살은 원숭이로 변해 바위의 정령과 결합했다. 아이를 여섯 낳았으니 그 자손들이 바로 티베트인이다.

티베트는 히말라야 북쪽에 있는 고원지대로 지금도 춥고 인구가 적다. 7세기에는 드문드문 소왕국이 있었고 농업과 목축으로 삶을 영

위해갔다. 그런데 관음보살이 환생한 손챈감포가 일으킨 얄룽 왕조가 최초의 티베트 제국을 건설했다. 석가모니와의 약속을 지켜 환생한 것으로 믿어진 손챈감포는 소왕국들을 정복하거나 정략결혼을 통해 티베트를 하나의 정치체로 통일했다.

티베트 제국은 문자를 만들었고 전통의 야금술로 전신을 덮는 쇠사슬 갑옷을 만들어 무적의 군대를 육성했다. 티베트는 손챈감포와 그 뒤를 이은 티송데첸이 당나라 군대를 격파하고 당나라 수도 장안을 함락시켜 8세기 동아시아의 강자로 우뚝 섰다. 당나라는 티베트를 한자로 토번吐蕃이라 썼는데, 그들에게 한동안 조공을 바치기도 했다.

티송데첸은 인도 승려 파드마삼바바와 산타라크시타를 초빙해 티베트 불교의 교리를 정리했다. 당시 티베트에는 중국 불교와 인도 불교가 공존했는데 매번 갈등이 연출되었다. 산타라크시타가 설교를 시작하자 신들이 노해 폭풍과 홍수를 내렸고 또 절을 지으려고 벽을 세우면 밤에 정령들이 내려와 허물어버렸다. 티베트의 토착신들이 불교가 들어오는 것을 막자 티송데첸은 파드마삼바바에게 이 일을 맡겼다.

파드마삼바바는 신통력으로 귀신들을 물리치고 절을 짓고 불교를 전파했다. 이후 산타라크시타와 그 제자들은 중국 마하연摩訶衍 등의 승려와 토론을 통해 승리하고, 이로써 티베트 불교는 중국 불교가 아닌 인도 불교의 흐름으로 정리되었다. 이는 인도 불교의 원형을 강조하는 유럽 불교가 티베트 불교에 심취하는 계기가 되기도 했다.

파드마삼바바는 죽음을 이해하는 연구에 몰두했다. 마침내 8세기 무렵 죽음과 사후 세계에 대한 안내서를 완성했는데, 이것이 바로 『티베트 사자의 서』다. 『티베트 사자의 서』는 다른 불교 경전에는 존재하지 않는 것으로 사후 세계에서 망자는 이것을 듣고 자유에 이르게 된

파드마삼바바가 불교를 전파해서 티베트 불교는 인도 불교의 흐름으로 정리되었다. 더구나
그는 죽음을 이해하는 『티베트 사자의 서』를 집필하기도 했다.

다고 한다. 파드마삼바바는 『티베트 사자의 서』가 위험한 천기누설이므로 세상이 알아서는 안 된다며 은밀한 곳에 숨겼다. 그러나 또 말하기를 『티베트 사자의 서』는 600년 뒤에 누군가가 발견할 것이라고 예언했다.

600년 뒤 티베트에는 보물을 전문적으로 찾는 테르텐이라는 사람들이 있었는데, 그중 가장 위대한 테르텐이었던 카르마링파가 『티베트 사자의 서』를 찾아냈다. 이로써 『티베트 사자의 서』는 세상에 나왔고 티베트 불교 장례 의식의 중심이 되었다.

달라이 라마로
환생하다

『티베트 사자의 서』에 의하면, 사람이 죽으면 처음에는 생전의 소중한 사람, 물건, 장소에 집착하지만 사후 세계로 여행을 떠난다. 그가 처음 보는 것은 눈부신 빛인데 이것이 첫 번째 사후 세계인 치카이 바르도다. 이곳을 통과하면 두 번째 초에니 바르도로 넘어간다. 초에니 바르도에서 처음 만나는 것은 평화의 신인데 너무나도 아름다운 모습을 보고 황홀경에 빠지면 평화의 신이 악귀로 변해 망자를 쫓아낸다. 오직 명상을 통해 이 고비를 넘기고 다음 길로 가야 한다.

다음은 분노한 신들의 바르도인데, 사실 이 신들은 평화의 신이 변신한 것일 뿐 두려움을 떨치면 통과할 수 있다. 마지막에 만나는 존재는 염라대왕인데 그는 망자의 선행과 악행을 저울질해 선행이 많으면 좋은 환생을, 악행이 많으면 나쁜 환생이나 지옥행을 결정한다. 그런데 망자가 『티베트 사자의 서』를 암송하는 라마승의 목소리를 들으면 염라대왕의 존재를 무시하고 그대로 통과할 수 있다. 그리고 마침내 세 번째 바르도에 당도한다.

세 번째는 시드파 바르도다. 이곳에는 아이를 갖기 위해 성교를 나누는 남녀들이 있다. 망자는 이곳에서 자신의 부모를 고를 수 있다. 『티베트 사자의 서』는 망자에게 이렇게 노래한다. "고귀하게 태어난 자여. 자궁 속으로 들어가라. 인간의 광명 속으로 들어가라." 그리고 마침내 환생하는 것이다.

9세기 티베트 제국에도 황혼이 찾아왔다. 랑 다마 왕자와 티랄파첸 왕자가 왕위를 놓고 다투었다. 랑 다마는 장남이지만 불교를 믿지 않았기 때문이다. 결국 왕위는 티랄파첸이 차지했고, 그는 불교를 발전시키고 당나라와 평화조약을 체결하는 등 평화로운 나라를 만들려 노력했다. 그러나 랑 다마는 반불 세력을 규합해 불교 세력을 몰아내고 티랄파첸의 목을 부러뜨렸다.

새로 왕이 된 그는 불교를 억압했다. 사원을 폐쇄하고 승려들을 죽였다. 그가 그토록 잔인했던 이유는 뿔 달린 무언가의 환생이었기 때문인지도 몰랐다. 그는 머리에 뿔이 있었는데 여자를 불러 머리를 빗긴 뒤 비밀을 지키기 위해 뿔로 찔러 죽였다. 하루는 머리를 빗기던 여자가 울었다. 랑 다마가 왜 우냐고 물었다.

"머리를 다 빗기면 저는 죽을 것이기 때문입니다."

"너는 총명하구나. 오늘 본 일을 비밀로 하면 살려주마."

목숨을 건진 그녀는 비밀을 이야기하고 싶었다. 그녀는 바위틈에 대고 그 비밀을 속삭였는데, 얼마 뒤 그 틈에서 대나무가 자랐다. 한 사내가 그 대나무를 잘라 피리를 만들었는데 피리를 불 때마다 "랑 다마 머리에는 뿔이 달렸네"라는 소리가 흘러 나왔다.

티베트는 이제 불교의 성지가 아니었다. 혼란과 억압이 가득했다. 14세기에 문수보살의 인도를 받은 총카파라는 성인이 겔룩파를 일으켰다. 15세기 겔룩파는 번성했고 티베트의 지배적 불교 종파가 되었다. 총카파의 제자 겐덴 드룹은 성스러운 승려로 죽으면 열반해 윤회의 고리를 끊고 천상의 삶이

총카파의 제자 겐덴 드룹은 속세와 대중의 구원을 서원한 관음보살의 현신으로, 인간 세상에 달라이 라마로 계속 환생해왔다. 14대 달라이 라마.

약속된 이였다. 그러나 그는 죽음에 이르자 천상의 길을 거절했다.

"나는 정토에 가고 싶지 않다. 나는 환생해 세상을 구원할 것이다."

겐덴 드룹은 속세와 대중의 구원을 서원한 관음보살의 현신으로 인간 세상에 계속 환생했는데, 바로 이들이 달라이 라마다. 달라이 라마는 끊임없이 환생해 티베트 불교와 티베트를 지배해왔다.

티베트는 서양에 각별한 곳이었다. 티베트 불교(라마교)는 내세를 특히 강조해서 짙은 내세관의 기독교 철학과 어울렸다. 샹그릴라 같은 서양인 마음속의 이상향이나 닥터 스트레인지Dr. Strange가 기적을 찾아갔던 곳이 히말라야 북쪽 티베트나 남쪽 네팔 등의 라마교 사원이었던 것도 이런 이유였다.

그래서 19세기부터 많은 서양인이 티베트 불교를 접한 뒤 소개했고, 이는 1960년대 히피 문화와 미국 진보적 정신문화에 영향을 주었다. 또 티베트는 중국 공산당군이 국민당군에 쫓겨 대장정에 나섰을 때 가장 집요하게 공산당군을 공격한 세력이었다. 이런 모든 것이 인연이 되어 오늘날 미국과 유럽은 티베트의 독립운동을 적극 후원하고 있는 것이다.

아메리카 신화

말로 세상을
만들다

신들은 이렇게 말했다.

"이제 곧 동이 터올 것이다. 우리의 창조 작업을 끝낼 때다. 우리에게 양식을 바치고 우리에게 경배할 명석한 아들들, 덕망 있는 신하들을 만들 때가 되었다. 인간이 이 땅 위에 출현할 때가 되었다."

아메리카인들의 창조신화 중 오늘날 널리 알려진 것은 키체족의 건국신화라고 할 수 있는 '포폴 부Popol Vuh'다. 포폴 부는 구전되던 것을 크리스토퍼 콜럼버스Christopher Columbus, 1451~1506 이후 라틴어로 기록하고 이어 스페인어로 번역해 오늘날에 이른다. 이러한 전달 과정으로 인해 왜곡되었을 가능성이 높지만, 그래도 아메리카 신화의 면모를 보여주는 가장 소중한 자료다. 포폴 부는 천지창조, 신들의 이야기, 키체 건국 이야기로 나눌 수 있는데, 아메리카 초기에 해당하는 올메카 문명과 마야 문명의 면모를 잘 보여준다.

태초에 세상에는 하늘과 바다만 있었으며, 신들은 물속에 있었다. 어느 날 언어가 생겼고, 암흑 속에서 테페우와 구쿠마츠가 대화를 나누기 시작했다. 이들은 오랜 상의 끝에 아침에 인간을 창조하기로 하고 그전에 인간이 살 세상을 만들기로 합의했다. 이 작업에는 우라칸도 참여하기로 했다. 그러니 세상을 만든 것은 말이었던 셈이다.

신들은 먼저 세상을 만들었다. 신이 "땅" 하고 외치면 땅이 생기고 "산" 하고 말하면 산이 솟아오르는 식이었다. 이렇게 세상에는 하늘과 땅과 바다와 강과 나무와 풀이 생겨났다. 신은 창조한 세상을 보고 묵상에 잠긴 후 이번에는 짐승들을 만들기 시작했다. 네 발 달리고 날개 달린 짐승들이 뛰고 날아 소란스러운 세상이 되었다. 신이 짐승들에게 말했다.

"말하고 노래해 보라. 우리의 이름을 말하고 우리를 찬양하여라."

하지만 짐승들은 소리를 지르거나 울 뿐 창조자의 이름을 말하거나 찬양하지 못했다. 그들은 말을 할 수 없었다. 신들은 짐승에게 선고했다.

"너희들은 우리를 찬양하는 자에게 사냥당하고 먹힐 것이다."

이로써 짐승들은 제물이 되고 인간의 먹이가 되거나 사육당하게 되었다.

여명의 신과 밤의 신 사이에서 훈 후나푸와 부쿱 후나푸가 태어났다. 그 둘은 공놀이를 즐겨 했는데 어찌나 시끄럽게 구는지 지하 세계 신들이 이들을 죽이기로 하고 사신을 보내 지하 세계에서 공놀이를 하자며 초청했다. 거절할 수 없었던 둘은 공놀이 도구를 집에 두고 지하 세계로 내려갔는데 거기서 결국 죽임을 당했다. 훈 후나푸의 머리

포폴 부는 천지창조, 신들의 이야기, 키체 건국 이야기로 나눌 수 있는데, 아메리카 초기에 해당하는 올메카 문명과 마야 문명의 면모를 잘 보여준다. 멕시코의 치첸이차에 있는 피라미드.

는 나무에 매달렸다. 그런데 나무에 머리가 매달리자마자 박나무 열매 같은 것이 가득 열렸다. 이시킥이라는 여자가 신기하게 생각하고 구경을 하러 갔는데, 훈 후나푸의 해골이 그녀에게 침을 뱉고서 말했다.

"침을 통해 내 후손을 너에게 주었다. 본질은 자손에게 전해지는 것이지 사라지는 것이 아니란다. 땅 위 세계로 가라. 거기서는 죽지 않을 거야. 내 말을 믿으렴."

임신한 이시킥을 가문의 수치로 여기고 친족들이 죽이려 하자 그녀는 땅 위 세계로 도망쳐서 훈 후나푸의 집 며느리가 되어 쌍둥이를 낳았는데 후나프와 이시발랑케였다. 쌍둥이는 지혜롭고 신통력이 있어 여러 난관을 헤쳐나가며 할머니·어머니와 함께 오순도순 살았다. 그러던 어느 날 아버지가 남긴 공놀이 도구를 얻게 되었고, 당연히 공놀이를 즐기기 시작했다. 지하 세계의 신들은 공놀이 소리에 다시 노해 사신을 보내 그들을 지하 세계로 초청했다.

지하 세계로 내려간 쌍둥이는 지혜롭게 대처해 그들을 죽이려는 음모를 하나하나 분쇄해나갔다. 마침내 마지막 단계에 다다랐다. 지하 세계의 신들이 그들을 모닥불에 떨어뜨려 죽이려 하자, 쌍둥이는 예언자들에게 부탁을 남긴 뒤 스스로 모닥불에 뛰어들어 죽었다. 신들은 기뻐하며 예언자들을 불러 타고 남은 뼈들의 처리를 물었다. 예언자들은 부탁받은 대로 가루를 낸 뒤 강에 버리라고 했다. 뼈는 강 밑바닥에 가라앉은 뒤 다시 원래 쌍둥이로 환생했다.

쌍둥이는 지하 세계의 신들을 안심시킨 뒤 늙은이로 변장해 갖은 묘기로 인기를 끌었다. 호기심이 동한 신들이 그들을 부르자 그들은 온갖 묘기를 그들 앞에서 선보였는데, 특히 상대를 토막내서 죽인 후 부활시키는 재주를 선보였다. 지하 세계 신들의 우두머리인 훈 쿠메와 부쿰 케마가 자신들에게도 해보이라고 하자 쌍둥이는 기쁘게 그들을 토막내 버렸다. 우두머리가 죽자 지하 세계는 그들에게 항복했다.

옥수수로 인간을 만들다

그때까지 세상에는 해와 달이 없었다. 그런데 부쿱 카킥스라는 자가 자신을 태양이자 가장 위대한 자라고 위세를 부리고 다녔다. 그 아들 시파크나와 카브라칸도 각각 자신이 땅을 만들었고, 세상을 움직인다며 뻐기고 다녔다. 시파크나는 교묘한 꾀로 400명의 소년을 몰살시키기도 했다. 쌍둥이는 지혜로 부쿱 카킥스와 그 아들들을 모두 죽였다.

세월이 흘러 쌍둥이도 죽고 말았다. 위대한 업적을 남긴 그들은 죽은 후 찬란한 빛이 되어 하늘로 올라가 해와 달이 되었다. 그리고 죽임을 당한 400명의 소년도 하늘로 올라가 별이 되었다. 이로써 하늘이 완성되었다.

테페우와 구쿠마츠는 인간을 만드는 데 몰두했다. 그들은 궁리 끝에 진흙으로 인간을 만들었다. 그런데 진흙 인간은 물기가 너무 많아 형체가 망가졌다. 얼굴은 일그러지고 힘이 없어 움직이지도 못했으며 말은 했지만 신의 말을 알아듣지 못했다. 실망한 신들은 진흙 인간을 없애버렸다.

이번에는 나무로 인간을 만들었다. 나무 인간은 진흙 인간보다는 나았지만 창조자를 기억하지 못했고 생각하지도 신과 대화하지도 못했다. 신들은 홍수를 일으켜 나무 인간들을 죽였다. 홍수에서 살아남은 나무 인간들은 동물들에게 부수어졌다. 그들의 일부만이 나무에서 살아남았는데 바로 원숭이다.

신들은 무엇으로 인간을 만들 것인지 깊은 고민에 빠졌다. 그때 코요테와 까마귀 등이 옥수수를 신에게 바쳤다. 신들은 옥수수가 맛이 좋고 먹으면 힘이 난다는 것을 알고 이것으로 인간을 만들기로 했다. 그리하여 최초의 인간 4명이 만들어졌는데 발람 키체, 발람 아캅, 마후쿠타, 이키 발람이다. 그들은 신과 대화할 수 있고 세상 모든 것을 보고 깨달을 능력이 있었다. 신은 인간이 자신에게 도전할까 두려워

마야 문명의 희생 제사와 제물에 대한 이야기는 그들의 역사에서 일어난 전쟁과 재해의 기원에 대해 유추할 단서를 준다.

능력을 반으로 줄였다. 이어서 여자를 창조했는데 카하 팔루나, 초미하, 추누니하, 카킥사하다. 이들은 먼저 창조된 남자들과 결혼해 인간들을 번성시켰고 키체족의 조상이 되었다.

아메리카 문명은 지금의 중앙아메리카, 즉 멕시코와 과테말라를 중심으로 한 지역에서 탄생했다. 그 기원은 기원전 2000년 이상 거슬러 올라가는데, 마야 문명은 기원후 10세기 이전까지 찬란하게 발달했다. 마야 문명은 석기를 중심으로 발달하고 금속기와 수레의 사용을 꺼렸는데, 왜 이런 문명을 이룩했는지는 지금까지 미스터리다. 또 마야 문명은 도시를 중심으로 발달하지만 어느 시기 갑작스레 사라지는데, 그 이유 역시 아직 명확하게 밝혀지지 않고 있다. 마야 문명은 그들의 문자가 있었고 기록을 남겼지만, 스페인 침략자들이 이교도의 문화라며 이것을 파괴했다.

　마야 문명을 이해하는 데 도움이 될 만한 것은 이제 지속적인 발굴과 포폴 부 같은 신화와 전설뿐이다. 포폴 부에 있는 신의 이야기는 사실 인간의 이야기와 다를 바 없어 아마도 정치 상황에 대한 비유가 아니었을까 생각된다. 또 전설에 있는 희생 제사와 제물에 대한 이야기 역시 마야 문명이나 아즈텍 문명 유물에서 발견되는 신전과 희생 제의의 흔적과 함께 그들의 역사에서 일어난 전쟁과 재해의 기원에 대해 유추할 단서를 주고 있다.

제
2
장

종교와 정치

신탁과
살라미스 해전

팔랑크스로
페르시아를 물리치다

　　　　　"나무로 된 벽은 그대들과 그대들의 자손에게 안
전할 것이라. 말발굽의 짓밟음을 기다리지 마라. 육지로 거세게 밀려
오는 보병도 기대하지 마라. 그대들의 등을 적을 향해 돌리고 그대들
은 퇴각하라."

　　예언의 신 아폴로의 계시를 받는 델포이 신전의 무녀는 약에 취
해 알 수 없는 말을 중얼거렸다. 얼핏 들으면 싸우지 말고 내륙 깊숙
이 도망치라는 뜻 같았다. 그러나 테미스토클레스Themistocles, B.C.
524?~B.C. 460?는 이렇게 주장했다.

　　"나무의 벽은 전함을 말합니다. 육지에서는 승산이 없습니다. 함대
를 만들어 해전에서 결판을 내야 합니다. 그것이 신의 뜻입니다."

　　그리스인들은 산골짜기마다 폴리스라는 도시국가를 만들어 고립

된 생활을 했다. 산이 많은 지형 탓에 교통이 불편해서 폴리스들은 단절되어 독특한 자기들만의 문화를 이룩했다. 폴리스의 주인은 북쪽에서 내려온 이주민들로 이들은 원주민들을 정복하고 노예로 삼았다. 정복자인 이 폴리스의 시민들은 스스로 무기를 마련해 원주민들이 반란을 일으키거나 이웃 폴리스가 침략하면 맞서 싸웠다. 폴리스의 시민들은 전우라는 강한 결속력으로 위기를 헤쳐나가고, 그들만의 민주주의를 발전시키며 행복하게 살았다.

기원전 490년, 에게해 건너 페르시아 제국이 그리스를 침략해왔다. 페르시아가 요구한 것은 자유로운 무역과 종교의 포교였다는 주장도 있다. 그러나 그리스는 이를 침략으로 간주하고 맞서 싸우기로 했다. 그리스인들은 자신들은 헬레네스라는 문명인이고 그 외에는 모두 바르바로이라는 야만인이라는 믿음 속에 살았다. 그 믿음이 노예제를 지탱하는 동력이었고, 노예제는 그리스의 기본적인 사회경제적 골격이었다. 그리스인들에게 대외무역은 오직 침략에 따른 식민화였으므로 페르시아의 요구를 받아들일 수는 없었다.

2만여 명에 달하는 페르시아군이 상륙해 아테네로 접근했다. 아테네의 명목상 총사령관 칼리마코스Kallímakhos는 휘하 장군들에게 전투를 맡겼다. 그러자 밀티아데스Miltiades, B.C. 554?~B.C. 489? 장군이 다른 폴리스의 지원을 기다리지 말고 마라톤 평원에서 즉시 페르시아군을 공격하는 초전박살 전술을 제시했다. 다른 장군들이 동의하자 중무장한 아테네 시민군 1만여 명이 전장으로 출정했다.

그리스의 전통적인 전술은 팔랑크스Phalanx라는 밀집대형 전술이었다. 사각형의 밀집대형을 만들고 방패를 앞세워 적군을 밀어붙이고 뒷걸음치는 적군을 창으로 찔러 죽이는 전술이다. 방패와 방패가 맞

팔랑크스는 사각형의 밀집대형을 만들고 방패를 앞세워 적군을 밀어붙이고 뒷걸음치는 적군을 창으로 찔러 죽이는 전술이다. 이 전술로 1차 그리스·페르시아 전쟁은 그리스의 승리로 끝이 났다.

부딪히며 싸우는 것을 충격전이라고 하는데, 적군의 얼굴을 직접 마주하며 싸우는 고도의 심리적 용기를 요구하는 전술이었다. 그리스의 전술에 익숙지 않은 페르시아군은 패주하고 말았다. 이로써 1차 그리스·페르시아 전쟁은 그리스의 승리로 끝이 났다.

그러나 2만여 명의 페르시아군은 결코 주력부대라 할 수 없었다. 그것은 일종의 선발대이고, 장차 수십만의 대군이 재침하리라는 것은 불을 보듯 뻔했다. 과연 그들을 어떻게 막을 것인가? 수적으로나 무기·전술적으로 모두 우세한 페르시아군과 정면으로 맞서 싸워 이길 가능성은 희박했다. 오직 그들이 상륙하기 전에 바다에서 무찌르는 방법만이 승리할 수 있을 뿐이었다.

문제는 전함을 만드는 데 막대한 비용이 든다는 점이다. 그리스는 무장에 필요한 비용은 모두 개인이 부담했다. 그리스 보병의 핵심인 중장보병은 비교적 상류층 시민이 사비를 들여 사모은 투구와 갑옷, 방패와 날카로운 창으로 무장했으며, 육중한 무장은 노예들이 나르고 입혀주었다. 전함 역시 개인이 발주한 배에 직접 고용한 선원들로 운영했다. 그러니 폴리스 차원에서 운영하는 해군은 그리스에서 낯선 개념이었다.

무엇보다 가장 큰 문제는 누가 그 비용을 감당할 것인지였다. 막대한 전함의 건조와 운영비는 오직 최상류층인 귀족만이 감당할 수 있었다. 그러나 귀족은 그러한 세금 폭탄을 거부했다. 그런 비용을 감당하느니 페르시아에 투항하는 것이 더 이익이었다. 페르시아는 항복한 귀족에게 관대했다. 마라톤 전투 직전 페르시아는 투항한 히피아스 Hippias, B.C. 560?~B.C. 490에게 아테네의 참주僭主를 약속했다.

트라이림으로
페르시아 함대를 물리치다

왕과 귀족이 권력을 장악한 폴리스에서는 해군 양성이 불가능했다. 오직 시민 민주주의가 발달한 아테네에서만 가능했다. 마침 아티카라는 지역에서 대규모 은광이 개발되어 비용 부담이 줄었다. 투표에서 불리해진 귀족들은 신탁을 들어보자고 했다. 그리스인들은 신의 예언을 매우 중시했다. 마침내 아테네인들은 델포이 신전에 가서 모호한 신탁을 받았다.

그리스인들은 제우스와 여러 신이 자신들을 보호하고 지배하고 있다고 믿었다. 농경사회를 토대로 하면서 에게해의 섬들과 섬들을 연결하는 무역을 통해 상업에도 종사하는 그리스인들에게 기후 등 자연현상은 생명과 직결되는 것이었다. 그들은 제우스가 적절한 비와 맑은 날을 주고 포세이돈이 잔잔한 바다를 유지해주기를 바랐다. 그들이 노해 벼락이 치고 홍수가 나고 풍랑이 일어나면 농사를 망치고 배가 침몰하고 사람들은 굶어 죽거나 익사할 수밖에 없었다.

제우스와 올림포스의 12신 이외에도 그때그때 유행하는 신들이 있었다. 소크라테스B.C. 470~B.C. 399 시기에는 의술의 신 아스클레피오스Asclepios(아폴로의 아들)가 폭발적 인기를 끌었는데, 기원전 430년에 전염병이 돌아 아테네 인구의 3분의 1이 죽었기 때문이다. 다양한 신을 숭배하는 시민들은 신상을 모신 신전을 세우고 올림픽 등 각종 축제를 통해 신을 찬양했다.

길흉화복을 점치는 것은 이러한 신앙 행위의 가장 중요한 일이었다. 심지어 점괘가 불리하게 나오면 전쟁을 중지하기도 했다. 그리고 사람들은 점괘대로 세상일이 이루어진다고 믿었다.

아테네인들은 꾸준히 함대를 육성했다. 그들의 주력선은 200명의 선원이 탑승하는 3단 노의 갤리언선 트라이림이었다(3단 노선은 한 열에 3개의 노를 배치했다). 트라이림은 육중한 충각衝角(적의 배를 들이받아 파괴하기 위해 뱃머리에 단 뾰족한 쇠붙이)을 뱃머리에 달고 적선을 박살내기도 했는데 이를 위해서는 배를 자유자재로 운전할 수 있는 숙련된 항해사가 필요했다. 잘 훈련된 트라이림을 주축으로 하는 아테네 함대 350척이 결전의 날을 기다리고 있었다.

마침내 기원전 480년 20만의 페르시아군이 쳐들어왔다. 예상대

트라이림을 주축으로 하는 아테네 함대 350척이 1,000여 척이 넘는 페르시아 함대에 맞서 싸워 승리했다. 살라미스 해전의 그리스 3단 노선을 그린 19세기의 판화.

로 육지에서 그리스군은 연전연패했고 마침내 아테네가 초토화되었다. 바다에서는 1,000여 척이 넘는 페르시아 함대를 아테네 함대 350척이 맞서 싸웠다. 초기 몇 차례 전투에서 페르시아 해군이 우위를 보였고 아테네 함대는 질서 있게 후퇴하면서 반격을 노렸다.

9월에 살라미스섬 동쪽 좁은 해협에서 양측 함대가 맞붙었다. 지역이 협소해서 페르시아 함대는 서로 엉키면서 대열 유지가 어려웠고, 상대적으로 아테네 함대는 기동력 있게 공격했다. 트라이림에 타고 있던 중장보병들은 페르시아 함대에 올라가 좁은 배 위에서 방패로 상대를 바다로 밀어내고 배를 차지했다. 결국 이 전투에서 페르시아 함대는 패주했다. 그리스는 페르시아 함대의 절반에 가까운 400여 척을 격침 혹은 나포했다고 주장했다.

페르시아 황제는 해군의 사기가 떨어지자 아테네를 불태운 것만으로 충분하다며 철군했다. 이로써 그리스는 그들의 세계를 보존할 수 있었고, 아테네는 해군 강국으로 해상 무역망을 장악하고 그리스의 패권국가가 되었다.

그리스의 승리를 이끈 것은 민주주의나 합리적 이성만은 아니었다. 여기에는 자기들의 신을 지키고자 하는 신앙과 신탁이 있었다. 국가와 애국이라는 개념이 희박한 고대 세계에서 타국과 맞설 정체성은 오직 종교와 경제에서 나왔으며 그것이 그리스에서는 헬레네스라는 의식이었다. 고대 전쟁과 종교는 떼려야 뗄 수 없는 관계이며, 그리스와 페르시아의 전쟁을 민주주의와 전제정치의 대결로만 인식하는 것은 바로 '만들어진 고대사'인 것이다.

불교와 아소카

찬드라굽타와
빈두사라

기원전 261년, 마우리아 왕조의 3대 왕 아소카 Asoka는 칼링가 왕국을 정복하고 그곳을 돌아보았다. 그리고 그곳에서 지옥도를 보았다. 어미와 아비를 잃은 아이들이 울부짖으며 헤매고, 살아남은 몇몇은 미쳐서 시체 더미에서 뒹굴며 괴성을 질렀다.

"이것이 승리인가? 이것이 승리를 위한 용기인가? 겨우 무고한 아이와 여자를 죽이기 위한?"

아소카는 자신을 전륜성왕轉輪聖王이라 자처하며 불교에 귀의하고 살생을 금하고 평화로운 세상을 만들기 위해 노력했다. 그리하여 그의 왕조는 그가 죽은 후 50년 뒤 망하고 말았다.

기원전 6세기 무렵 인도 북부 카필라라는 소국小國의 왕자 석가모니가 불교를 창시했다. 원래 인도에는 브라만교라는 종교가 있었고 정치적으로 많은 소국으로 나뉘어 있었는데, 마케도니아의 왕 알렉산드로스Alexandros, B.C. 356~B.C. 323의 침략을 받으면서 새로운 종교를 기반으로 하는 통일 왕국 건설 움직임이 일어났다. 자이나교와 불교는 그런 시대적 요구 속에 탄생한 종교였다.

인도 동북부에 난다 왕조라는 제법 큰 나라가 있었다. 그런데 기원전 4세기 초반 학정虐政에 저항하는 대규모 봉기가 일어났고, 이 봉기를 주도하던 찬드라굽타Chandragupta가 결국 난다 왕조를 무너뜨리고 마우리아 왕조를 창건했다. 그는 인도 북부의 소국들을 정복하고 인더스강 유역에 있던 그리스 세력도 몰아냈다. 그는 남부를 제외한 대부분의 인도를 자신의 통치하에 두었다(인도는 데칸 고원을 기준으로 중북부와 남부로 나눌 수 있다. 남부는 인도 역사에서 대개 독립된 역사를 누렸기 때문에 정체성이 약했다. 인도라는 아대륙 개념이 국가라는 개념으로 변한 것은 영국의 침략 이후로 볼 수 있다).

찬드라굽타가 새로운 왕국의 새로운 종교로 선택한 것은 자이나교였다. 자이나교는 업과 윤회의 사상을 고도로 발전시킨 것인데 특히 철저한 불살생의 믿음이었다. 그래서 말년에 찬드라굽타는 아들 빈두사라Bindusara에게 왕위를 물려주고 자신은 마이소르라는 곳으로 낙향해 단식 끝에 굶어죽었다. 이는 자이나교에서 불살생의 궁극의 실천으로 인정하는 죽음이었다.

빈두사라는 잔혹한 정복 군주였다. 그는 아버지와 달리 다양한 문화와 사상에 흥미를 보였는데, 셀레우코스(현재 중동 시리아 일대에 있던 그리스 계열의 왕국이다. 알렉산드로스 사후 그의 제국은 시리아 셀레우코스 왕조, 이집트 프톨레마이오스 왕조, 마케도니아 왕조 등으로 분열되었다)에 사신을 보내 소피스트 철학자를 보내달라고 요구하기도 했다. 따라서

기원전 4세기 초반 찬드라굽타
는 학정에 시달리던 시민들과
함께 봉기를 일으켜 난다 왕조
를 무너뜨리고 마우리아 왕조
를 창건했다. 인도 델리의 락슈
미 나라얀Lakshmi Narayan 사
원에 있는 찬드라굽타 조각상.

빈두사라가 아버지처럼 전쟁의 비극에 관심을 보이거나 이를 후회하
는 행동을 하지는 않았을 것이다. 빈두사라가 역사에 이름을 거의 남
기지 않은 것은 이 때문일 것이다.

　　빈두사라의 아들이 아소카다. 그는 역사상 현대 인도를 제외하고
가장 넓은 영토의 인도를 만들어낸 왕으로 북쪽으로 히말라야, 동쪽
으로 벵골, 서쪽으로 아프가니스탄, 남쪽으로 인도 데칸 고원 남부까
지 영토를 넓혔다. 그런데 영토가 넓어지다 보니 정복당한 왕국들이
심심치 않게 반란을 일으켰다. 아소카는 이 역시 잔인하게 진압했다.
그는 피와 학살의 군주였다.

사실 그는 시작부터 피로 물들어 있었다. 빈두사라가 낳은 수십 명의 이복형제가 있었는데, 이들은 모두 잠재적인 위협 세력이었다. 그래서 모조리 죽여버렸다. 빈두사라가 죽고 4년 뒤 아소카가 왕위에 즉위했는데, 그 4년 동안 아소카에 도전하는 수많은 형제자매 등 정적이 죽임을 당했다.

왕조 사회에서 왕과 정치인들은 혈육을 죽이면서 권력을 강화한다. 여기에는 자식에 대한 사랑, 부모에 대한 효도, 형제와의 우애, 친구에 대한 우정 따위는 존재하지 않는다. 로마에서 영국에서 중국에서 인도에서 이슬람에서 어느 시대나 어느 국가를 가리지 않고 피비린내 나는 암살과 살육이 있었다. 그러니 그런 통치자가 일반 백성이나 적들에게 얼마나 잔혹할지는 설명하지 않아도 족할 것이다.

피와 학살의 군주, 아소카

아소카의 잔인함은 칼링가 전쟁에서 절정에 달했다. 마우리아 왕조에 대한 복종을 거부하는 칼링가 왕국을 아소카는 60만의 보병, 3만의 기병, 9,000마리의 코끼리로 짓밟았다. 10만 이하의 보병과 1만 이하의 기병을 보유한 칼링가 왕국이 승리할 가능성은 없었다. 아소카의 보복은 철저했다. 아소카는 격렬하게 저항한 데 대한 보복으로 칼링가 왕국을 방치해버렸다. 정부와 관료가 없는 폐허가 된 칼링가 왕국에 기근과 역병이 몰아닥쳤고 수십만 명이 죽었다. 전쟁이 아니라 보복으로 더 많은 사람이 죽은 것이다.

그 참상은 아소카마저 질리게 만들었다. 아소카는 자신이 그동안 저지른 살생에 겁을 먹기 시작했다. 인도인이라면 그 누구도 업과 윤회에서 자유로울 수 없었다. 깊은 고뇌와 고통 끝에 그는 결국 불교에 귀의했다.

통일 왕국 마우리아 왕조의 국교로 발전한 불교는 이제 지역 종교에서 세계 종교로 거듭나게 되었다. 아소카는 국가 차원에서 불경을 정리하고 교리를 발전시켰으며, 자신은 불교 성지를 순례하고 외국에 대규모 포교단을 파견했다. 포교단은 가까이는 스리랑카와 미얀마에서 멀리는 이집트와 알렉산드로스의 고향인 마케도니아까지 불교를 전래했다. 그의 포교는 지극히 정성스러웠는데, 특히 스리랑카는 아들 마힌드라Mahindra와 여동생 상가미트라Sanghamitra를 보내 평화적으로 왕을 개종시키는 데 성공했다.

그러나 아소카가 불교에 귀의할수록 마우리아 왕조는 모순에 빠졌다. 마우리아 왕조는 정복 전쟁으로 인도를 통일했다. 정복한 자는 불교에 마음 편히 귀의할 수 있어도 당한 자에게는 사무치는 원한이 있었다. 정복당한 민족과 왕국에서 반란이 일어났지만 아소카는 불살생을 외칠 뿐이었다. 통일 국가로서 마우리아 왕조가 누리는 화려한 영광과 권력을 엿본 야심가들은 새로운 영광의 주인공이 되고자 했지만 이 역시 불살생으로는 제압할 수 없었다. 자비와 불살생은 이상이고 전쟁과 정복은 현실이었다. 한 번 작동한 업의 수레바퀴는 결코 인간의 힘으로 멈출 수 없는 것이다.

마우리아 왕조는 알렉산드로스의 계승을 주장하는 박트리아의 공격에 무참히 패배했다. 불교에 반대하는 기존 브라만의 저항도 효과적으로 제압할 수 없었다. 결국 프쉬야미트라Pushyamitra라는 귀족이

마우리아 왕조는 불살생을 주장했지만, 수많은 정복 전쟁을 통해 인도를 통일했다. 결국 프쉬야미트라가 왕을 시해하고 숭가 왕조를 개창하면서 마우리아 왕조는 멸망했다.

왕을 시해하고 숭가 왕조를 개창하면서 마우리아 왕조는 멸망하고 말았다.

종교는 그 자체로는 숭고하지만 현실에서는 두 가지 조건이 충족되어야 번영을 누릴 수 있다. 하나는 국가의 비호를 받아야 하고(국교가 되어야 하고), 또 하나는 비호해주는 국가를 위한 이데올로기로서 기능해야 한다. 그 어느 종교도 이 두 가지를 만족시키지 못했을 때 이단이나 미신이 되어 박해받고 위축되는 운명을 겪어야 했다.

아소카는 종교 그 자체를 숭배했으나 결국 실패했다. 불교는 민간 신앙으로서 그 순수함을 지킬 것인지, 아니면 국교로서 거듭날 것인지 선택의 기로에 서게 되었다. 그 선택은 마우리아 왕조가 몰락하고 약 300년이 흐른 후 쿠샨 왕조에서 이루어졌다. 바로 대승불교의 발전이었다.

기독교와
콘스탄티누스

로마를
분할 통치하다

　　"그는 해가 정점을 지난 한낮에 태양의 바로 위쪽 하늘에 빛의 십자가가 걸려 있는 것을 분명하게 보았다. 그 십자가에는 'Hoc Vince(이것으로 정복하라)'라는 글자들이 쓰여 있었다."

　　콘스탄티누스Constantinus, 280?~337가 밀비우스 다리 전투에서 본 이 환영은 세계의 역사를 바꾸어버렸다. 이제 세계는 다신교의 시대를 마감하고 유일신교의 세상으로 나아가기 시작했다.

　　로마는 카르타고를 멸망시키고 지중해를 '로마의 호수'로 만들며 거대한 제국을 건설하자마자 심각한 문제에 맞닥뜨려야 했다. 그것은 로마의 공화정이 거대한 영토와 인구를 다스리기에 비효율적인 정치 체제였다는 것이다.

　　인류는 고도로 발달된 자본주의 시대 이전까지는 오직 황제의 통치, 즉 왕정을 통해서만 거대한 영토와 인구를 통치할 수 있었다. 극도로 효율적인 통치체제가 아니라면 거대한 영역 내에서 일어나는 수많은 갈등을 조정할 수 없기 때문이다(지금까지도 영토와 인구가 많은 대국들은 대개 민족 분쟁과 인종차별에 시달리고 있다).

로마는 결국 제국으로 나아갔다. 그러나 황제가 다스리는 로마 제국 역시 한계를 드러냈다. 서양인들은 황제정의 경험이 전무했고, 자존심상 바르바로이라고 멸시했던 페르시아의 황제정을 모방할 수도 없었다. 한계는 후계의 문제로 나타났고 황제가 죽을 때마다 혹은 폭군이 등장할 때마다 격렬한 내전을 유발했다. 결국 후계의 문제에 고심하던 디오클레티아누스Diocletianus, 245?~316 황제는 제국을 4개로 분할해 통치하기로 했다. 아우구스투스 2명과 카이사르 2명을 두어 제국을 분할 통치한 것이다(로마 황제를 아우구스투스라고 불렀으며, 그에 준하는 지배자를 카이사르라고 불렀다. 즉, 로마 황제의 명칭은 특정 인명에서 따온 것이다).

그러나 로마는 더욱 격렬한 내전에 휩싸였다. 황제들은 서로 유일 지배자가 되기 위해 싸웠다. 이 싸움은 대를 이어 계속되었는데, 이 중에서 두각을 드러낸 이가 콘스탄티누스였다. 그는 갈리아 지방(현재 서유럽)의 카이사르인 콘스탄티우스 1세Constantius I, 250?~306와 헬레나Helena, 250~330 사이에서 태어났다. 헬레나는 현재 터키 동부에 해당하는 비티니아 지방(콘스탄티노플 인근 지역)의 여관집 딸이었다. 그녀는 출신이 비천했기 때문에 얼마 후 남편에게 버림받았지만, 독실한 기독교인으로서 아들의 신앙에 큰 영향을 미쳤다.

어릴 적 콘스탄티누스는 언제 죽을지 모를 정도로 불쌍한 신세였다. 아버지가 아우구스투스인 막시미아누스Maximianus, 240?~310의 양

콘스탄티누스는 장남으로서 그 지위가 불안했는데, 황제 사이에서 인질이 필요할 때는 항상 불려가서 죽음과 대면하며 살았다.

녀 테오도라와 재혼해서 여러 아들을 낳았기 때문에 장남으로서 그 지위는 불안했지만, 황제 사이에서 인질이 필요할 때는 항상 불려가 서 죽음과 대면하며 살았다.

그토록 힘든 청년 시절을 보낼 때 에우세비우스Eusebius, 263~339라 는 기독교 신학자를 만났는데 이때부터 기독교에 빠져들었다. 그러나 그의 기독교 신앙은 일정 부분 정치적이었다. 그는 기존의 제우스 중심 다신교와 기독교 사이에서 교묘한 줄타기를 통해 정치적 입지를 강화해갔다.

밀비우스 다리
전투

그는 여러 황제와 때로는 전쟁을 하고 때로는 정략결혼을 통해 동맹을 맺으며 하나씩 자신의 세력을 넓혀갔다. 그의 가장 강력한 적수는 카이사르였던 갈레리우스Galerius, ?~311의 양자이자 아우구스투스였던 막시미아누스의 아들 막센티우스Maxentius, ?~312였다. 막센티우스는 로마와 이탈리아 반도를 지배하면서 콘스탄티누스를 반역자라고 선포했다.

콘스탄티누스는 다른 황제와 동맹을 맺고 10만의 병력을 동원해 로마로 쳐들어갔다. 양측은 로마 동북쪽 12킬로미터 지점인 삭사 루브라라는 곳에서 맞붙었다. 전투 직전 콘스탄티누스는 그 유명한 하늘의 십자가 환영을 보았고, 하나님의 가호를 받아 막센티우스 군대를 밀비우스 다리까지 밀어붙였다. 좁은 다리로 몰린 막센티우스 군대는 밟혀 죽고 빠져 죽고 칼에 찔리거나 베여 죽었고, 그중에는 막센티우스도 있었다.

이 전투 이후 콘스탄티누스는 무패의 황제로서 거침없이 정적들을 제거하고 마침내 로마 제국을 다시 통일했다. 그러나 디오클레티아누스의 4황제 제도는 아직 살아 있었고, 그는 아들들을 카이사르로 임명했다. 여전히 로마는 분열의 여지가 있었고 왕권도 불안정했다. 기독교에 경도된 콘스탄티누스는 이제 유일신교로 로마를 통일하고자 했다.

당시 기독교는 여러 종파로 분열되어 있었다. 분열의 주제는 여럿이었지만 그중 대표적인 것은 과연 예수가 인간이냐 신이냐는 것이었다. 아리우스Arius, 250?~336를 중심으로 하는 아리우스파는 예수는 하나님이 창조한 도구로 아버지 하나님에게 복종해야 하는 '인간'이라고 주장했다. 아리우스파와 그 반대자들의 갈등은 파문과 폭동으로 이어졌고 이는 기독교를 통해 제국을 통일하고자 하는 콘스탄티누스의 의도에 반하는 것이었다. 결국 325년 니케아에서 공의회를 열어 이 논쟁의 매듭을 짓고자 했다. 그 유명한 니케아 공의회다.

콘스탄티누스는 공의회를 철저하게 주도했다. 그는 아리우스를 파문하고 아리우스파 주교들을 벌했으며 그 주장들을 소각했다. 또 이때를 전후해서 『성경』에 들어갈 경전과 뺄 경전을 정리했다. 『성경』에 들어가지 못한 경전들을 외경外經이라고 하는데, 외경의 존재 역시 『성경』의 편찬에 콘스탄티누스의 정치적 입장이 어느 정도 가미된 것이라는 주장이 있다(1947년부터 사해 인근에서 발굴된 일련의 기독교 경전 필사본들을 사해 문서라고 하는데, 이 중에는 외경이라 불리는 경전도 여럿 있었다).

콘스탄티누스의 기독교적 행보에 대해 이교도들은 불신과 불만을 드러냈다. 특히 로마 다신교의 심장인 로마 시민들은 노골적으로 거부감을 드러냈다. 콘스탄티누스는 로마가 아닌 새로운 수도가 필요했다. 그가 주목한 곳은 중동이었다. 로마와 이탈리아 반도는 정치 중심지일 뿐 경제 중심지는 아니었다. 경제는 그리스 시대부터 항상 페르

콘스탄티누스는 늙은 노파가 돌연 젊고 아름다운 여자로 변하는 꿈을 꾸었는데, 죽은 교황이 나타나 그 여인이 비잔티움이라고 가르쳐주었다. 콘스탄티누스의 꿈과 밀비우스 다리 전투.

시아 지역이 가장 발달되었다. 결국 콘스탄티누스는 가난하고 다신교를 믿는 유럽보다 풍요롭고 기독교를 믿는 중동에 새로운 수도를 건설하기로 했다.

그가 새로운 수도로 점찍은 곳은 비잔티움이라는 도시였다. 삼면이 바다로 둘러싸여 있고 아시아와 유럽을 잇는 관문으로 경제적·군사적으로 천혜의 요충이었다. 신앙으로 권력을 강화하려 한 탓인지 비잔티움으로 수도를 옮기는 데에도 많은 전설이 뒤따랐다.

콘스탄티누스가 꿈을 꾸는데 늙은 노파가 돌연 젊고 아름다운 여자로 변하더라는 것이다. 얼마 뒤 다시 꿈을 꾸었는데 죽은 교황이 나타나 그 여인이 비잔티움이라고 가르쳐주었다. 또 콘스탄티누스가 수도를 어디로 정할지 망설이는데 독수리들이 날아와 연장을 움켜쥐고 비잔티움에 떨어뜨리고 갔다는 전설도 있다. 비잔티움은 콘스탄티노플로 이름을 바꾸고 로마의 새로운 수도가 되었고, 이제 로마 제국의 중심이자 기독교의 중심이 되었다.

콘스탄티누스는 기독교를 장려하고 다신교를 억압했다. 수많은 성당이 기존 신전들을 파괴한 자리에 건설되었고, 제우스와 이교신을 숭배하는 의식은 금지되었다. 그는 종교의 자유를 허용한 것이 아니라 특정 종교를 강요하고, 기독교는 사랑의 종교가 아니라 정치적 종교가 되었다. 그러나 기독교는 여전히 종파 간 대립이 심했고 로마는 종교적 갈등으로 홍역을 앓았다. 콘스탄티누스는 갈망하던 통일을 보지 못하고 죽고 말았다.

그가 죽은 후 로마의 분열은 가속화되었고, 결국 변두리로 전락한 서로마는 476년 게르만족에 의해 멸망했다. 이후 서유럽은 로마 교황이 주도하는 로마 가톨릭의 중세 시대로 접어들었고 우리가 아는 유럽사가 전개되었다. 반면 새로운 로마의 중심인 동로마는 콘스탄티노플을 중심으로 기독교를 믿으며 1,000년의 역사를 이어갔다.

유럽인들은 그들이 로마의 역사를 계승했다며 동로마의 존재를 인정하지 않고 그 역사를 오리엔트의 역사로 취급했다. 나라 이름도 로마가 아니라 비잔티움 제국이라는 오리엔트식으로 불렀다. 이로써 로마의 역사는 1,000년을 삭제당한 채 오늘에 이르고 있다. 로마사가 겪은 수모는 콘스탄티누스의 통일 정책이 실패했기 때문이며, 그의 기독교가 실패했기 때문일 것이다. 그리고 최초로 기독교를 공인한 황제를 오리엔트에 빼앗긴 유럽인의 당혹감은 오늘날까지도 서양사 서술에서 드러나기도 한다.

종교개혁과
영국의 무적함대

헨리 8세가
이혼을 요구하다

시작은 별것 아니었다. 그는 이혼을 한 뒤 새 아내에게서 아들을 얻기를 원했다. 그의 딸인 메리 1세Mary I, 1516~1558는 열렬한 아빠바라기였다. 그런데 그것이 대영제국을 만들었다.

백년전쟁(1337~1453년)과 장미전쟁(1455~1485년)을 합쳐 영국은 무려 150년 동안 전쟁을 치렀다. 이 오랜 전쟁으로 영국의 플랜태저넷 왕조(1154~1399년)가 무너지고 튜더 왕조(1485~1603년)가 개창되었다.

영국 왕실은 백년전쟁의 패배와 이후의 내전으로 권위와 권력이 모두 땅에 떨어진 상태였다. 그러나 정작 유럽은 스페인 펠리페 2세 Felipe II, 1527~1598에서 프랑스 루이 14세Louis XIV, 1638~1715로 이어지는 절대왕정의 시대로 가고 있었다.

헨리 8세Henry Ⅷ, 1491~1547는 시대의 흐름에 발맞춰 왕권을 강화하기 위해 노력했다. 그가 선택한 것은 당시 최강 대국이었던 스페인과의 결혼동맹이었다. 그는 스페인의 공동 통치자인 아라곤의 페르난도 2세Fernando II, 1452~1516와 카스티야의 이사벨라Isabel, 1451~1504 여왕의 넷째 딸인 캐서린Catherine, 1485~1536과 결혼했다. 스페인은 구교의 수호자였으므로 헨리 8세 역시 독실한 신자로서 교황의 후원까지 받아 안정된 왕권을 누릴 수 있었다.

그런데 문제는 캐서린이 헨리 8세보다 여섯 살 연상이라는 점이었다. 젊을 때는 연상의 아내가 더 좋기도 해서 부부 금슬도 좋았고 예쁜 딸도 낳았지만 점점 나이가 들면서 문제가 생겼다. 왕권이 강할수록 후계자 문제가 심각해지는 법이다. 후계자가 명확하지 않으면 강력한 권력을 탐하는 이들이 정치적 암투, 암살, 심지어 내전까지 일으키는 것이 역사적 선례였다. 이런 문제를 미연에 방지하는 가장 좋은 방법이 장남 단독 상속이었다. 헨리 8세는 간절히 장남을 원했는데 캐서린은 나이 40세가 되도록 아들을 낳지 못했다.

헨리 8세는 이혼을 원했다. 그는 주위의 젊은 여자들에게 눈길을 돌리기 시작했다. 캐서린은 남편을 이해했지만 이혼만은 받아들일 수 없었다. 그렇다고 불륜의 씨앗을 차기 왕으로 앉힐 수도 없었다. 헨리 8세와 캐서린의 갈등은 점점 커져갔고 둘은 별거하기에 이르렀다.

문제는 종교였다. 가톨릭은 이혼하려면 교회의 허락을 받아야 했다. 그런데 교황은 스페인의 눈치를 보는 처지였다. 캐서린이 원하지 않는 한 이혼은 불가능했다. 헨리 8세가 몇 차례나 교황에게 사신을 보내 이혼을 승인해달라고 탄원했지만 교황은 꿈쩍도 하지 않았다. 헨리 8세는 중대 결단을 내리지 않을 수 없었다.

헨리 8세는 교황과 단절을 결심하고 캐서린과 이혼하고 앤 불린과 재혼했다. 더구나 자신이 영국 교회의 수장임을 선포했다. 헨리 8세와 앤 불린.

당시 유럽은 루터의 95개조 반박문(1517년)으로 종교개혁에 휘말려 있었다. 헨리 8세가 교황에게 이혼을 탄원할 때는 종교개혁으로 일어난 독일 농민전쟁(1524~1525년)이 끝난 직후였다. 구교의 위기감이 높아지는 상황에서 헨리 8세는 교황과 단절을 결심했다. 그는 1532년 캐서린과 이혼하고 앤 불린Anne Boleyn, 1507?~1536과 재혼했으며 1534년에는 수장령音長令을 반포해 교황이 아니라 자신이 영국 교회의 수장임을 선포했다. 이어 구교 교회와 수도원을 폐쇄하고 그 재산을 몰수한 뒤 그를 지지하는 귀족과 교회에 나누어주었다. 몰수한 재산 중 일부는 해군 양성을 위한 전함 건조 비용으로도 사용되었다.

영국,
스페인의 무적함대를 격파하다

헨리 8세가 죽은 후 왕위는 그의 유일한 아들 에드워드 6세Edward VI, 1537~1553가 이어받았다. 그러나 불행히도 그는 재위 6년 만에 겨우 16세의 어린 나이로 죽고 말았다. 그는 자식이 없었기 때문에 당장 후계 문제가 발생했다. 그가 죽자 왕위를 계승한 것은 제인 그레이Jane Grey, 1537~1554라는 여자였지만 9일 만에 쫓겨난 뒤 처형당했고, 왕위는 헨리 8세의 장녀 메리 1세가 승계했다. 바로 '블러드bloody 메리'였다.

메리 1세는 캐서린의 딸로 어머니의 뜻에 따라 독실한 구교 신자가 되었다. 여왕에 오른 뒤 스페인의 펠리페 2세와 결혼해 영국에서 구교를 부활시키려 노력했다. 많은 신교도가 죽임을 당했고 그 바람에 신교를 지지하던 신흥 상공업자들이 영국을 탈출해 경제가 나빠졌다. 누구보다 메리 1세를 미워했던 두 세력이 있는데, 하나는 구교 교회의 몰수된 재산을 분배받은 귀족들이었고 하나는 해군이었다. 구교가 부활하는 것은 상관없지만 몰수된 재산이 환원될 경우 그들은 큰 타격을 입을 것이 분명했다.

국민들은 메리 1세 대신 헨리 8세의 둘째 딸 엘리자베스Elizabeth, 1533~1603가 왕위에 오르기를 바랐다. 그녀는 헨리 8세를 추종했기 때문이다. 메리 1세는 자신의 최대 정적인 동생을 죽이기 위해 런던탑에 가두었다. 그러나 메리 1세는 암에 걸리자 엘리자베스 처형을 망설이게 되었다. 자신이 죽으면 엘리자베스가 튜더 왕조의 유일한 후계자가 되고, 그녀마저 죽으면 왕조가 끊어지기 때문이다. 결국 메리 1세는 엘리자베스에게 구교에 충성을 바칠 것을 약속받고 풀어주었다.

메리 1세가 죽고 엘리자베스가 여왕에 즉위했을 때 겨우 25세였다. 그녀의 어머니 앤 불린은 헨리 8세의 두 번째 부인이지만 불륜을 저질렀다는 이유로 참수형을 당했고 엘리자베스도 아버지의 사랑을 받지 못하고 자랐다. 그럼에도 그녀는 아버지에 대한 존경과 사랑이 있었다. 최소한 정책적으로는 그랬다. 단순한 엘렉트라 콤플렉스Electra complex인지 아니면 고도의 정치적 제스처인지는 모르지만 언니 메리 1세와의 약속을 헌신짝처럼 버리고 아버지의 정책을 계승했다.

엘리자베스가 헨리 8세의 정책을 계승해 구교를 버리고 수장령에 입각해 영국 국교회를 발전시키면서 영국 해군도 비약적으로 발전했다. 국력이 미약해서 이탈리아의 도시국가보다도 재정이 열악했던 영국이 스페인 무적함대에 맞설 수 있었던 것은 구교 교회에서 몰수한 재산과 신교 지지자들의 협조가 절대적이었다.

당시 세계 최강의 함대는 스페인 무적함대 아르마다였다. 아르마다는 대서양을 장악하고 아메리카의 부를 스페인이 독점하는 데 절대적인 힘을 발휘했다. 그리고 아르마다를 유지하는 토대는 아메리카에서 무한대로 들어오는 은이었다. 영국은 물질적으로 도저히 아르마다에 대항할 수 없었다. 다른 방법을 찾아야 했다.

영국은 먼저 값싼 주철 화포를 개발했다. 스페인의 청동 화포보다 질이 떨어졌지만 그 대신 싼 가격으로 대량생산할 수 있었고, 파괴력은 떨어져도 사정거리를 늘려 먼저 상대를 공격할 수 있었다. 또 스페인처럼 대형 전함을 건조하기보다 날렵하고 빠른 전함 레이스 빌트 race-built(쾌속형 갤리언선)를 개발했다. 레이스 빌트는 거대한 스페인

스페인 무적함대인 아르마다는 대서양을 장악하고 아메리카의 부를 스페인이 독점하는 데 절대적 힘을 발휘했다. 그러나 1588년 영국 해협에서 영국 함대에 의해 침몰되었다.

전함을 상대로 치고 빠지는 전술에 효과적이었다.

마침내 1588년 스페인 아르마다와 영국 함대가 영국 해협에서 맞붙었다. 초반 치고 빠지는 전술로 신경전을 벌이던 영국 함대는 칼레 해변에 스페인 함대가 정박하자 화공을 개시했다. 불길을 피해 뿔뿔이 흩어진 스페인 전함들은 빠르게 접근해서 집중포화를 퍼붓는 영국 함대의 공격으로 하나둘 침몰되었다. 마침내 아르마다는 수장되고 영국 함대가 새로운 무적함대라는 칭호를 획득했다. 이제 무적함대를 소유한 대영제국의 시대가 열린 것이다.

헨리 8세는 왕권을 강화해 유럽 최고의 강국으로 영국을 만들려고 했다. 그러기 위해서는 강력한 왕권과 이를 뒷받침할 물질적 부가 필요했고, 그것은 자신의 이혼을 위한 교황과의 단절과 이에 저항하는 구교 교회의 재산 몰수를 통해 이루어졌다. 그의 장녀는 아버지의 유훈에 반대되는 정책을 펼쳤지만, 둘째 딸은 아버지의 유훈을 계승해 마침내 대영제국을 이룩했다.

사적 욕망과 공적 욕망, 사생활과 공적 생활이 뒤얽힌 스캔들이 얽히고설켜 만들어낸 신화였다. 많은 사람이 헨리 8세의 결혼 생활과 여왕 엘리자베스를 둘러싼 스캔들에 주목하지만, 스캔들이 감추기에는 너무나도 거대한 역사적 진실이 존재한다는 것을 생각해야 하지 않을까?

과학이라는 신과
근대 정치

지식에 대한
호기심과 탐구욕

중력의 법칙은 지구, 나아가 우주 전체에 어떠한 예외도 없는 물질세계의 절대 법칙이다. 그렇다면 중력은 신의 의지에 영향을 받지 않는 것이고, 신이 영향을 끼치지 못하는 것 아닌가? 그렇다면 중력의 법칙은 신 위에 존재한다. 그리고 인간 세계는 중력의 법칙을 아는 자와 모르는 자, 두 종류의 인간으로 나눌 수 있다. 아는 자는 모르는 자를 깨우치고 인도해야 한다. 이렇게 인류는 계몽주의와 근대 정치를 탄생시켰다.

니콜라우스 코페르니쿠스Nicolaus Copernicus, 1473~1543와 갈릴레오 갈릴레이Galileo Galilei, 1564~1642가 지동설을 주장하면서 천동설에 기반을 둔 중세 기독교 교리가 허물어졌다. 이어 1687년 아이작 뉴턴 Isaac Newton, 1642~1727이 만유인력의 법칙을 발표했다. 모든 질량을 가진 물체는 인력을 갖고 인력은 질량의 곱에 비례하며, 이러한 물리학 법칙은 어느 물질이나 장소에도 예외 없이 적용된다는 것이 핵심이다.

모든 종교는 기적을 믿는다. 기적은 신의 의지에 따라 일어나는 우연적 사건, 즉 비논리적이고 비과학적이며 비상식적인 사건을 말한다. 사람들이 기도하는 이유는 이러한 초월적 힘을 갈망했기 때문이다. 그러나 만유인력의 법칙에 의하면 그런 초월적 힘은 존재하지 않고 존재할 수도 없다. 사람이 기적이라고 믿는 것은 1687년 이전에 만유인력의 법칙을 몰랐던 것처럼 그저 무지했기 때문이다.

그렇다면 신은 무엇인가? 신은 오직 창조자일 뿐 구원자는 아니다. 구원은 오직 과학에 의해 일어나는데, 과학은 신이 만든 세계의 이치를 탐구하는 작업으로 또 다른 신학이 되는 셈이다.

이는 종교의 힘을 크게 약화시켰다(인도에는 창조신 브라흐마, 평화의 신 비슈누, 파괴의 신 시바가 있다. 이 중 가장 인기 없는 신이 브라흐마다. 그의 역할이 끝났기 때문이다. 가장 인기 있는 신은 시바인데, 파괴는 곧 재건과 부활을 의미하기 때문이다. 창조주의 권능은 이토록 약할 수밖에 없다. 반면 부활과 구원은 모든 종교가 현실에서 권능을 누리기 위해 절대 필요한 요소다). 과학이 종교를 부정하지는 않지만 종교의 현세적 권능을 빼앗았기 때문이다. 바야흐로 유럽은 과학의 전성시대, 과학혁명의 시대가 도래했다. 페스트는 더는 신의 징벌이 아닌 세균의 소행이고, 무병장수 역시 신의 축복이 아닌 과학의 혜택일 뿐이었다.

인간이 모든 것을 알 수 있고 통제할 수 있다는 믿음은 지식에 대한 무한대의 호기심과 탐구욕으로 나타났다. 17세기 네덜란드인 크리스티안 하위헌스Christiaan Huygens, 1629~1695는 공학자, 천문학자,

갈릴레이가 지동설을 주장하면서 천동설에 기반을 둔 중세 기독교 교리가 허물어졌다. 1633년 종교재판을 받고 있는 갈릴레이.

생물학자, 탐험가이며 미술과 음악에도 조예가 깊은 만능인이었다. 그는 현미경을 통해 수많은 미생물의 세계를 밝혀냈고 개량한 천체망원경을 통해 최초로 토성의 고리를 관측했다.

무한대의 지식이 무한대의 권능을 보장하자, 그 엄청난 지식을 집대성하려는 노력이 시작되었다. 이는 18세기 백과전서로 나타났고, 이를 위해 노력한 드니 디드로Denis Diderot, 1713~1784, 장 르 롱 달랑베르Jean Le Rond d'Alembert, 1717~1783 같은 이들을 백과전서파라고 부른다. 사이클로피디아, 브리태니커 같은 전설적인 백과사전들이 이 시기에 등장했다(중국의 『사고전서』나 조선의 『청장관전서』·『임원경제지』 등 동양에서도 이 시기에 백과사전이 등장했다).

광범위한 과학지식으로 무장한 이들은 당대 인기인이었다. 이들은 누군가의 집에 모여 차와 음식을 나누며 토론하기를 즐겼는데, 이 과정에서 탄생한 것이 18세기 프랑스 파리의 살롱이었다. 사교계에 영향 있는 귀족의 여인들이 자신의 집에 명사들을 모아놓고 차를 마시고 음악을 즐기며 새로운 학문을 토론하는 자리를 마련한 것이 살롱의 시작이었다. 살롱에 사회적 영향력이 생기면서 경쟁적으로 명사들을 초청하려고 했고, 자신의 사상을 개진하고픈 사상가들이 살롱에 드나들면서 점점 살롱은 정치의 중심으로 거듭났다.

살롱에 모여든 명사들은 새로운 과학지식으로 무장한 계몽 사상가들이었다. 이들은 천문학, 생물학, 의학, 과학 등 새롭고 진귀한 학문을 전파했다. 과학으로 무장한 새로운 지식인들은 기존의 종교와 사상을 비판하고 무지몽매한 사람들을 깨우치려 했다. 계몽주의자들은 프랑스의 구체제를 비판하고 과학에 입각한 새로운 세상을 갈파했던 것이다.

18세기 후반, 살롱에서 가장 인기 있는 사람은 장 자크 루소Jean Jacques Rousseau, 1712~1778였다. 그는 여느 계몽 사상가나 혁명가에 비해 수준이 떨어진다는 평가를 받았음에도 프랑스혁명의 중심에 설 수 있었는데, 그가 살롱에서 가장 강력한 영향력을 행사한 인물이었기 때문이다. 살롱에서 그의 혁명 사상에 감화받은 이들은 심지어 귀족 중에서도 혁명에 동참하는 사람들이 생겨날 정도였다.

인류 역사의 법칙성이
식민 지배를 정당화하다

　　　　　19세기 과학혁명으로 탄생한 지식인은 모든 것을 알고 지배할 수 있다는 절대 진리에 대한 믿음을 토대로 역사 발전의 법칙성을 찾으려 했다. 인간도 물질이라면, 결국 인간 사회에도 불변의 법칙이 있을 것이라고 믿었고, 그것이 바로 인류 역사의 합법칙성이다. 역사의 법칙성을 주장한 사상 중 가장 대표적인 것이 사회주의로 인류 역사는 원시공산제, 고대 노예제, 중세 봉건제, 현대 자본주의, 미래 사회주의로 나아가며, 이 법칙에 따른 인류 발전에 어떠한 예외도 있을 수 없다고 주장했다. 그래서 카를 마르크스Karl Marx, 1818~1883는 그의 사회주의를 '과학적 사회주의'라고 정의한 것이다.

　그런데 인류 역사가 법칙성을 가지며 이 법칙에 어떠한 예외도 존재하지 않는다는 믿음은, 법칙에 따라 진화를 선도하는 백인 유럽 문명과 진화하지 못한 유색인종 사회라는 이분법적 도식을 만들어냈다. 유럽에서는 좌파든 우파든 신대륙 유색인종들에게 강제로 자본주의를 이식해야 한다는 백인의 사명이라는 말이 유행했고, 일원론적인 세계관에 입각해 유럽의 발전 과정만이 유일한 인류 역사 발전의 법칙이라고 강요하게 되었다.

　이는 아시아와 아프리카에 대한 식민 지배를 정당화했다. 유럽 사회주의자들은 식민 지배를 자본주의의 이식화로 보고 사회주의로 가기 위한 필연적 과정이라고 생각했다. 이에 대해 베트남 사회주의 혁명의 지도자 호찌민胡志明, 1890~1969은 이렇게 말했다. "식민지 문제에 대해 눈감는 사회주의는 허구다."

인류 역사의 법칙성은 백인 유럽 문명이 아시아와 아프리카에 대한 식민 지배를 정당화했다. 그러나 호찌민은 "식민지 문제에 대해 눈감는 사회주의는 허구다"라고 말했다. 베트남 호찌민시에 있는 호찌민 동상.

20세기 들어 과학의 절대적 지위는 크게 도전받았다. 과학이 발달하면 할수록 밝혀내야 할 영역은 무한대로 확장되었다. 우주가 무한한데 과연 과학이 밝혀내야 할 영역에 한계가 있을까 하는 질문이 지속적으로 던져졌다. 결국 과학은 끊임없는 무한의 탐구 과정이라는 인식이 광범위하게 유포되었다.

과학이 저지른 오류에 대한 비판도 활발하게 일어났다. 인간이 물질세계를 아는 만큼 마음대로 조작하고 지배할 수 있다고 생각했지만, 이는 엄청난 환경파괴와 자연재해로 되돌아왔다. 나비효과라는 말처럼 인간의 작용에 대한 자연의 반작용은 예측 불가능한 데다 인류의 생존을 위협할 정도였다.

과학은 인류를 파괴시키기도 했다. 핵전쟁과 대량살상무기의 공포는 20세기 내내 인류 종말의 위기감을 자아냈고, 유전학과 뇌과학은 인종주의와 연결되어 대량 학살을 불러일으켰다. 과학의 이름으로 자행된 인류의 인류에 대한 학살과 말살 책동은 히틀러의 유대인 학살에서 절정에 달했다.

결국 과학에 대한 절대화, 과학이라는 신에 대한 숭배는 곧 인류 문명에 대한 겸허한 반성 속에서 부정되고 말았다. 이제 인류는 다원화와 개별성을 강조하고 개인의 선택을 존중하며 느림과 공존의 미학을 강조하고 있다. 21세기 과학은 신으로서 그 지위는 잃었지만 오히려 그로 인해 그동안 과학을 옥죄었던 신의 권위에서 해방되어 자유롭게 상상의 나래를 펼 수 있게 되었다. 그것이야말로 과학의 또 다른 발견이라 할 수 있지 않을까?

제
3
장

선동의 정치

황건적과
삼국시대

태평도와
오두미도

　　　　동양사와 서양사의 가장 큰 차이는 무엇일까? 동양은 문인이 지배자였고 서양은 무인이 지배자라는 점이다. 서양은 로마의 장군이나 중세 기사가 지배자였다. 문인은 하위 파트너에 지나지 않았고, 지배층과 피지배층 사이에서 부유하는 중간적 존재로서 현대 사회에서는 프티부르주아라고 부르기도 했다. 이 때문에 서양의 혁명 과정에서 지식인은 매우 중요한 역할을 했다. 프랑스혁명에서 루소나 로베스피에르Robespierre, 1758~1794 같은 지식인 그룹, 사회주의 혁명을 주도한 마르크스나 레닌 같은 지식인 그룹이 대표적이다.

　반면 동양은 문인이 지배자였고 무인은 하위 파트너였다. 문인은 과거 시험 같은 지적 능력을 검증하는 관문을 거쳐 관직에 오르고 지배층이 되었다. 그래서 공산주의 같은 고매한 이상은 지배층의 이데올로기였지 민중의 이데올로기가 아니었다. 현대 서구 지식인들이 북한을 유교 독재국가로 보는 이유도 이 때문이다.

그렇다면 동양의 민중은 그들의 이데올로기를 어디서 가져와야 했을까? 중국 후한 시대(25~220년) 호족의 장원이 널리 퍼졌다. 장원은 지방 세력인 호족의 반독립적 영지로 정부에 세금을 내지 않고 소속된 농민들을 지배하며 그들에게서 공물을 받았다. 장원이 널리 확산되자 정부는 세금을 걷지 못해 재정이 악화되었다. 그래서 하는 수없이 일반 농민에게 세금 부담을 가중시켰다. 정부와 호족 사이의 갈등이 강화되고 백성들은 관리의 수탈과 과중한 세금 부담에 고통을 받았다. 참다 못한 농민 중 일부는 장원으로 들어갔는데 그렇다고 해서 생활이 나아지는 것은 아니었고 호족의 힘만 강화되고 장원만 더욱 확대될 뿐이었다.

지식인들은 한 나라의 관료들이었기 때문에 농민의 처지를 대변하지 못했다. 그들은 호족을 효과적으로 제어하고 정부의 힘을 강화시켜 관료 그룹의 처지를 안정시키는 데만 골몰했다. 무력한 정부는 천자天子를 둘러싸고 이런저런 파벌 대립에 휘말렸고, 천자의 측근인 환관들의 힘이 강해졌는데 후한 말기에 특히 환관 10명이 전횡을 부려 십상시라 했다. 십상시 등 환관 세력과 지식인, 관료 세력이 충돌하면서 정치적 혼란은 극에 달했다.

도탄에 빠진 민중들은 구원을 갈망했고, 구원은 종교의 몫이었다. 허베이河北와 산둥山東 일대에 해당하는 기주 지역인 거록鉅鹿(현재 허베이성 싱타이邢臺)이라는 고을에 장각張角이라는 도사가 살았다. 그는 주문과 부적, 깨끗한 물로 모든 병을 고칠 수 있다며 백성들을 현혹했다. 실제로 환자를 많이 고쳤다고 하는데 아마 약초를 섞은 약수를 일

후한 말기는 환관 세력과 관료 세력이 충돌하면서 정치적으로 혼란했을 뿐만 아니라 민중들은 도탄에 빠져 새로운 종교를 원했다. 후한의 초대 황제인 광무제.

종의 성수聖水라고 위장해서 사용한 것이 아닌가 싶다. 그가 가난한 농민들을 구제하자 곧 많은 무리가 그의 주변에 모여들었다.

이렇게 모인 사람들이 일종의 신앙 공동체를 만드는 것은 역사적 법칙이다. 힘들고 가난한 사람들은 서로 돕고 협동하는 공동체 생활을 통해 난관을 극복하고 점차 그들 사이의 유대를 강화해나갔다. 장각 주변에 모인 무리들은 스스로 태평도太平道라 일컬으며 교세를 확장했는데, 10년 만에 수십만의 무리를 이루었고 이들의 세력은 유주,

기주, 청주, 서주, 형주, 양주, 연주, 예주 등 중국 중심부 8주에 걸쳐 퍼졌다.

한편 비슷한 시기 중국의 변두리에 해당하는 서남부 익주益州(현재 쓰촨성)에 장로張魯라는 자가 장각과 같은 수법으로 세력을 확장했다. 그들은 입회비로 쌀 5두를 받아 '오두미도伍斗米道'라고 불렸는데, 중국 서부 일대에 상당한 세력을 형성했다. 이로써 장각의 태평도가 중국 동부, 남부, 북부에 세력을 떨치고 장로가 서부에 세력을 떨치면서 호족과 정부의 탐학에 고통받는 농민들의 대규모 신앙 공동체가 만들어졌다.

이들은 서로 도우며 살았고 죄를 씻으면 병도 낫는다는 생각에 서로 죄를 고백하기를 성실히 했다. 길 가운데 숙박 시설을 세워 음식을 제공해 자유로운 여행을 독려했고 죄를 지은 사람은 100보步의 도로를 수리시킨 후 사면했다. 이는 태평도와 오두미도가 교통로를 장악하고자 했음을 의미하고, 이는 뒤에 봉기했을 때 기동성을 발휘해 관군보다 빨리 이동하고 봉기를 넓게 확산시키는 데 큰 도움을 주었다.

황건적이
일어나다

소외된 농민들의 공동체는 권력에 눈엣가시 같은 존재였다. 정부와 호족은 이들을 색출해 처단하려고 했고, 그렇지 않아도 세상에 불만 가득한 농민들은 반역을 꿈꾸게 되었다. 주술을 믿는 태평도는 농민들의 열망을 모아 184년 대규모 봉기를 계획했다.

"중평中平 원년(184년)은 갑자년으로 모든 것을 새로 시작하는 해年이니 새로운 세상을 만들기 적합하다." 184년이 새로운 세상을 만들 길한 해이고 그중에서도 3월 5일이 길일이므로 이날 봉기하면 반드시 승리한다는 말을 산하 조직에 유포했다. 그러나 비밀이 누설되자 2월에 서둘러 봉기를 일으켰다.

농민군은 관군과 구분하기 위해 머리에 누런 띠를 묶고 황건적이라 했다. 이들의 봉기는 도교적 유토피아를 건설하겠다는 것이지만 방법은 주술과 부적에 의존했다. 그들이 이런 한계에 갇힌 이유는 지식인이 참가하지 않았기 때문이다. 지식은 지배층의 전유물이고 그들은 각종 등용 제도를 통해 관직에 진출함으로써 그들의 문제를 해결할 방법이 있었다. 지식인이 굳이 궁지에 몰린 농민들과 함께할 이유가 없었던 것이다.

황건적이 일어나자 정부는 당고지화黨錮之禍(환관들이 자신들을 탄핵한 관료와 지식인들을 처벌했던 사건)를 당한 지식인들을 사면하고 관군을 일으켰다. 지식인들은 그들의 정권을 지키기 위해 온갖 지혜를 짜내 황건적 토벌에 앞장섰다. 한편 호족들도 장원의 농민들을 무장시켜 의용군을 만들고 황건적과 싸우게 했다. 이러한 의용군으로 유명한 이가 훗날 삼국시대의 주역이 되는 조조, 손견, 유비였고, 이들을 뒷받침한 지식인이 바로 제갈량, 순욱, 장소 같은 이들이었다. 사실 『삼국지』의 주인공들은 지배층의 권력을 지키기 위해 강력하게 단결한 지식인과 호족 집단이었던 것이다.

황건적의 봉기는 무서운 기세로 퍼졌지만 그러나 한계도 명확했다. 점령지를 어떻게 경영할지, 군대를 어떻게 운영할지, 적군과 싸울 때 전략과 전술을 어떻게 짜야 할지 등은 모두 지식인의 몫이었다. 유

황건적의 난이 일어나자 유비는 관우·장비와 도원결의를 맺고 의용군을 일으켰다. 유비군은
황건적을 맞아 대승을 거두었다. 유비, 관우, 장비.

능한 참모가 없는 무지렁이 농민들과 부적이나 쓰는 도사들은 싸움에
서든 통치자로든 무능했다. 그들은 점령지의 재물을 약탈했고 백성들
을 적군과 아군으로 나누어 분열시켰으며 병법에 능한 관군과 의용군
의 공격에 속수무책이었다.

　탁군涿郡의 지식인이었던 유비는 호족의 호위무사 출신인 관우·
장비와 도원결의를 맺고 황건적의 난이 일어나자 의용군을 일으켰다.
그는 유주로 가서 5만의 황건적과 맞서는데 황건적은 수는 많았지만
오합지졸이라 지도자를 맹목적으로 따를 뿐이었다. 병사들이 급조된
농민군일 경우 장수들이 일대일로 겨뤄 승패를 내는 것이 고대 전투
의 한 형태였다. 유비의 장수 장비와 정원지의 장수 등무가 맞서 싸워
장비가 등무를 죽이자 정원지군은 무너지고 유비군은 대승을 거두었

다. 청주로 이동한 유비군은 황건적을 계곡으로 유인해 좁은 곳에 몰아넣고 협공하여 대승을 거두었다. 지략이 없는 황건적은 수백의 농민군에게도 연전연패하다 결국은 진압당하고 만 것이다.

　지식인이 지배층인 동아시아에서 민중은 도교나 불교의 이단적 종파의 선동에 따라 봉기를 일으켰다. 원나라를 무너뜨린 백련교나 홍건적의 봉기, 청나라를 무너뜨린 의화단의 봉기 모두 민간신앙적 선동에 따라 일어난 사건들이다. 주문과 부적, 기도의 효험을 믿으며 민중이 봉기를 일으켰다는 점은 오늘날 관점에서 어이없는 일이지만, 민중들이 단결하고 의사를 표출하기에 신앙적 선동만큼 적절한 것이 없었다. 당대 지식인들은 이를 미신이라 치부하며 외면했지만, 그들의 '과학적 사고'가 지배층으로서 기득권을 지키기 위한 합리화였다는 점도 아울러 생각한다면, 우리는 역사 속의 미신과 과학의 구분을 신분적·계급적 구별과 함께 보아야 한다는 것을 깨닫지 않을 수 없다.

마리 앙투아네트와
혁명

황태자와 앙투아네트가
결혼하다

       앨프리드 히치콕Alfred Hitchcock, 1899~1980 감독의 영화 〈사이코〉(1960년)의 마지막은 이렇다. 이중 자아를 가진 연쇄살인범은 자기 손 위에 앉은 파리를 보고 이렇게 중얼거린다. "난 이 파리조차 쫓지 않을 거야. 이걸 보고 사람들은 말하겠지. 봐, 파리조차 못 죽이는 사람이잖아."

    17세기 절대왕정 시대는 또한 왕위 계승 전쟁의 시대였다. 유럽의 왕위 계승권은 사위나 외손자에게도 있었기 때문이다. 당시 유럽 왕실 전체가 합스부르크 가문과 혼인 관계를 맺었기 때문에 사실상 모든 유럽의 왕과 왕자가 유럽 국가의 왕위 계승권을 갖고 있었다. 그래서 왕이 죽을 때마다 왕위 계승 전쟁이 일어났다.

    이 과정에서 가장 치열하게 대립한 나라가 프랑스와 오스트리아였다. 각각 서유럽과 중부 유럽을 대표하는 두 강대국은 왕위 계승 전쟁이 일어날 때마다 개입해 유럽의 패권을 차지하려 싸웠다. 하지만 오랜 전쟁으로 양국의 재정은 피폐해졌고 성과 없는 전쟁으로 왕의 권위도 실추되었다. 양국은 전쟁을 종식시키고 평화체제 구축을 갈망했다. 결국 결혼동맹이 성사되었는데, 프랑스의 황태자와 오스트리아의 공주 마리 앙투아네트Marie Antoinette, 1755~1793가 결혼한 것이다.

앙투아네트는 오스트리아의 여왕 마리아 테레지아Maria Theresia, 1717~1780의 16남매 중 15번째로 딸 중에 막내였다. 응석받이로 성장한 그녀는 아름답고 활달했지만 공부나 사교성은 빵점이었다. 테레지아는 막내딸이 평범하게 성장해서 좋은 남자의 아내로 행복하게 살기를 바랐기 때문에 공부나 예의를 강요하지 않았다. 그렇기에 15세의 막내딸이 덜컥 프랑스 황태자에게 시집가게 되자 걱정이 태산 같았다. 그녀는 끊임없이 편지를 쓰고 심지어 장남 요제프를 프랑스에 보내면서까지 그녀를 돌보려 애썼다. "그녀는 가장 영광스러운 왕비가 되거나 가장 비극적인 왕비가 될 거야."

그러나 자존심 강한 공주였던 앙투아네트는 어머니의 충고를 듣지 않았다. 그녀는 프랑스의 베르사유 궁전에서 수많은 시종과 귀족들에게 둘러싸인 채 천방지축으로 생활했다. 궁중 예절을 지킨다거나 지배자로서 국민의 생활에 관심을 갖는 따위의 일은 하지 않았다. 남편이 루이 16세Louis XVI, 1754~1793로 즉위하고 자신은 프랑스의 왕비가 되었지만 오히려 그녀의 생활은 더욱 사치와 방종에 빠졌다. 그녀는 나라의 재정으로 각종 보석과 옷으로 치장하고 가장 무도회나 오페라 극장 등을 돌며 오락과 유흥에 빠져 세월을 보냈다.

프랑스는 재정 악화로 서서히 쇠퇴해가고 있었다. 잦은 전쟁으로

앙투아네트는 베르사유 궁전에서 수많은 시종과 귀족들에게 둘러싸인 채 천방지축으로 생활했다. 그곳에서 그녀는 오락과 유흥에 빠져 세월을 보냈다.

국고가 비었고 베르사유 궁전 등 왕실과 관련한 재정 낭비도 심각했다. 일례로 베르사유 궁전에서는 매일 300여 명의 요리사가 1,000여 명분의 최고급 식사를 만들었다. 루이 16세는 사실상 파산한 나라를 물려받은 셈이었다. 정부는 돈이 필요했고 세금은 평민이 냈다. 나라 경제가 어려운 속에 가혹한 세금 부담에 시달리던 평민들의 불만이 고조되고 바야흐로 프랑스에는 혁명의 기운이 무르익었다.

하지만 평범한 국민들은 여전히 왕과 왕비를 하늘처럼 떠받들었다. 그들은 자신들의 어려움을 하나님의 징벌이나 몇몇 탐욕스러운 귀족 탓이라고 생각했다. 국민들은 어려우면 어려울수록 왕과 왕비가 그들의 목소리를 듣고 구원해주기를 바랐다. 이래서는 세상이 변할 리 없다. 혁명가들은 국민들이 왕과 왕비에 대한 불타는 적개심을 갖기를 원했다.

왕비가 얼마나 호화로운 생활을 하는지는 그녀의 초상화만 봐도 충분했다. 그리고 마침 오스트리아 여자였다. 혁명가들은 상상력을 발휘해 오스트리아 출신 왕비의 난잡한 밤 생활을 소재로 한 소설을 창작해 파리 시내에 뿌렸다. 이놈 저놈과 아무데서나 사랑을 나누고 향락을 위해 돈을 펑펑 쓰고 멍청한 왕은 그것도 모르고 아름다운 왕비에게 헤헤거리기만 하고……. 점점 분위기는 오스트리아 여자가 나라를 망쳐먹는 쪽으로 몰려갔다.

결정적인 스캔들이 터졌다. 유명한 왕실 보석상이 지금 시가로 80억 원에 해당하는 엄청난 보석 목걸이를 만들었다. 하지만 아무리 왕비가 사치스럽다 해도 목걸이 하나에 그 돈을 지불할 수는 없었다. 그러자 사기꾼들이 보석상에 접근했다. 왕비에게 팔아주겠다고 하고 목걸이를 가로채서 달아난 것이다. 하지만 국민들은 이 사건을 사기로 보지 않았다. 왕비가 목걸이를 꿀꺽하고 시치미를 떼는 것이라고 생각했다. 소문의 영향력이 진실을 가릴 정도로 커진 것이다.

루이 16세는 평민들의 조세 저항이 거세지자 삼부회三部會(1신분 성직자, 2신분 귀족, 3신분 평민 대표로 구성된 신분제 의회)를 소집해 귀족이나 성직자가 적절히 고통 분담을 하는 대안을 생각해냈다. 하지만 삼부회는 평민들에게 일방적으로 세금을 부담시켰고 이에 평민 대표들이 반발해 국민의회를 구성하고 저항에 나섰다. 정부가 국민의회를 탄압하자 분노한 파리 시민들이 시위에 나섰다. 그리고 운명의 날인 1789년 7월 14일이 밝았다.

앙투아네트와
거짓 선동

혁명가들은 왕의 군대가 곧 파리로 들어와 대규모 진압에 나설 것이라고 생각했다. 그전에 무기를 확보해 시민군을 조직해야만 했다. 그들은 무기가 있는 곳을 수소문했고 바스티유 감옥에 있다는 정보를 얻었다. 그들은 즉각 행동에 들어갔다. "그동안 시위를 벌이다 체포된 사람들이 바스티유에 있다. 그들을 오늘 아침 처형한다고 한다. 바스티유로 가자. 바스티유에 가서 동지들을 구출하자."

성난 시민들이 바스티유로 몰려갔다. 그들은 감옥 소장에게 정치범을 내놓으라고 요구했다. 그러나 바스티유에는 정치범이 없었다. 시민들은 소장이 거짓말을 한다고 생각했고, 소장은 그들의 요구를 이해하지 못했다. 시민들의 분노가 하늘을 찌를 듯 높아지자 소장은 그렇다면 정치범이 있는지 직접 보고 확인하라며 감옥문을 열어주었다. 그렇게 소장은 죽임을 당했고 바스티유의 무기는 시민들의 손에 넘어갔다.

시민들이 무장하면서 혁명은 일사천리로 진행되었다. 왕과 왕비는 베르사유 궁전에서 쫓겨나 파리 교외의 작은 궁에 유폐되었다. 혁명가들은 왕비가 오스트리아의 군대를 불러와 시민들을 학살할 것이라며 선동했다. 왕과 왕비에 대한 적개심에 앙투아네트는 탈출을 결심했다. 그들은 자식들과 함께 마차를 타고 오스트리아 국경으로 탈출을 감행했지만 국경 근처 바렌에서 잡히고 말았다.

루이 16세 부부가 위기에 처해지자 혁명의 전파를 우려한 오스트리아와 프로이센이 직접 개입했다. 전쟁이 터지고 수많은 프랑스 청년들이 죽었다. 혁명가들은 혁명에는 유능했지만 전쟁에는 무능했다. 그럴 수밖에 없는 것이 유럽 귀족이라는 존재가 바로 장군과 장교를 의미했다. 귀족이 없으면 전쟁도 할 수 없는 것이다.

국민들은 동요했다. 혁명으로 민생이 나아지기를 원했지만 죽는 사람만 늘어나고 경제는 더 나빠졌다. 왕과 왕비에 대한 여론이 동정으로 변해갔다. 혁명가 생쥐스트Saint Just, 1767~1794가 말했다. "루이 16세는 죽어야 합니다. 이유는 오직 하나. 그가 왕이기 때문입니다." 그렇게 루이 16세가 처형당했고, 다음 차례는 앙투아네트였다. 그녀는 재판에 회부되었는데 죄목은 모두 파리에서 유행한 소문의 내용들이었다(기소 내용은 오스트리아에 군대를 요청한 반역죄와 근친상간 등 난잡한 성생활이었다). 그녀는 강력하게 부인했고, 사실 증거는 없었다(그 증거는 그녀가 사형당한 후 나타났다). 그러나 그녀는 죽어야 했다. 새벽 4시에 사형이 선고되었고, 정오에 집행되었다.

그녀는 당당하게 죽음에 임했다. 철없던 소녀 황태자비는 어느새 성숙하고 의연한 왕비로 변신해 있었다. 그녀는 재판에서 자신을 변호했고, 사생활에 대해서는 동정적 여론을 끌어내기도 했다. 그녀가 아들과 근친상간을 저질렀다는 혐의는 오히려 프랑스의 어머니들이 나서서 변호해주었다. 사형 집행을 위해 수레에 실려 형장으로 갈 때 그녀는 고개를 들고 갔으며, 기요틴 앞에 설 때는 집행자를 배려하는 모습도 보였다. 그녀는 기요틴이 그녀의 목을 자를 때까지 두려운 기색을 보이지 않았다. 반혁명적 귀족들은 그녀가 왕비답게 죽었다고 찬양했다.

프랑스혁명은 거짓 선동으로 얼룩졌고 특히 그녀에 대해서 심각했다. 억울한 시련 속에 앙투아네트는 강하게 단련되었고 의연해졌

앙투아네트는 국민과 공감하지 못하는 정치인이었다. 그렇기 때문에 국민이나 귀족은 그녀에게 등을 돌렸다. 1793년 기요틴에서 처형당하는 앙투아네트.

다. 혹자는 "왕비가 필요할 때 왕비답지 못했고, 왕비가 필요 없을 때 왕비다웠다"고 평가하기도 했다. 그렇다면 그녀는 거짓 선동과 음모의 희생자였을까? 프랑스혁명은 거짓과 음모로 점철된 사건으로, 이후 황제정의 부활은 필연이었을까?

그녀는 국민과 공감하지 못하는 정치인이었다. 그녀는 누구와도 소통하지 못했고 철저하게 자기중심적이었다. 아마 현대 심리학적 개념으로 설명하면 일종의 소시오패스sociopath라고 진단할 수도 있을 것이다. 그녀는 국민의 굶주림을 생각하지 않았고 왕비의 역할도 받아들이지 않았다. 그 속에서 국민도 귀족도 그녀에게 등을 돌렸다. 불통의 왕비이자 반국민적 정치인이었기 때문이다.

그녀는 자신에 대한 공격에서 자신을 지키기 위해 꼿꼿해졌다. 공격당할수록 불타오르고 자기 자존심을 강화하는 것 또한 이상 심리다. 말년의 그녀의 모습은 바로 그러한 이상 심리 현상이었다. 그녀가 진정 자신의 죄과를 뉘우쳤다면 눈물로 국민에게 사죄하고 그들에게서 용서를 구했을 것이다. 그러나 그녀는 그들에게서 용서를 구하는 것이 아니라 그들을 용서하려 했다.

혁명의 시기, 거짓 선동은 양면성을 갖는다. 거짓으로 사람을 현혹시켜 목적을 달성하려는 측면과 현재의 정치적 본질을 국민적 눈높이에 맞춰 표현하려는 측면이 있다. 국민의 90퍼센트가 문맹인 시절 선동은 필수적이었다. 그러나 이러한 선동이 분명 혁명의 광기를 강화하고 반혁명을 야기하는 것도 사실이다. 선동이야말로 우리가 근대 혁명사를 공부할 때 진지하게 분석할 과제라는 것을 잘 보여준 것이 바로 프랑스혁명이다.

보스턴 차 사건과
인디언

아메리카에 온
유럽인들

유럽인들은 항상 미국을 무시했다. 미국인들은 예의도 없고 폭력적이며 돈만 밝히는 사람들이라고 했다. 이는 미국인들도 마찬가지여서, 어딘가 유럽인들 앞에서는 주눅 드는 기분인 것이다. 영화 〈러브 액츄얼리〉(2003년)에서 영국 남자 제이미는 미국 여자들이 영국 남자에 대한 판타지가 있다며 크리스마스에 무작정 미국으로 날아간다. 어느 조용한 술집에서 사냥감을 물색하는데 아름다운 두 여자가 와서 그의 영국 억양이 너무 좋다며 그를 유혹하고 마침내 최고의 미녀 3명과 황홀한 크리스마스를 보낸다. 도대체 이런 이야기가 어떻게 가능했을까?

유럽에서 대서양을 횡단하려면 해류를 타고 남서진하는 것이 가장 편리하다. 이 경우 카리브해, 즉 멕시코에 도착하게 된다. 이것이 콜럼버스의 코스이자 스페인의 코스였다. 이 일대에는 아즈텍 제국과 잉카 제국이 있었지만, 스페인은 격렬한 전쟁을 거쳐 그들을 정복하고 막대한 부를 약탈했다. 이것이 서양 근대화의 시작이다.

17세기 초 엘리자베스가 죽고 연이어 가톨릭 군주가 왕위에 오르면서 개신교도가 탄압받기 시작했다. 이들은 자유의 땅을 찾아 아메리카로 가려 했다. 그러나 중남미는 이미 가톨릭의 수호자인 스페인이 장악하고 있었기에 좀더 북쪽으로 가야 했다. 북쪽 해류를 타고 남서진하면 지금의 캐나다 동남부나 미국 동북부에 도착하게 되는데 그곳은 춥고 황량했다. 영국인들은 대부분 굶어죽었고 그래서 아메리카 도착 '원조' 논쟁이 지금도 벌어진다. 최초의 아메리카 도착 영국인으로 알려진 필그림 파더스Pilgrim Fathers도 정착에 실패했기 때문에 과연 오늘날 미국인의 조상이 누군지 아무도 모르는 것이다.

공교롭게도 영국인들이 북미 대륙에 정착할 수 있었던 것은 원주민들 때문이었다. 그들은 굶주림에 시달리는 영국인들에게 옥수수 농사법을 가르쳐주었고 북미산 밀의 농사법도 전해주었다. 식량 생산이 가능해진 영국인은 정착에 성공했고, 네덜란드와 독일 등 유럽의 개신교도들이 탄압을 피해 아메리카로 몰려왔다. 그들은 정착할 땅이 필요했고 그래서 원주민을 학살하고 몰아내기 시작했다. "은혜를 원수로 갚은 것"이다.

북미 대륙이 개발되자 본국에서도 개입을 시작했다. 북미 서해안 지역은 영국이 관리했고 미시시피강 유역의 중동부 지역은 프랑스가 관리했다. 영국 정부는 북미 대륙을 개발하면서 원주민을 노동력으로 활용할 생각을 했다. 그래서 영국인 등 이주민 거주 지역과 원주민 거주 지역을 나누고 서로 침범하지 말 것을 지시했다. 영국 총독 윌리엄

영국의 총독 윌리엄 버클리가 '버클리 라인'을 발표하자 이주민들은 더 많은 땅을 달라며 반발했다. 결국 너새니얼 베이컨이 주동이 되어 '베이컨의 반란'이 일어났다.

버클리William Buckley, 1605~1677가 그은 '버클리 라인'이다. 하지만 이주민들은 더 많은 땅을 원했다. 영국은 부족한 노동력을 아프리카 흑인을 데려와 충족해가며 확장해나갔다. 결국 이주민 너새니얼 베이컨 Nathaniel Bacon, 1647~1676이 주동이 되어 '베이컨의 반란'(1676년)을 일으켰다. 버클리는 이주민의 확장에 개입하지 않겠다며 두 손 들고 말았다.

북미 대륙으로 이주한 유럽인들은 박해를 피해 목숨을 걸고 머나
먼 땅으로 이주한 만큼 강렬한 종교적 열정에 빠져 있었다. 그들은 이
교도인 원주민과 공존할 생각이 전혀 없었고, 북미 대륙을 사람이 살
지 않는 빈 땅이라고 불렀다. 물론 형식을 갖추려고 노력하기도 했
다. 그들은 원주민 마을에 가서 일방적으로 토지 매매 문서를 내밀고
돈이나 물건을 주고 돌아갔다. 토지를 공유 재산으로 이해하는 원주
민들은 이런 행동을 이해하지 못했다. 시애틀 추장은 이렇게 말했다.
"신이 주신 땅은 모두가 함께 경작하는 것이 바람직하다." 토지 소유
권은 굳이 규정하자면 신에게 있는 것이다. 이주민들이 무기를 들고
자신들을 몰아낼 때 뭔가 잘못되었다는 정도는 이해할 수 있었다.

야만의 땅에서
문명인의 정체성을 지키는 것

원주민과 이주민 간의 충돌이 격렬해졌지만 영국
은 이주민에게 방해만 될 뿐 도움이 되지 못했다. 이주민들은 점차 독
립에 대한 꿈을 키워가기 시작했다. 한편 영국이 보기에 이주민들은
탐욕스러운 자들이었다. 이주민들은 원주민을 학살하고 재산을 약탈
했고 심지어 노동력 확보를 위해 데려온 흑인 노동자들을 노예로 부
리기 시작했다(흑인들은 처음부터 노예로 이주한 것이 아니라 일종의 계약
노동자로 들어왔다. 그러나 18세기 들어 노동력 부족 현상이 심각해지자 흑인
을 노예로 들여오기 시작했다). 어느 영국 정치인은 "미국 공화정이란 결

국 노예제를 위한 지배 장치"라고 비판했다고 한다.

18세기 중엽 영국과 프랑스가 7년 전쟁(1756~1763년)에 돌입했다. 프랑스는 이 기회에 북미 대륙에 대한 지배권을 확고히 하고자 영국령 식민지를 공격했다. 이 전쟁은 프랑스-인디언 전쟁이라고도 하는데, 프랑스는 원주민과의 관계가 원만했기 때문에 부족한 병력을 프랑스령 원주민에서 충당했기 때문이다. 반면 영국령 이주민들은 원주민과 불편한 관계였기에 오히려 원주민들이 프랑스에 협력했다. 전쟁은 영국령 이주민들에게 매우 불리하게 돌아갔다. 결국 영국령 이주민들은 본국에 SOS를 보냈다.

영국은 막대한 비용을 들여 프랑스군을 영국령에서 몰아냈다. 그리고 그 비용을 영국령 이주민들에게 세금으로 부과했다. 차세와 인지세 등이 그것이다. 하지만 세금은 결국 본국의 지배력을 강화하는 것이고 이주민들에게는 경제적 부담이었다. 이주민들은 세금을 거부하고 반란을 일으켰다. 영국은 대서양 건너 병력을 파견할 비용이 없었기 때문에 세금을 경감해주었다. 하지만 이주민들은 세금의 완전 탕감을 주장했고 영국으로서는 곤란한 요구였다. 영국은 차세만은 걷어야겠다고 주장했다. 그러나 이주민의 저항이 거세지자 차세마저 폐지하기로 했다.

이주민들은 독립파와 유지파로 분열되었다. 독립파는 세금의 폐지나 완화는 근본적 해결책이 아니라고 생각했다. 오직 독립만이 길이었다. 그런데 차세가 폐지되면서 갈등 구도가 사라졌고, 유지파가 득세하게 되었다. 독립파는 음모를 꾸몄다.

1773년 12월 독립파 몇 명이 원주민 복장을 하고 돌연 보스턴항에 나타났다. 그들은 영국 상선에 올라 선적되어 있는 차를 바다에 던

영국의 과중한 세금 부과에 대한 항의로 발생한 '보스턴 차 사건'은 미국 독립혁명의 기폭제가 되었다.

져버렸다. 이주민들은 원주민 소행이라고 발뺌했지만, 미국 중부까지 쫓겨난 원주민이 미국 동부의 항구에 나타날 리 없었다. 너무나도 뻔한 변명이어서 영국은 항구를 봉쇄한 뒤 손해배상을 요구했다. 독립파는 원주민 소행을 이주민에게 뒤집어 씌워 억압하려 든다며 선동했고, 많은 이주민이 항구로 몰려가 항의했다.

영국군이 이주민 시위대를 막기 위해 출동하자 몇몇 독립파가 영국 병사들에게 총을 발사했고 영국군이 응사했다. 이 과정에서 많은 이주민이 죽었다. 독립파는 비무장의 무고한 시위대를 영국군이 학살했다며 선동했다. 미국 독립전쟁은 그렇게 시작되었다.

이주민들은 영국인으로서 정체성이 강했다. 그들은 영국의 관습을 지키려 노력했는데 대표적인 것이 홍차를 마시고 소설을 읽는 것이었다. 차세와 인지세가 크게 문제가 된 것도 영국인의 정체성과 관련된 부분이었기 때문이다. 차를 마시지 않고 소설을 읽지 않으면 그만이라고 생각할 수 있겠지만, 야만의 땅에서 문명인의 정체성을 지키는 일상생활이 바로 차와 소설이었기에 버릴 수 없었다.

모든 비극은 결국 원주민과의 불화와 그들을 정복의 대상으로 본 것에서 비롯되었다. 콜럼버스가 아메리카를 발견했을 때 인도를 발견했다고 착각했고, 그래서 원주민을 인도인, 즉 인디언으로 불렀는데 그것이 실수임을 알면서도 악착같이 인디언이라고 부른 무성의와 무신경이 당시 이주민들의 의식을 잘 설명해주는 것이다.

이런 환경에서 독립파는 유럽인의 정체성을 유지하면서 본국과의 연결을 끊고 독립하기 위해 이주민들을 설득해야 했다. 그것은 논리가 아니라 감정으로 가능했다. 수많은 말 바꾸기와 음모가 미국 독립혁명을 수놓았다. 처음에는 대표 없이 과세 없다며 영국 의회에 아메리카 의원을 배정해야만 세금을 인정하겠다고 하더니, 막상 영국 의회가 아메리카 의석을 분배하자 절반을 배정하지 않으면 안 된다며 거부했다.

오늘날 관점에서 보면 미국 독립혁명은 말도 안 되는 억지와 음모, 거짓 뉴스로 점철되어 있다. 그러나 그렇게 해야만 이주민 마음속에 영국인의 정체성을 끊을 수 있었다. 물론 그 덕분에 미국은 노예제와 함께 상종하기 어려운 부도덕적인 광신도의 이미지를 갖게 되었고, 그 이미지는 지금도 남아 있다.

신해혁명과
한족 민족주의

캉유웨이의
변법자강운동

　　　　　　19세기 서양에서 근대 민족주의가 들어왔다. 민족국가 건설은 근대화의 핵심 요소였다. 하지만 청나라는 민족주의 때문에 망했다. 민족국가가 정답이 아니라는 뜻이다. 1840년 아편전쟁은 마약 수출을 위해 영국이 일으킨 전쟁이다. 말도 안 되는 전쟁이지만 그러나 19세기는 그것이 말이 되는 시대였다. 극단적인 국가 이기주의 시대, 국익을 위해서는 마약을 팔고 그것을 방해하면 전쟁을 일으키는 시대였다. 그 속에서 과거 중화中華 질서라는 마약에 취해 있던 청나라는 점점 서양에 영토와 이권을 빼앗겼다.

　서양의 압도적인 힘은 군사력에서 나왔다. 아편전쟁에서 그 힘을 경험한 청나라 한족 지식인들은 이홍장李鴻章, 1823~1901을 중심으로 서양의 무기와 기계를 수입하자는 양무운동을 일으켰다. 하지만 청나라 지배족인 만주족은 탐탁해하지 않았다. 한족이 군사력을 장악하면 장차 만주족을 몰아내고 새로운 왕조를 건설할 수도 있을 것이다. 그들은 양무운동을 방해하려 했다.

양무운동이 가능했던 것은 서태후西太后, 1835~1908 덕이었다. 서태후는 함풍제咸豊帝, 1831~1861의 후궁이었는데 그의 사랑을 받아 장남 재순載淳을 낳았다. 서태후는 함풍제가 일찍 죽고 재순이 즉위해 동치제同治帝, 1856~1874가 되자 섭정이 되었다. 단지 후궁이기 때문에 황후인 동태후東太后, 1837~1881와 공동 섭정이 되었다. 동태후는 만주족 왕조의 유지만을 중시했지만, 서태후는 근대적 개혁도 중시해 양무운동의 후원자가 되었다. 동태후와 만주족 귀족의 반대로 양무운동이 중단되면 서태후가 재개하는 일이 잦았고, 이 과정에서 양무운동을 주도한 정치세력, 소위 양무파는 서태후의 권력 기반이 되었다. 1874년 동치제가 후사 없이 일찍 죽자 서태후는 동치제의 조카뻘인 불과 3세의 광서제光緒帝, 1871~1908를 즉위시킴으로써 더욱 섭정의 권력을 강화시킬 수 있었다.

그러나 양무운동은 실패였다. 무기와 기계는 서양의 힘의 원천이 아니었다. 서양의 힘은 제도와 체제에서 나왔다. 그 체제를 수용한 것은 일본이었고, 결국 청일전쟁에서 일본이 승리하고 청나라가 패배하면서 30년 양무운동이 헛짓에 지나지 않았음이 밝혀졌다.

청일전쟁에 깊이 상심한 광서제는 과거 시험을 위해 베이징北京에 몰려온 유생들에게 국난을 타개할 계책을 물었다. 이에 많은 유생이 계책을 적어냈는데, 그중에 캉유웨이康有爲, 1858~1927가 써낸 개혁안이 동치제의 마음에 쏙 들었다. 일본식 개혁을 수용하자는 이 제안에 따라 추진한 근대적 개혁운동을 변법자강운동, 즉 무술변법이라고 하

캉유웨이는 일본식 개혁을 수용하자는 근대적 개혁운동인 변법자강운동을 주장해 일약 정국의 중심으로 부상했다. 하지만 서태후는 변법파들을 숙청하고 무술정변을 일으켰다.

며, 캉유웨이는 일약 정국의 중심으로 부상했다. 하지만 서태후는 군대를 동원해 광서제를 유폐하고 변법파들을 숙청해 무술정변(1898년)을 일으켰다. 결국 캉유웨이 등이 일본으로 망명하면서 무술변법은 실패하고 말았다.

무술변법이 추구한 것은 입헌군주제로서 의회가 핵심이었다. 문제는 청나라 인구의 90퍼센트가 한족이라는 점이다. 국민이 선출하는 의회에 권력을 넘겨주면 당연히 권력은 한족에게 넘어간다. 소수민족인 만주족의 지배를 유지하려면 왕조 체제가 유일한 길이었다. 청나라에서 의회 설치는 가장 급진적인 국가 전복 사상이 되는 것이다. 아무리 서태후라해도 나라를 넘겨주는 개혁을 할수는 없는 노릇이었다.

이러지도 저러지도 못하는 어정쩡한 상황이 지속되었고, 청나라는 청일전쟁 이후 급속도로 약화되었다. 외세의 침략이 가중되면서 민중들의 반외세 의식이 고조되자 서태후는 이를 이용해 외세를 물리치고 청나라를 지키고자 했다. 하지만 민중들의 반외세 투쟁인 의화단의 봉기(1900년)는 서양 8개국 연합군의 무력 앞에 패배하고 말았다. 서태후는 서양의 압력에 굴복해 이런저런 개혁 조치를 발표했지만, 시늉만 하는 수준이었고 어떻게든 청나라를 지키려고 노력했다.

무능한 정부 밑에서 민중은 고통을 받았다. 서양 선교사들은 기독교를 믿지 않는 이교의 무리를 벌하겠다며 절과 도교 사원을 방화하고 불교나 도교 신자들을 구타하고 심지어 죽이기까지 했다. 도교 신자들이 자위 차원에서 연마한 의화권義和拳이라는 무술은 의화단의 봉기 이후 금지되었다. 서양인들은 무덤을 도굴하고 농토를 빼앗았으며 그들의 공장에서 중국인에게 극도의 저임금 장시간 노동을 강요했다. 참다 못한 민중들이 반발하면 서양 군대나 그들에 협조하는 중국인 무장집단이 학살을 자행했다.

청나라가 망하고
중화민국이 탄생하다

청나라를 타도하지 못하면 중국인 전체가 죽을 판이었다. 이때 쑨원孫文, 1866~1925이 나섰다. 그는 청나라를 타도하고 한족 민족국가를 세우는 것만이 살 길이라고 주장했다. 하지만 많은 한족 지식인이 청나라에 충성했고, 무엇보다 청나라 최강의 군대인 양무군이 서태후를 지지했다. 캉유웨이조차도 청나라 타도에는 반대했다. 결국 쑨원은 반청 봉기를 일으켰지만 실패했고 일본으로 망명했다.

근대 경제를 일으키려면 교통의 혁명이 필요했는데, 당시 교통의 혁명은 철도였다. 청나라 역시 철도를 놓기 위해 많은 공을 들였다. 그러나 철도는 침략하려는 서양에도 꼭 필요한 것이었다. 서양은 청나라가 공들여 건설한 철도를 빼앗았다.

한족의 많은 뜻 있는 사람들은 철도를 잃으면 근대화가 어렵다고 믿었다. 그들은 모금운동을 벌여 철도를 조금씩 사들이거나 민영으로 건설했다. 1910년이 되자 많은 철도가 한족의 수중에 들어갔다. 그러나 개인 소유였기 때문에 방만하게 운영되었다. 정부의 효율적 통제가 필요했다. 청나라 조정은 철도 국유화를 발표했다.

하지만 한족 혁명가들은 이를 서양의 철도 침략의 사전 단계로 보았다. 철도를 국유화해 정부에 일원화한 뒤 서양이 한꺼번에 빼앗는다는 것이다. 그러나 이는 추측일 뿐이고 또 복잡한 사정을 공들여 설명할 길도 없었다. 한족 혁명가들은 아주 깔끔하게 상황을 정리해서 민중들에게 설명했다. "부패한 만주족 지배자들이 철도를 국유화한 뒤 이를 서양에 팔아먹어 사리사욕을 채우고자 한다."

분노한 민중들이 철도 국유화에 반대하는 저항운동에 나섰다. 철도 국유화는 서양에서도 지지한 정책이라 청나라 조정은 자신 있게 진압에 나섰다. 당시 지방에는 신군新軍이라는 지방군이 있었다. 청나라 조정은 즉각 신군에 진압을 명했다. 1911년 9월이었고, 서태후는 벌써 3년 전에 죽고 없었다.

문제는 신군이었다. 쑨원의 반청 봉기가 실패한 후 혁명가들은 군대가 필요하다고 생각하고 대거 신군에 입대했다. 신군이야말로 한족의 혁명 무력이었던 것이다. 신군은 진압 명령을 받고 합법적으로 중무장한 채 병영을 나올 수 있었다. 지역별로 신군이 봉기해 혁명정부를 세웠다. 마침내 신해혁명이 일어난 것이다.

쑨원은 혁명 소식이 들려오자 급히 귀국해 임시혁명정부를 수립했다. 그러자 청나라 조정에서는 양무군에 진압을 명했다. 양무군 사령관은 위안스카이袁世凱, 1859~1916였다. 하지만 서태후가 없는 청나라는 양무군의 충성의 대상이 아니었다. 한편 쑨원은 양무군의 등장에 벌벌 떨었다. 지방군인 신군은 50년 동안 서양식 군대로 양성된 양무군에 비하면 오합지졸에 지나지 않았다. 그는 위안스카이를 설득하기 위해 담판에 나섰다. 위안스카이가 쑨원에게 말했다. "모든 권력을 내게 넘기시오. 그러면 내가 혁명정부 대총통으로서 청나라를 타도하고 신중국을 건설하겠소." 쑨원은 고개를 끄덕일 수밖에 없었다. 그렇게 청나라는 망하고 중화민국이 탄생했다.

위안스카이는 쑨원에게 "혁명정부 대총통으로서 청나라를 타도하고 신중국을 건설하겠다"고 설득했다. 결국 신해혁명이 일어나 청나라가 망하고 중화민국이 탄생했다.

특정 민족이 다수를 차지하고 수많은 소수민족이 공존하는 나라에서 민족국가 건설이나 의회를 통한 민주정치는 불가능했다. 민족국가와 절차적 민주주의를 강조하는 근대 국가 이념은 청나라에 어울리지 않았고, 결국 청나라는 한족 민족주의에 타도되고 말았다. 하지만

21세기 G2 시대 중국은 19세기 말 청나라가 직면했던 것과 똑같은 고민에 처해 있다. 압도적 다수를 차지하는 한족이 지배하고 있고, 소외된 소수민족들은 독립운동에 나서 중국을 분열시키려 하고 있다.

우리는 상하이나 베이징의 중심가 빌딩에 설치된, 티베트나 위구르 독립을 주장하는 민족주의 테러리스트에 대비한 금속 탐지기를 통해 이러한 갈등을 느낄 수 있다. 과연 한족 민족주의라는 근대화 이념은 중국에 정답이었을까? 중국 같은 다민족 국가에 어울리는 새로운 국가체제나 민주주의는 어떤 것일까? 21세기 다원화 시대를 맞이하는 인류가 풀어야 할 가장 중요한 과제일 것이다.

히틀러와
괴벨스

나치의
선전선동

　　"괴벨스가 연단에 올랐어요. 서서히 자기 말에 도
취되기 시작했어요. 그러다 화산 폭발과 같은 순간이 찾아왔어요. 무
슨 정신병원에서 일어난 광란의 폭발 같았어요. 모두 말벌에 쏘인 것
처럼 갑자기 벌떡 일어나 함성을 지르고 발을 구르고 두 팔을 미친 듯
이 휘둘러댔어요.……그때 일을 떠올리며 나는 이런 생각을 했어요.
어떻게 그게 가능했을까?"

　　나치 선전부 요제프 괴벨스Joseph Goebbels, 1897~1945의 비서였던
브룬힐데 폼젤Brunhilde Pomsel의 증언이다. 19세기까지 선동은 무지
몽매한 민중들을 계몽하고 그들이 혁명에 동참하도록 하는 강력한 무
기였다. 민중을 대변하겠다는 사회주의는 그래서 선전선동을 가장 중
요한 무기로 인식하고 강조했다. 우리도 깃발과 율동과 구호와 웅변

을 통해 1990년대까지 그런 모습을 흔히 볼 수 있었다. 그러나 20세기 들어 선전선동은 민중을 계몽하고 이끄는 것이 아니라 민중을 현혹하고 지배하는 수단으로 변질되기도 했다. 전체주의 역시 민중을 지배하기 위한 선전선동을 강조했는데 그 정점에 나치가 있었다.

아돌프 히틀러Adolf Hitler, 1889~1945가 창조하고 괴벨스가 완성한 나치의 선전선동은 5가지 정도의 테마가 있었다고 볼 수 있다. 가부장제, 인종주의, 경제성장, 민중주의, 사명의식이 그것이다. 그리고 이를 위해 시각적·청각적 효과를 극대화했는데 여기에 동원된 것이 제복, 행진, 상징, 라디오, 영화였다.

히틀러는 오스트리아 출신으로 공무원의 자식이었다. 그는 미술을 좋아했고 친구들과 토론을 즐겼는데 그의 감수성과 정치적 열정은 제1차 세계대전의 소용돌이로 그를 끌어들였다. 자원입대한 히틀러는 전선에서 용감하게 싸웠지만 패전 후 절망한 군인이었다.

유럽의 많은 제대 군인은 그들의 희생에 대한 보상을 원했다. 그러나 조금이라도 보상이 가능했던 나라는 소수의 승전국뿐이었고 대부분의 나라는 전쟁으로 인한 재정 적자로 보상을 해줄 수 없었다. 이탈리아나 일본은 승전국임에도 그랬다. 제대 군인들은 곧 거대한 정치 불만 세력이 되었고 강력한 극우세력의 토양이 되었다(1922년 이탈리아에서 상이용사 무솔리니가 이끄는 최초의 파시스트 정권이 탄생했다. 또 1926년 일본에서 쇼와昭和 천황이 즉위한 후 군국주의 군인들이 주도하는 파시스트 체제가 수립되었다).

패전 후 독일은 가혹한 배상금에 시달렸다. 특히 프랑스가 루르 공업지대를 점령하면서 이에 대한 불만이 폭발했다. 미국의 우드로 윌슨Woodrow Wilson, 1856~1924 대통령은 장차 일어날지도 모를 제2차

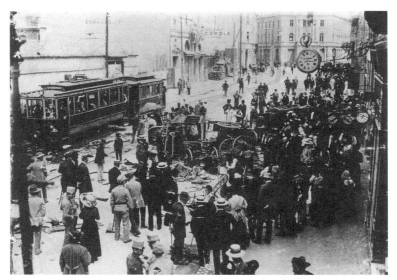

제1차 세계대전 결과 독일은 가혹한 배상금에 시달렸다. 특히 프랑스는 전쟁에 큰 피해를 입은 국가로서 내부 불만 세력을 달랠 돈이 필요했다. 제1차 세계대전의 발단이 된 1914년 사라예보 사건.

세계대전을 방지하기 위해 독일에 대한 보복과 가혹한 배상금을 반대했지만, 프랑스는 전쟁에 큰 피해를 입은 국가로서 내부 불만 세력을 달랠 돈이 필요했다. 하지만 이러한 프랑스의 행동은 히틀러와 나치의 성장에 좋은 구실을 주었다.

제1차 세계대전 종전 직후 독일은 황제정이 타도되고 진보적인 바이마르 공화국이 출범했다. 그러나 만성적인 경제 불황과 넘쳐나는 실업자 문제를 해결할 방법이 없었다. 보수 우파는 모든 경제 불황의 원인을 바이마르 공화국이 승전국과 체결한 배상 관련 조약 탓으로 돌려 공화국을 궁지로 몰았다. 공화국은 배상금 감축과 미국의 경제 원조로 난국을 돌파하려 했지만, 1929년 미국발 경제대공황으로 패닉에 빠지고 말았다.

히틀러와 나치는 국민들에게 경제적 풍요를 약속했다. 그들은 경제 불황의 원인을 유대인의 조종을 받는 국제 공산당의 세계 지배 음모로 몰아붙였다. 따라서 유대인 추방과 소련·코민테른 타도라는 대안을 제시했다. 유대인에 대한 박해와 격리를 단행하고 공산당을 불법화했다. 그리고 남자와 여자의 엄격한 성역할 분담을 요구했다. 여자는 출산과 육아를 위해서만 존재 가치가 있었고 사회활동은 오직 남자의 몫이었다. 이로써 사회적으로 실업율이 급감했다. 여자들이 해고되고 유대인이나 좌파가 외국으로 추방되거나 망명하면서 생겨난 빈자리를 남자들이 채웠기 때문이다.

나치는 노동자의 천국을 제시했다. 완전 고용, 고임금, 풍부한 여가 생활이 일시적이나마 주어졌다. 좌파들이 약속했지만 이루지 못한 것들을 나치는 실현해냈다. 독일 노동자들은 국가 보조를 받아 해외여행을 떠나며 이렇게 말했다. "누가 독일의 노동자가 이탈리아에서 휴가를 보낼 것이라고 생각했겠는가?" 이러한 민중주의, 혹은 노동자에 대한 정책은 그렇지 않아도 가톨릭을 따르며 보수적 경향을 띠었던 독일 노동자들을 나치 편으로 돌렸다.

'수정의 밤'과 '분서의 밤'

나치는 독일 민족의 역사적 사명을 이야기했다. 세계에서 가장 고귀하고 우수한 인종으로 유대인의 세계 지배 전략 음모를 분쇄하고 평화롭고 풍요로운 세계를 만들어야 한다고 주장했다. 이를 위해서는 유대인의 침략(미국과 소련의 침략)에서 독일을 지킬 군대와 군수산업이 필요하고 여러 나라에 뿔뿔이 흩어져 있는 독일인들을 해방시켜야 한다고 주장했다. 군수산업의 성장으로 경제성장률이 올라가고 자르, 오스트리아, 체코 등 독일인이 많이 거주하는 인근 지역을 점령하고 그 자원을 약탈하면서 독일 경제는 비약적으로 발전했다. 소위 열등 인종들이 저임금 노동을 전담하면서 독일인들의 고용 구조와 임금도 개선되고 기업 역시 인건비 지출이 줄면서 재무 상황이 호전되었다.

독일인들은 히틀러의 출현과 함께 찾아온 경제적인 호황과 풍요로운 삶에 열광했고, 무엇보다 약속을 지키는 지도자 히틀러를 숭배했다. 브룬힐데 폼젤은 당시를 이렇게 회상했다. "우리는 아무것도 몰랐어요." 그것은 당연했다. 단순히 선전선동 때문에 국민들이 광적으로 정권을 지지하지 않는다. 선전선동에는 배경이 깔려 있어야 하고, 선전선동은 그 배경을 상승 작용시키는 것일 뿐이다.

특정한 색깔로 통일된 제복을 입고 행진하는 대오는 집단의 힘을 느끼도록 하는 데 충분할 뿐만 아니라 청소년들을 나치로 끌어들이는 데 큰 매력으로 작용했다. 그러나 이 통일된 대오는 그저 연출된 것이 아니었다. 나치는 전체주의의 이념에 입각해 청소년들에게 단체 생활을 요구했다. 아이들은 유겐트Jugend(소년단)에 입단해 단체 생활을 통해 유대감을 갖고 단결된 힘으로 새로운 미래를 건설할 수 있을 것이라고 생각했다. 그러한 유대감은 자연스럽게 나치와 지도자에 대한 충성으로 승화되었다.

나치 선전 활동의 힘은 돌격대에서 나왔다. 에른스트 룀Ernst Röhm,

나치는 라디오와 영화를 활용해 선전선동의 극치를 보여주었고, 이를 책임진 괴벨스는 최고의 선전 이론가로 평가받는다. 히틀러와 괴벨스.

1887~1934이 주도한 돌격대는 갈색 셔츠단으로 불렸는데 거리 정치를 전담했으며 한때 대원이 40만 명까지 늘어났다. 현란한 깃발, 악기, 구호, 행진, 연설 등으로 나치의 주장을 선전하고 당원을 모집했으며 좌익이나 유대인과 충돌하거나 그들을 습격하는 백색테러도 전담했다. 돌격대의 폭력성이 문제되자 1934년 나치는 에른스트 룀과 그 동조자들을 처형한 '긴 칼의 밤'이라는 사건을 일으켰다. 그럼에도 돌격대의 폭력성은 사라지지 않아 1938년 유대인을 죽이고 닥치는 대로 상점을 파괴한 '수정의 밤' 사건 역시 이들이 주도했다.

나치는 이미지가 주는 선동적 효과를 잘 이해하고 있었다. 질서 정연한 수십만 군중의 대오와 행진 외에도 거대한 건물과 조각, 불빛과 조명 등의 힘도 잘 활용할 줄 알았다. 1933년 소위 '유해한 서적'을 불태운 '분서의 밤'에도 거대한 모닥불 속에 불타는 책과 그 주위를 행진하는 사람들이라는 상징적 광경은 괴벨스의 열정적 연설과 함께 나치를 상징하는 유명한 장면으로 기억되고 있다.

나치는 일찌감치 매체의 위력을 절감하고 있었다. 그래서 라디오와 영화를 십분 활용했다. 텔레풍켄Telefunken의 T-121 모델처럼 저렴하고 성능이 좋은 라디오가 대량 보급되어 1939년 독일 국민의 70퍼센트가 라디오를 소유하고 나치의 선전 방송을 들을 수 있었다. 히틀러의 때로는 격정적이고 때로는 국민들을 위로하는 목소리가 항상 방송을 탔으며, 괴벨스의 천재적 역량에 따라 잘 통제된 뉴스가 국민들에게 일방적으로 보급되었다.

나치의 영화는 레니 리펜슈탈Leni Riefenstahl, 1902~2003의 〈올림피아〉(1938년)와 〈의지의 승리〉(1934년)라는 걸작으로 대표된다. 영화사상 가장 잘 만들어진 다큐멘터리 영화로 꼽히는 이 두 작품은 각각 베를린올림픽(1936년)과 뉘른베르크 나치 전당대회(1933년)를 촬영·편집한 것으로 전체주의를 완벽하게 영상으로 구현했다고 평가할 수 있다.

나치는 선전선동의 극치를 보여주었고 이를 책임진 괴벨스는 최고의 선전 이론가로 평가받는다. 장애 때문에 제1차 세계대전에 참전하지 못했던 그는 나치를 정당화할 수많은 신화를 만들고 지금까지 화려하게 영상과 사진으로 남아 있는 많은 집회와 대회와 사건을 연출했다.

그를 대표하는 "거짓말도 반복하면 진실이 된다"는 말은 사실 그의 진면목을 보여주지 못한다. 그의 진면목은 바로 전체주의라는 이념, 국민들의 분노와 좌절, 지배층의 증오와 욕망, 나치의 목표를 하나로 통일시킨 것에 있었다. 그것이 나치를 전체주의의 대명사로, 괴벨스의 선전선동을 나치의 대표로 만들어낸 것이다.

제
4
장

세계를 바꾼 전쟁

알렉산드로스 원정

위대한
헬레네스 제국

　　　　현재 이라크에 해당하는 티그리스강과 유프라테스강 유역은 인류 최초의 문명 탄생지로 알려져 있으며, 수천 년 동안 문명은 이곳을 기준으로 서쪽으로 흘러갔다. 그러나 기원전 4세기, 문명은 서쪽이 아니라 동쪽으로 흘러가는데, 그것이 바로 알렉산드로스 원정이었다.

　고대 그리스의 전쟁은 중장보병의 밀집대형에 따른 충격전이 기본이었다. 즉, 갑옷과 투구를 갖추고 방패로 보호하며 창을 들고 사각형 대형을 이루어 전진하고 적군과 충돌해 찌르고 밀어붙이는 전쟁 방식이다. 충격전은 아군과 적군이 가까운 거리에서 상대의 눈을 보며 공격하는 전술인데, 이는 병사들에게 극단적인 정신 무장을 요구한다. 사람을 직접 죽이는 데 대한 죄책감과 자신을 죽이려는 사람을 보는 데서 오는 공포에 맞서야 하기 때문이다.

그래서 밀집대형에 따른 충격전은 병사들 사이의 유대감이 필수였다. 가장 강력한 밀집대형으로 유명한 군대가 스파르타였는데, 남성은 성인이 되어서도 항상 단체 생활을 하며 숙식을 같이하고 여성은 그런 아들을 키우는 데 주력했다. 스파르타의 어머니를 상징하는 말이 바로 "내 아들이 주검으로 방패에 실려오기를 원할 뿐 방패를 버리고 살아오기를 원치 않는다"는 것이었다.

이 무지막지한 전술은 그리스 군대를 최강의 방어군으로 만들었다. 마라톤 전투에서 페르시아군을 물리친 것도 이 전술이었다. 그러나 이 전술은 공격에는 비효율적이었다. 이동 속도가 느려서 기동력 있는 상대를 따라잡기가 어려웠기 때문이다. 밀집대형 전술은 어디까지나 그리스 내부의 전쟁용이거나 외부의 적에 대한 방어용이었다.

마케도니아는 그리스 북쪽에 있는 왕국으로 그리스에 속하지는 않았다. 그리스인들은 자신들을 헬레네스, 이민족을 바르바로이라고 불렀는데 마케도니아는 바르바로이였다. 그들은 동유럽 유목민족의 영향을 받아 폭풍 같은 기병 전술을 구사하며 주변 지역을 약탈했다. 그러나 기병은 보병의 밀집대형에 취약해서 그리스를 침범하지는 못했다.

기원전 4세기 무렵 필리포스 2세Philippos II, B.C. 382~B.C. 336가 그리스 밀집대형을 깰 새로운 전술을 개발했으니 바로 밀집 장창부대였다. 이들은 길이 약 4미터, 무게 5킬로그램의 긴 창을 들고 밀집대형을 만들어 서서히 전진했다. 아무리 그리스의 밀집대형이라 해도 이런 묵중한 공격력에는 대열이 흐트러질 수밖에 없었다. 그래서 허점이 보이면 바로 중무장한 기병대가 폭풍 같이 달려들어 밀집대형의

알렉산드로스는 그리스 폴리스들을 정복해 최종적으로 아테네까지 무너뜨렸다. 그는 자신의 제국을 위대한 헬레네스 제국으로 만들고자 했다.

가장 취약점인 측면과 후면을 공격해 무찔러 버렸다. 이로써 그리스의 자랑이자 기본 방어력인 보병의 밀집대형이 무력화되었다.

필리포스 2세가 암살당한 후 그 아들 알렉산드로스가 즉위했다. 그는 차근차근 그리스 폴리스들을 정복해 최종적으로 아테네까지 무너뜨렸다. 마침내 바르바로이가 헬레네스가 된 것이다. 알렉산드로스는 스승 아리스토텔레스의 감화를 받아 자신의 제국을 위대한 헬레네스 제국으로 만들고자 했다. 아테네는 바르바로이에 대한 복종을 거부했지만, 알렉산드로스는 자신이 진정한 헬레네스의 지배자라면서 아테네에 최대한의 관용을 베풀었다.

그는 그리스 이외의 세계에 대해서는 존경하지도 않았고 관용을 베풀지도 않았다. 헬레네스 이외의 모든 세계를 파괴하려고 했다. 그러려면 동방의 강대국 페르시아를 격파해야 했다. 150년 전 마라톤

과 살라미스에서 그리스와 싸웠던 바로 그 페르시아를 말이다.

그러나 페르시아는 강대국이었고 군사 강국이었다. 그리스를 상대로 한 전술로 그들을 이길 수 없었다. 페르시아를 이기려면 먼저 페르시아를 배워야 했다. 대규모 군대를 운영할 병참, 전방의 상황을 정찰하는 척후, 적의 상황을 염탐하고 적진을 교란할 역정보 공작을 담당하는 스파이 부대까지, 페르시아의 모든 장점을 철저하게 배우고 발전시켜 자기 것으로 만들었다. 이제 알렉산드로스의 군대는 마케도니아, 그리스, 페르시아의 모든 장점을 갖춘 무적의 군대가 되었다.

프톨레마이오스 왕조를
세우다

알렉산드로스의 군대가 페르시아로 쳐들어오자 페르시아는 코웃음을 쳤다. 수적으로나 무기에서나 상대가 되지 않았다. 그러나 페르시아의 콧대는 너무 쉽게 꺾였다. 페르시아는 알렉산드로스의 군대를 알지 못했다. 반면 알렉산드로스는 페르시아의 황제 다리우스 3세Darius Ⅲ, B.C. 380?~B.C. 330가 페르시아군의 약점임을 알았다.

이수스 평원에서 두 나라가 마주쳤다. 대략 알렉산드로스군은 5만 이하, 페르시아군은 10만에 가까웠을 것으로 추정된다. 수적으로 열세인 알렉산드로스군은 기병을 동원해 신속하고 과감하게 다리우스 3세가 있는 본진에 대한 공격을 시도했다. 다리우스 3세는 신변에 위협을 느껴 도망쳤고, 지휘자가 도망치자 페르시아군은 무너졌다. 한

이수스 평원에서 수적으로 열세인 알렉산드로스군은 기병을 동원해 신속하고 과감하게 페르시아군을 물리쳤다. 다리우스 3세를 쫓아가는 알렉산드로스.

번 무너진 페르시아는 재기하지 못하고 멸망하고 말았다.

알렉산드로스는 헬레네스가 아닌 문화는 철저하게 파괴했다. 중동과 북아프리카의 수많은 도시가 파괴되었고 재물과 여성을 약탈했다. 페르시아 여자 1만여 명을 강제로 그리스 남자와 결혼시키기도 했다. 어떤 역사가는 이를 통일 정책이라고 미화하지만, 오늘날의 관점에서 이는 명백한 집단 강간이자 인종청소다(왜냐하면 페르시아 여성의 동의를 받았다는 기록이 없기 때문이다).

헬레네스는 제국을 경영해본 경험이 없었다. 제국은 포용 정책이 기본이다. 특정 민족의 문화를 강요하면 제국은 무너질 수밖에 없다. 과연 알렉산드로스가 죽은 후 그의 제국은 최소 4개 이상으로 분열되었고, 페르시아는 얼마 후 부활해 그들의 영토를 다스렸다.

그렇다면 알렉산드로스는 실패했을까? 헬레네스 문명은 동쪽 세계 전체에 영향을 미쳤다. 간다라 미술이 발달하고 그리스 과학이 중동과 인도에 퍼졌다. 반면 페르시아 문명도 그리스와 유럽에 퍼졌다.

제국 운영에 필요한 중앙집권적 통치기구와 교통로 등을 위한 대규모 토목공사, 법전의 정비 등이 훗날 로마 제국 건설에 중요한 토대가 되었다.

기묘한 변화도 있었다. 이집트의 왕조는 멸망하고 프톨레마이오스 Ptolemaeos, B.C. 367~B.C. 283가 새로운 왕조를 세웠다. 이집트의 지리적 특성상 이민족의 침입이 어렵기 때문에 새로운 왕조는 그 뒤로 300년 동안 유지되었다. 프톨레마이오스는 헬레네스의 전통을 지키기 위해 이집트인과의 혼혈을 피하고 철저한 근친혼으로 그들의 혈통을 지키려고 했다.

그렇게 이집트인의 피 한 방울 섞이지 않은 프톨레마이오스 왕조는 정작 유럽인들에게서 아프리카인 취급을 받았다. 그래서 프톨레마이오스 왕조의 마지막 황제 클레오파트라 7세Cleopatra VII, B.C. 69~B.C. 30가 그의 애인 카이사르를 만나러 로마를 방문했을 때 모두 아프리카의 여왕이 왔다고 소리쳤다. 알렉산드로스는 일생을 헬레네스 문명의 위대함을 위해 바쳤지만, 정작 그의 유산은 헬레네스와 유럽이 아닌 아프리카와 중동으로 취급당한 것이다.

알렉산드로스 원정은 그리스와 유럽의 독특한 폴리스 문화를 아시아에 이식시켰고, 또 서아시아의 문명을 유럽에 이식시켰다. 페르시아, 이집트, 그리스, 인도의 문명이 한 솥에 들어가 전쟁이라는 국자로 휘저어져 거대한 잡탕국이 된 것이다. 그리고 그 잡탕국은 다시 분리되어 이질적인 문명인 로마 가톨릭, 이슬람, 불교, 힌두교 문명으로 발전했다. 하나의 문명사회를 만들고자 하는 욕망은 실패로 돌아가고 전혀 다른 새롭고 다양한 문명이 만들어졌으니 의도한 것은 아니지만 역사에 큰 전환기를 마련한 것은 사실인 셈이다.

십자군전쟁

교회의 유일한
지배자를 꿈꾸다

십자군전쟁은 자기 파괴적 전쟁이었다. 유럽에 갇혀 자신들만의 세상을 누리던 서양인들이 과감하게 세상 밖으로 나왔다가 처참하게 박살난 전쟁이었다. 그러나 그러한 자기 파괴적 행동으로 말미암아 알을 깨고 나와 비상하는 독수리가 될 수 있었다.

476년 서로마가 멸망하면서 교회는 로마의 가톨릭과 콘스탄티노플의 정교회로 분열되었다. 교회를 하나로 통합하고자 하는 열망이 있었지만, 어느 쪽도 확고한 우위를 점하지 못했다. 로마 가톨릭은 프랑크 왕국과 신성로마제국을 등에 업었고 정교회는 비잔티움 제국을 등에 업었다. 두 세력의 지루한 대치 상태는 무려 600여 년이나 지속되었다.

11세기 후반, 이슬람의 새로운 지배자 셀주크튀르크Seljuk Türk,

1037~1157가 비잔티움 제국을 공격해 로마노스 4세Romanos IV, 1032~ 1072를 생포하는 대승을 거두었다. 위기에 처한 비잔티움 제국은 서유 럽에 도움을 요청했고, 로마의 교황은 이를 계기로 정교회와 통일해 교회의 유일 지배자가 될 꿈에 부풀었다. 그는 서유럽의 왕과 영주들 에게 이슬람의 손아귀에 있는 성지 예루살렘을 탈환하고 비잔티움 제 국을 구원할 성전聖戰(지하드) 참가를 독려했다. 마침내 십자군전쟁이 일어난 것이다.

중세 기독교 교리는 단테의 『신곡』에 잘 나타나 있다. 세례를 받지 않은 자는 연옥으로 떨어져 벌을 받는다는 것이 기본 교리였다. 따라 서 세례를 거부하는 이교도는 죽어 마땅하고 죽어서도 하늘의 벌을 받게 된다. 차라리 일찍 죽는 것이 죄를 덜 짓는 것이니 자비로운 기 독교도라면 아이나 여자나 노인이나 모두 평등하게 죽이는 것이 도리 일 것이다.

십자군은 닥치는 대로 죽였다. 예루살렘에서는 이틀 동안 7만여 명을 죽였는데, 피가 강물처럼 흘러 십자군의 무릎까지 적셨다고 기 록했다. 가는 곳마다 학살을 일삼으니 십자군이 온다는 소식만 들으 면 사람들은 식량을 싸들고 도망쳐서 십자군은 굶주리기 시작했고, 점점 더 미쳐갔다. 그들은 점령지에서 사람을 죽인 뒤 아이를 꼬챙이 에 꿰어 구워먹고 어른들은 솥에 넣고 끓여서 수프로 먹었다. 유럽의 기록이 이 정도니 아랍의 기록은 아마 더 심각할 것이다.

이슬람은 분열되어 있었다. 셀주크튀르크가 바그다드를 점령했지 만 기존의 아바스 왕조는 상징적으로 존재했고, 북아프리카에는 파티 마 왕조, 스페인에는 후우마이야 왕조가 건재했다(튀르크족은 유목민 족으로 아랍어나 이슬람 문화를 알지 못했다. 그래서 튀르크의 지배자는 세속

십자군전쟁이 일어나자 수많은 사람이 학살을 당했다. 그 피가 강물처럼 흘러 십자군의 무릎까지 적셨다. 제1차 십자군전쟁 당시 십자군과 이슬람군이 예루살렘에서 치열한 전투를 벌렸다.

의 지배자 '술탄'을 칭하며 구 아바스 왕조의 영토를 다스렸고, 아바스 왕조의 지배자이자 이슬람의 지배자인 칼리프는 명목상 계속 유지시켰다). 무슬림은 서유럽을 야만족으로 생각했고 그들의 침략을 대수롭지 않게 여겼다. 11세기 이슬람 세계는 분명 서유럽보다 선진적인 세계였지만, 분열된 문명세계는 단결된 군사력을 이겨낼 수 없었다.

　이슬람 세계는 십자군이 예루살렘에 기독교 왕국을 건설하고 의 기양양하게 돌아간 후에도 한동안 정신을 차리지 못했다. 그러나 땅을 빼앗겼고 그 땅을 차지한 기독인들의 약탈도 여전했다. 무엇보다 예루살렘은 이슬람에도 성지였다. 그들은 성지를 탈환하고 이교도를 물리치기 위해 성전을 시작했다.

예루살렘 왕국이 위기에 처하자 다시 십자군이 파견되었다. 하지만 이전의 무기력한 이슬람 군대가 아니었다. 그리고 이슬람 군대가 정비될수록 점차 십자군과 서유럽의 후진성이 노골적으로 드러나기 시작했다. 교황의 권위는 땅에 떨어졌고 자발적인 참여로는 십자군 조직이 불가능해졌다. 십자군은 점차 종교적 열정에 사로잡힌 어느 왕의 개인적 후원에 의존하게 되었고, 당연히 십자군의 성과도 왕권을 강화시키는 데로 돌아갔다. 그 대표적 수혜자가 영국의 사자왕 리처드Richard, 1157~1199였다.

부르주아의
탄생

십자군 원정은 무려 200여 년 가까이 끌었지만 전쟁다운 전쟁은 사실상 1차 침략뿐이었다. 하지만 서유럽은 이 전쟁으로 엄청난 변화를 겪었다. 먼저 이슬람의 선진 기술이 유입되었다. 고대 그리스 프톨레마이오스의 천동설은 비잔티움 제국을 거쳐 이슬람에서 유행하고 있었는데, 이 천동설이 십자군전쟁 때 다시 유럽으로 들어가 천문학 발전을 자극했다. 그로 인해 이슬람의 다양한 천문학 지식이 수용되면서 지구 구체설球體說까지 들어갈 수 있었다. 지구 구

십자군 원정 당시 전쟁다운 전쟁은 사실상 1차 침략뿐이었다. 하지만 서유럽에는 이슬람의 선진 기술이 유입되어 엄청난 변화를 겪었다. 십자군전쟁에서 약탈당하는 콘스탄티노플.

체설은 많은 유럽인에게 영감을 주었는데 그중 한 사람이 콜럼버스였다. 그가 아메리카 대륙을 발견할 수 있었던 동력은 십자군전쟁에서 기원했다.

아리스토텔레스도 마찬가지였다. 중세 기독교는 '신의 존재를 증명할 수 있는가?'라는 명제에 대한 토론을 아리스토텔레스의 철학과 논리학에 입각해 발전시켰다. 그런데 이 논쟁이 교회의 권위를 부정하는 쪽으로 발전하자, 아리스토텔레스를 이단으로 규정하고 그의 저작 일부도 금서로 폐기했다(신의 존재가 증명되고 그 의지를 이해하게 되면 신의 뜻을 전달하는 중세 사제는 권력을 상실하게 된다). 하지만 십자군 원정으로 사라진 아리스토텔레스의 모든 저작이 돌아오면서 다시 신학

연구가 불붙었고, 이는 16세기 초 마르틴 루터Martin Luther, 1483~1546
의 종교개혁으로 이어지게 된다.

고립된 장원들로 단절된 사회였던 중세 유럽은 십자군이 이동하
면서 생긴 교통로를 따라 거대한 동서 연결망을 갖게 되었고, 이것이
그대로 무역로가 되었다. 어떻게 보면 후기 십자군은 열린 무역로를
지키기 위한 핑계였을지도 모른다. 십자군이 이동하는 교통로 곳곳에
그들을 대상으로 하는 숙박 시설과 각종 상점이 생겼고, 십자군의 여
행 경비를 노리는 약탈자에게서 보호받기 위해 예금제도가 생겨나면
서 국제적 금융망도 생겨났다. 이슬람 지역에 가까운 이탈리아 반도
가 동서 무역과 금융 발달의 최대 수혜자였다. 새롭게 탄생한 이탈리
아 신흥 부자들은 이슬람에서 수입한 그리스 고전 문화를 자기 것으
로 하면서 마침내 '르네상스'를 일으켰다.

신흥 부자들은 봉건 영주의 억압을 피해 자신들만의 터전을 만들
었다. 이들은 영주들의 군사적 공격을 막기 위해 성벽bourg을 쌓았는
데, 여기서 부르주아bourgeois라는 말이 나왔다. 그러나 상업은 동서양
을 막론하고 말업末業이었다. 상인들은 상업을 천시하는 기존 기독교
의 교리가 아닌, 상업을 새롭게 보는 새로운 기독교 교리를 갈망했다.
그래서 그런 교리를 주장하는 신학자가 있으면 초빙해서 대우하고 자
식들을 가르치게 했다. 새로운 신학을 가르치는 학문의 전당을 대학
이라고 했다. 대학에서는 신학에 이어 점점 부르주아를 위한 철학, 언
어, 법률 등을 가르치기 시작했다.

특히 17세기 이후에는 법학이 대단히 중요해졌는데, 상인이 귀족
과의 분쟁에서 승리하려면 고도의 법리적 해석이 필요했기 때문이다.
그래서 대학에서 법률을 공부하고 졸업한 변호사들이 부르주아의 가

장 중요한 동지가 되었고 이 두 세력, 즉 부르주아와 변호사 등의 전문가 집단을 합쳐 시민이라고 불렀다. 시민계급의 탄생과 시민혁명의 동력이 생겨난 것이다. 십자군전쟁은 결국 중세 유럽의 자기 부정이었고 그 결과는 근대 유럽으로 가는 계기가 되었다. 피해를 본 이슬람 세계로서는 억울한 역사적 평가겠지만 그러나 결과가 그러니 어쩌겠는가?

몽골의 정복 전쟁

유목민족은
국경이 없다

       실제로 세계를 정복한 나라나 민족은 역사상 한 번도 없었다. 그들은 항상 자기들이 알고 있는 세계, 즉 유럽인들은 유럽과 오리엔트(중동과 북아프리카), 중국인들은 중국과 주변 유목 지역을 정복했을 뿐이다. 역사적으로 자신들의 세계를 넘어서서 다른 세계를 정복한 민족은 신대륙 발견 이전까지 몽골뿐이었다.

    유목민족은 이동민족으로 정착민족인 농경민족과는 정반대의 성격을 갖고 있다. 유목민족은 가축을 방목해 생활하기 때문에 끊임없이 목초지를 따라 이동했다. 이들의 이동 경로는 만주에서 중앙아시아를 거쳐 남부 러시아와 동유럽에 이르는 광활한 영역에 해당했다.

    농경민족에게 유목민족은 주머니에서 불쑥 튀어나오는 기묘한 물건 같은 존재였다. 어느 날 갑자기 그들의 영토를 침범하면 스키타이인, 훈족, 흉노, 튀르크족, 몽골족, 말갈족 등 그때그때 이름을 붙여 역사에 기록했다. 그래서 오늘날 우리는 역사에 나오는 수많은 유목민족의 실체를 정확히 모른다. 이름은 다른 같은 민족인지(훈족과 흉노), 이름은 같은 다른 민족인지(스키타이) 항상 논쟁의 대상이 되는 것이다.

농경민족에게 유목민족이 두통거리인 이유는 국경 때문이었다. 유목민족은 영토와 국경 개념이 없었다. 풀이 있으면 천막을 치고 생활하다 풀이 없어지면 천막을 걷고 다른 곳으로 이동했다. 그들이 양의 뒤를 쫓아 어느 목초지로 들어갔는데 공격을 받았다면 분명 농경민족의 영토를 침범한 것이다. 그러면 유목민족은 화를 내며 보복했다. 그들에게 양과 소는 재산이지만 땅에서 나는 것은 공용이었다. 반면 농경민족은 농사지어 생산한 곡물이 가장 중요한 재산이었다. 토지에 대한 입장 차이는 타협이 불가능한 가치관의 차이였다.

12세기 만주의 여진족은 금나라를 세우고 주변으로 지배 영역을 확장했다. 몽골 초원의 유목민족, 즉 몽골족도 그 지배하에 들어갔고 가혹한 착취에 시달렸다. 몽골족은 그동안 씨족별로 분산해서 유목 생활을 했던 것을 포기하고 여진의 지배를 물리치기 위해 단일한 대오로 뭉칠 것을 결의했다. 그들은 테무친Temuchin(칭기즈칸)을 우두머리, 즉 칸khan으로 추대하고 모든 몽골인을 백 호, 천 호 단위로 편제한 뒤 남쪽으로 노도와 같이 밀려갔다.

몽골족은 한 사람이 세 마리 말을 끌고 다니며 번갈아 탔다. 그들은 말 위에서 자고 먹을 뿐 내려오지 않았다. 24시간 쉬지 않고 이동하는 기동력은 역사상 전무후무한 것이었다. 국경에 몽골군이 나타났다는 말을 들으면 이미 늦은 것이다. 이들은 일주일에 당도할 거리를 하루 밤낮에 걸쳐 도달한 뒤, 미처 방어 준비를 갖추지 못한 적진을 순식간에 유린했다.

몽골인들은 인간에 대한 애정보다 가축에 대한 애정이 깊다. 초원에서 말과 아들 중 누구를 구할 것이냐고 물으면 서슴지 않고 말을 택하는 것이 그들이다. 왜냐하면 말이 없으면 오아시스와 오아시스 사이의 긴 거리를 이동할 수 없어 결국 죽을 것이기 때문이다. 항상 극한의 생존 조건에서 살아온 몽골인들은 자신의 생명조차도 대수롭지 않게 여겼다.

유목민족인 몽골족은 영토와 국경 개념이 없었다. 풀이 있으면 천막을 치고 생활하다 풀이 없어지면 천막을 걷고 다른 곳으로 이동했다. 몽골 제국을 건설한 칭기즈칸.

그래서 몽골군은 잔인했다. 그들은 점령지에서 단 한 사람도 살려두지 않았다. 어느 이슬람 도시에서는 개 빼고 모두 죽였다는 기록도 있다. 인간보다 개가 소중하다는 의미일까? 초원에서는 아마 그럴 것이다. 그렇게 대학살을 한 뒤 다음 도시로 가서 선언하는 것이다. "항복할 것인가, 몰살당할 것인가?" 수많은 도시가 몽골군의 잔인함에 몸서리치며 항복했다.

기동력과
심리전

몽골은 항복한 도시는 파괴하지 않고 학살도 하지 않았다. 그 대신 도시의 남자들을 군대로 징집해 앞장세웠다. 이는 몽골군에게 두 가지 장점을 제공했다. 먼저 군대가 기하급수적으로 늘어났다. 처음 몽골군 1만 명으로 시작했지만 나중에는 다국적군 수십만 명으로 불어난 것이다. 또 하나는 현지에 맞는 전략 전술을 수립할 수 있었다. 중국에서는 중국 병사로 중국의 전술을, 이슬람에서는 이슬람 군대로 이슬람 전술을 써서 상대를 격파했다.

여기에 하나 더, 그동안 폭죽으로 사용되던 중국의 화약을 화포로 활용했다. 송나라가 유목민족과의 싸움에 활용하려고 개량을 시도했던 것을 본격적으로 무기화한 것은 몽골과 그들에게 고용된 한인 과학자들이었다. 화약 무기는 세계 전쟁사를 완전히 바꾸게 된다.

몽골군은 천하무적의 군대였다. 이슬람군은 몽골군의 기동력과 심리전에 굴복했다. 유럽의 철갑 기사들은 탱크처럼 몽골군을 공격했지만, 가벼운 몽골 병사인 경기병輕騎兵이 배후로 돌아 행한 도끼 공격에 무너졌다. 가장 오랫동안 항전했던 남송 군대는 다국적 보병에 패했다. 몽골의 공격에서 살아남은 나라는 태풍 같은 자연재해의 도움을 받거나, 왕위 계승 다툼 같은 몽골 내부의 혼란 덕에 가능했다.

이로써 유라시아 대륙 대부분은 몽골의 지배하에 들어갔다. 그동안 수십 개 나라로 갈라져 있던 실크로드가 하나의 영토로 편입된 것이다. 게다가 유목민족인 몽골은 이동과 무역에 익숙했다. 그들은 고립된 농업 중심 장원제 사회를 무너뜨리고 세계가 자유롭게 이동하며

몽골 제국은 동서 내륙 여행을 가능하게 해서 마르코 폴로와 이븐 바투타가 중국까지 다녀온 뒤 여행기를 남길 수 있었다. 그렇게 팍스 몽골리카의 시대가 되었다. 마르코 폴로가 동방으로 여행하는 모습.

무역할 수 있는 세상을 만들었다.

몽골은 이를 위해 제국 영토 전역에 역참제驛站制를 두었다. 일정한 거리마다 역을 설치하고 여행객을 위해 말과 식량, 경비대를 두었다. 그동안 실크로드 주변에 가득했던 도둑, 부당한 징세관, 전쟁 같은 불안한 정세 등이 사라졌다. 예전에는 꿈도 꿀 수 없었던 동서 내륙 여행이 가능해졌고, 이에 유럽에서는 마르코 폴로Marco Polo, 1254~1324가, 이슬람에서는 이븐 바투타Ibn Battūtah, 1304~1368가 중국까지 다녀온 뒤 여행기를 남겼다. 유럽과 이슬람과 중국이 최초로 하나가 되어 교류하는 팍스 몽골리카의 시대가 도래한 것이다.

그러나 팍스 몽골리카의 시대는 오래가지 못했다. 몽골은 한화漢化

정책으로 그들의 특성을 잃어갔고 한족 농민 봉기로 중국에서 몽골 초원으로 쫓겨나 과거의 분산된 유목 생활로 돌아갔다. 제국은 해체되었고 동서 교역로는 다시 수십 개의 나라로 쪼개지고 도적과 전쟁이 가득한 땅이 되었다.

사람들은 교역로가 다시 열리기를 기원했다. 몽골 멸망 직후 티무르Timur, 1336~1405가 중앙아시아에서 제국을 일으켜 다시 동서를 아우르는 제국을 만들려 했지만, 그가 죽은 후 티무르 제국은 전쟁의 상처만 남기고 멸망해버렸다. 이후 다시는 유라시아를 아우르는 제국은 건설되지 못했다.

유라시아인들은 바다로 나가기 시작했다. 명나라는 정화鄭和, 1371~1435의 함대가 인도를 거쳐 동아프리카 소말리아까지 진출했고, 포르투갈은 아프리카 서안을 따라 남하해 희망봉을 돌아 인도까지 가는 인도양 항로를 개척했다. 스페인은 콜럼버스와 페르디난드 마젤란Ferdinand Magellan, 1480~1521이 대서양을 건너 아메리카 대륙을 발견하고 이어 마젤란 해협과 태평양을 건너 아시아로 갔다가 유럽으로 돌아오는 세계일주 항로를 개척했다. 유라시아 교역로가 닫히자 바닷길이 열리고 세계는 하나의 교역망으로 묶이기 시작한 것이다.

팍스 몽골리카는 세계가 단일한 무역망으로 엮일 수 있다는 것을 증명했다. 그리고 인류는 평화로운 무역과 이에 따른 경제적 번영을 만끽했다. 이제 인류는 새로운 시대로 나아가게 되었으며, 그것은 근대의 중요한 모티브가 되었다.

제1차 세계대전

대량생산·대량소비 시대가
열리다

자본주의의 대량생산·대량소비 체제는 전쟁도 대량 징집, 대량 학살로 양상을 바꾸었다. 인류는 멸종을 고민하는 단계로 발전했고, 이는 제2차 세계대전 이후 냉전체제와 국제평화를 위한 노력으로 이어졌다.

산업혁명은 증기기관의 개량에서 시작되었다. 증기기관 자체는 그리스 시대부터 있었지만 저절로 신전 문이 열리는 기계장치를 움직이는 따위로만 사용되었다. 산업혁명을 일으킨 증기기관은 동력기관, 즉 모터의 발명이었다. 그런 의미에서 제임스 와트James Watt, 1736~1819가 증기기관을 발명했다는 말도 사실이라고 할 수 있다. 와트의 증기기관은 전혀 성격이 다른 것이었기 때문이다.

와트의 증기기관 이전까지 모든 도구는 인력人力이나 축력畜力에 의해 작동했다. 즉, 인간이 직접 쟁기질을 하거나 물레를 돌려 실을 뽑고 바느질을 해서 옷을 만들었다. 혹은 말이나 소에 멍에를 씌워 쟁기를 끌게 해서 농사를 짓고 마차를 타고 다녔다.

그러나 와트 이후 기계는 증기기관으로 움직이는 모터에 의해 움직이기 시작했다. 그리고 기계의 작동 능력은 모터의 효율에 따라 엄청나게 강력해졌다. 말 1마리가 낼 수 있는 힘을 마력이라 하는데 100마력, 1,000마력, 1만 마력 이상의 힘을 내는 모터가 거대한 기계를 작동시켰다. 이로써 수백 명의 사람이 해낼 일을 기계 1대가 해내는 시대가 되었다.

인간은 기계를 관리하는 노동자가 되었다. 거대한 기계가 돌아가는 공장에서 기계의 일부로 일했다. 기계를 효율적으로 배치하는 라인이 생겼고 라인에 따라 층이 생기면서 공장은 높아져갔고, 인간도 결국 좁은 면적에 층층이 근무하게 되었다. 면적당 인구가 엄청나게 많아졌다. 좁은 땅에서 일하는 노동자들의 출퇴근 거리가 문제되면서 노동자들도 공장에서 가까운 곳에 층층이 높은 건물인 아파트에서 살게 되었다. 좁은 면적에 엄청나게 많은 공장과 아파트가 밀집하게 되었고, 수백만 명이 밀집해서 사는 메갈로폴리스가 탄생했다.

공장에서 대량생산된 물건을 모두 노동자가 소비할 수 없었다. 구매력은 공장 주변 아파트가 아니라 교외의 중산층 주택가에 있었다. 공장에서 소비자에게 어떻게 하면 신속하고 원활하게 상품을 전달할 수 있을까? 이에 따라 증기기관으로 움직이는 기차가 탄생했다. 기차는 엄청난 모터의 힘으로 상상할 수없이 많은 물건을 말보다 빠르게 시장으로 운반했다. 이로써 19세기 인류는 대량생산, 대량운송, 대량소비의 시대를 맞이했다.

증기기관의 발명으로 수백 명의 사람이 해낼 일을 기계 1대가 해내는 시대가 되었다. 이로써 인류는 대량생산, 대량운송, 대량소비의 시대를 맞이했다.

과거의 전쟁은 한판 승부였다. 징병관들이 분산된 농촌 마을을 일일이 돌아다니면서 병사들을 징병해서 도성으로 집결시켰다. 또 병사들이 먹을 식량을 수송할 치중대輜重隊에서 일할 사람들도 징발해서 도성에 집결시켰다. 이렇게 병사와 보급부대 합쳐 수십만의 군대가 만들어지는 데는 몇 개월에서 몇 년씩 걸렸다. 이들은 말을 타거나 걸어서 전쟁터로 이동했다. 적이 침략하면 며칠 내로 이동했지만 타국을 침략할 때는 몇 개월 동안 이동하기도 했다.

마침내 전쟁터에 도착한 수십만의 군대는 며칠 혹은 몇 달간 충돌하고, 병력을 먼저 소진한 쪽이 패배했다. 수나라 100만 대군은 모으고 준비하는 데 몇 년이 걸렸고 도성에서 출발하는 데만 40일이 걸렸으며 선봉대가 전쟁터에 도착하는 데 한 달이 걸렸다. 그러니 도성에서 병력이 전쟁터에 총집결하는 데 두 달 이상 걸린 셈이다. 그러나 2월부터 7월까지 반년 동안의 전투로 주력 병력이 소진되자 결국 전쟁은 수나라의 패배로 끝나고 말았다.

그런데 19세기 남북전쟁부터 양상이 달라지기 시작했다. 병력을 모으는 시간, 병력을 전쟁터로 이동시키는 시간이 병력을 소모하는 시간보다 짧아졌다. 도시에는 몇십 만 명이나 되는 청년들이 아파트 등 노동자 거주 지역에 밀집해서 살았다. 아파트 한 채에서 수백 명의 병력을 단 하루 만에 징발할 수 있었다. 이들은 가까운 기차역의 화물열차에 실려 시속 20~30킬로미터의 속도로 전쟁터로 수송되었다. 과거에는 보병들이 500킬로미터의 거리를 걸어서 한 달 동안 행군했지만, 이제는 기차가 24시간 내에 병력을 수송했다. 전방에서 대규모 전투가 일어나 많은 병력이 소모되어도 보충하는 데는 며칠이면 족했다.

참호전의
공포

제1차 세계대전은 자본주의의 대량생산과 대량소비 체계가 완벽하게 구현된 전쟁이었다. 처음 독일이 프랑스를 공격할 때만 해도 전통적인 전쟁처럼 보였다. 그러나 프랑스가 참호를 깊게 파고 철조망과 기관총, 대포 등으로 방어선을 두껍게 치면서 전쟁은 소모전의 수렁에 빠져들었다. 독일 역시 후퇴하지 않고 바로 앞에 참호를 파고 방어선을 친 뒤 대치 상태에 들어갔다.

참호 속의 군인들은 적군 포병대의 무차별 야포 사격을 받았다. 머리 위에 폭탄이 떨어지면 그대로 죽음이었다. 교착 상태에서 빠져나오기 위해 상대 참호에 공격을 가하면 하루에 몇천 명의 병력이 기관총과 대포 세례를 받고 철조망에 걸려 허우적대다 죽었다. 아무리 용감하고 훈련된 병사들도 참호 속에 웅크리고 있다가 머리 위에 떨어지는 폭탄을 맞으면 그냥 죽을 수밖에 없었다.

전쟁은 용기와 무술을 다투는 장이 아니었다. 대부분 참호나 철조망에 걸려 함정에 빠진 개미나 거미줄에 걸린 파리처럼 죽어갔다. 많은 군인이 참호 속에서 노이로제에 걸려 고통받다가 자살했다. 며칠에서 몇 달간 참호 속에서 포탄 소리를 들으며 죽을 날만 기다린다면 누구라도 미쳐버릴 것이다.

1916년 7월 1일 프랑스 북부의 솜Somme에서 영국군을 주축으로 하는 연합군 75만 대군이 독일군 참호를 공격했다. 독일군은 절반 정도의 병력이었는데 참호에 숨어 연합군의 공격을 효과적으로 막아냈다. 단 하루 동안 연합군은 5만 8,000명의 사상자가 났는데, 이는 원자폭탄 투하로 발생한 일본 나가사키의 사상자와 비슷한 수준이었다. 솜 전투는 11월까지 4개월간 지속되었으며 양측 합쳐 120만 명 이상의 사상자가 나왔다. 그러나 이 전투를 통해 연합군은 겨우 15킬로미터를 전진했을 뿐이다. 그 거리를 4개월 동안 120만 명이 죽으면서 한 걸음 한 걸음 전진했다고 생각해보라.

양측은 교착 상태를 타개하고 병력의 무한정 소모를 막기 위해 신무기를 만들었다. 무한대의 소모전이 가능한 이유는 식민지에서 자원과 인력이 공급되었기 때문이다. 독일은 잠수함을 만들어 유럽으로 들어오는 연합국의 수송선을 격침시켰다. 반면 영국과 미국은 대형

제1차 세계대전에서 참호는 전쟁을 소모전의 수렁으로 빠져들게 했다. 병사들은 참호 속에 웅크리고 앉아 공포에 떨어야 했고, 심지어는 노이로제에 걸려 자살하기도 했다.

전함을 만들어 독일 해상을 봉쇄했다. 참호 속의 적군을 죽이기 위해 독일은 독가스를 만들었다. 염소가스는 공기보다 무거워서 참호 속으로 스며들어 수많은 병사를 살상했다.

영국은 철조망 방어선을 돌파하기 위해 탱크를 만들었다. 육중한 탱크는 철조망을 깔아뭉개고 돌격하는 보병들의 방패 역할을 해주었지만, 탱크의 연료가 연소할 때 생기는 매연이 빠져나갈 장치가 없어 많은 탱크병이 그 안에서 질식사했다.

제1차 세계대전은 자원에서 열세인 독일의 패배로 끝났다. 양측 사상자는 2,500~4,000만 명 정도로 추정되며, 물질적 피해는 집계가 불가능할 정도였다. 그러나 더욱 중요한 것은 전쟁이 인류에 끼친 영향이었다. 그동안 유럽은 식민지인에게 무기를 쥐어주지 않았다. 그들이 무기를 사용할 줄 알면 언제든 총구를 돌려 독립 투쟁을 할 것이기 때문이었다. 유럽에서 전쟁은 오직 유럽인들만이 참가한 전쟁이어야 했다. 그러나 4년 동안의 소모전은 너무 많은 유럽인을 죽여서, 심지어 백인 멸종설이 나올 정도였다. 게다가 전쟁 후기부터 많은 인도인과 아프리카인이 참전해 그들이 두려워하는 식민지인의 무장도 이루어졌다.

제1차 세계대전은 자본주의의 파멸적 자화상이었고 종말적 미래였다. 이후 역사는 자본주의의 악마적 본성을 억누르고 변화시키려는 인류의 지난한 노력의 과정이었지만, 전쟁의 암울한 그림자는 결코 떨쳐내지 못했다. 그리고 인류는 새로운 전쟁의 시대를 맞이하게 된다.

국공 내전과
베트남전쟁

5·4운동이
일어나다

전투기와 탱크로 무장한 중국 국민당군도, 세계 최
강의 미군도 소총과 죽창뿐인 농민군을 이기지 못했다. 농민군은 공
산당군이었지만 그들이 권력을 잡은 뒤 중국과 베트남은 유연한 사회
주의 혹은 자본주의로 변신했다. 자유 진영은 미국의 연이은 패배에
경악했지만 교훈을 얻지 못했다.

1947년 3월 국민당군이 공산당군의 수도인 산시성陝西省 옌안延安
을 함락시켰을 때 공산당군의 패배는 명확해 보였다. 그래서 공산당
군과의 대화를 제안한 미국의 실책에 대해, 혹은 불리할수록 대화를
제안해서 시간을 버는 공산당의 수법에 대해 비판과 안타까움을 토로
하는 역사가들이 있다.

그러나 중국의 국공 내전은 명백히 처음부터 끝까지 공산당에 유

리한 전쟁이었다. 그래서 이 전쟁의 본질을 밝힌 최초의 저작인 에드거 스노Edgar Snow, 1905~1972의『중국의 붉은 별』이 출판되었을 때 격렬한 찬반 논쟁이 있었고, 중국 공산화 이후에는 역사를 이해하는 가장 중요한 텍스트가 되었다.

중국 현대사는 1919년 5·4운동으로 거슬러 올라간다. 신해혁명으로 수립된 중화민국은 총통 위안스카이가 죽은 뒤 여러 개의 군벌軍閥이 난립하는 무정부 상태에 빠졌다. 군벌들은 상대 군벌에 우위를 점하기 위해 외세와 결탁했는데, 이것이 중국을 더욱 수렁에 빠뜨렸다. 특히 제1차 세계대전이 끝난 후 일본의 21개조를 수용해 점점 중국을 식민지로 전락시켰다.

이에 분노한 베이징의 대학생들이 일본의 21개조에 반대하는 5·4운동을 일으켰다. 5·4운동은 전국적으로 번졌고 결국 일본은 21개조를 철회하기에 이르렀다. 신해혁명의 지도자 쑨원은 이 운동에 영감을 받고 국민당을 건설해 군벌을 타도하고 중국에 혁명정부를 수립하기로 마음먹었다. 한편 5·4운동을 주도한 학생과 지식인들은 공산당을 조직해 혁명운동에 나섰다. 쑨원은 공산당과 제1차 국공합작을 통해 힘을 모아 군벌을 타도하는 북벌에 나섰다. 민중의 지지를 받는 북벌은 성공할 수밖에 없었다.

그런데 북벌 도중 쑨원이 죽고 장제스蔣介石, 1887~1975가 새로운 국민당 지도자가 되었다. 장제스는 쑨원이 일본에 망명해 있을 때 그 수하가 된 인물로 친일파였고 극우 폭력 조직 청방靑幇과 연계되었다는 소문이 있을 정도로 극우적이었다. 그는 북벌이 성공한 직후 쿠데타를 일으켜 공산당을 숙청했다. 공산당은 도시에서 노동자들의 무장봉기를 통해 반격을 시도했지만, 초기 공산당원 대부분을 죽음으로

베이징의 대학생들은 일본의 21개조에 반대하는 5·4운동을 일으켰다. 그리고 5·4운동을 주도한 학생과 지식인들은 공산당을 조직해 혁명운동에 나섰다. 중국 톈안먼 광장에서 시위하는 대학생들과 시민들.

몰아넣고 말았다.

당시 중국 공산당은 코민테른의 '지도'를 받았고 마르크스·레닌주의를 맹목적으로 추종했다. 그러나 공업화가 되지 않은 중국에서 노동자는 극소수였고 이들의 무력 투쟁을 통해 혁명을 한다는 것은 몽상이었다. 이에 지방 출신 공산당원들이 마오쩌둥毛澤東, 1893~1976을 중심으로 농촌에 기반한 새로운 공산당 활동을 모색했다. 소위 마오주의였다.

마오쩌둥의 공산당은 국민당의 토벌을 피해 내륙 깊숙이 달아났는데, 이를 1만 리 대장정이라고 한다. 그들이 마침내 내륙 오지인 옌안에 도착했을 때 공산당은 빈사 상태였고 당원은 겨우 10퍼센트만

세계를 바꾼 전쟁

생존해 있었다. 하지만 대장정은 일방적으로 공산당이 패주한 것이 아니었다. 공산당은 가는 길마다 농촌에 들어가 지주를 죽이고 농지를 분배했다. 그러면 국민당군이 들어와 농지를 유족에게 돌려주고 공산당에 협조한 사람들을 죽였다. 대장정 기간에 중국의 광활한 농촌 지역에는 '공산당=농민 편', '국민당=지주 편'이라는 공식이 세워졌다. 국민당은 공산당을 토벌했다고 믿었지만 중국의 90퍼센트에 해당하는 농촌이 공산당에 넘어가고 있었던 것이다.

미국이
패전한 이유

아무리 공산당을 죽여도 공산당은 사라지지 않았다. 친일파인 장제스는 공산당은 암이고 일본은 감기라고 믿고 일본이 쳐들어와도 군대를 옌안에서 돌리지 않았다. 당시 옌안 토벌의 핵심 부대는 장쉐량張學良, 1898~2001의 만주군이었는데, 장쉐량이 쿠데타를 일으켜 일본과 싸울 것을 요구하는 바람에 제2차 국공합작이 이루어졌다.

제2차 국공합작 기간인 1937년부터 1945년까지 누가 더 일본군과 열심히 싸웠는지는 양측 주장이 완전히 엇갈린다. 단지 공산당군이 농촌의 지지 기반을 다지는 데 주력했고, 국민당군이 공산당군을 공격한 것은 사실이다. 가령 1941년 중국 공산당 휘하 산시군은 국민당군의 배후 공격을 받아 전멸했다. 그러나 무엇보다 확실한 것은 제2차 국공합작의 최대 수혜자는 공산당이었다는 것이다. 민심이 완전히 공산당으로 돌아섰기 때문이다.

일본이 패망하자 미국은 국민당이 국민의 지지를 받지 못하는 것에 크게 우려했다. 미국은 국민당군의 공산당군 공격을 만류하고 휴전을 종용하며 장제스에게 민주적 개혁을 먼저 추진하라고 설득했다. 그러나 장제스는 민주주의에 관심이 없었다. 그는 민주주의를 요구하는 국민의 목소리를 공산당의 목소리로 받아들였다.

미국에서 지원받은 신형 무기로 무장한 400만 국민당군이 일본군이 버리고 간 무기로 무장한 100만 공산당군을 공격했다. 공산당군은 뿔뿔이 흩어졌고 옌안이 함락되었다. 전쟁은 곧 끝이 날 것 같았다. 그러나 민심이 동요했고 미국 군사고문단은 장제스에게 거듭 경고했다. 장제스가 점령한 곳은 겨우 몇몇 도시와 도시를 연결하는 도로망뿐이었다. 장제스는 선과 점을 점령했고 공산당군은 면을 점령하고 있었다. 장제스는 자신이 승리했다고 착각하고 있었지만 실제로는 포위당한 상태였다.

1947년 7월 공산당군의 대반격이 시작되었다. 곳곳에서 국민당군이 패퇴했다. 국민당군은 수는 많았지만 대부분의 군인이 농민의 자식으로 농민군인 공산당군과 싸울 의지가 없었다. 그들은 미제 무기를 들고 공산당군에 투항했다. 국민당 장교들은 장제스에 대한 충성심이 없었다. 그들은 공산당군에게 무기를 팔아 돈을 챙기고 그것으로 미국에 망명할 계획을 세웠다. 400만 국민당군은 불과 1년 만에 궤멸되고 말았다.

그 후 10년 뒤 비슷한 일이 베트남에서 벌어졌다. 1956년 디엔비엔푸 전투에서 프랑스군이 패하자 미국이 개입해 베트남을 남북으로 분단시키고 남베트남(월남)에 친미 정부를 수립했다. 그러나 월남 정

미국의 지원을 받은 국민당군은 공산당군에게 패배했다. 대부분의 군인이 농민의 자식으로 농민군인 공산당군과 싸울 의지가 없었다. 1949년 1월 공산당군이 베이징에 입성하자 시민들이 환호하고 있다.

부는 극소수의 친프랑스파 유지들과 가톨릭교인들뿐이었다. 그들은 처음부터 정권을 유지하고 지킬 자신이 없었고 국민들의 지지를 받을 가망도 없었다. 오직 미국의 보호를 구할 뿐이었고, 월남이 패망하면 미국으로 도망갈 생각뿐이었다.

처음부터 미국의 개입을 원했기 때문에 미국이 베트남전쟁의 수렁으로 빠져드는 것은 필연이었다. 그러나 미국은 자신의 압도적 무력과 합리적이고 효율적인 체제에 자신감이 넘쳤다. 미군이 지키는 도시는 한 번도 위협을 받은 적이 없었고 미군은 가는 곳마다 농촌의 어린이들을 교육시키고 환자들을 치료했다. 베트남 사람들은 순종하고 만족하는 것처럼 보였다.

그러나 공산 게릴라들의 활동은 멈추지 않았다. 미국은 이것이 북베트남에서 내려오는 군대와 물자 때문이라고 생각했다. 미 공군이 북베트남을 폭격하고 주요 도로를 파괴했다. 북베트남의 물자가 라오스와 캄보디아를 거쳐 내려온다(호찌민 루트)고 생각하고 캄보디아에도 폭격을 가해 베트남전쟁은 인도차이나 반도 전역으로 확대되었다.

1960년대 후반, 농촌 촌장들이 공산 게릴라에게 처형당하는 사건이 벌어졌다. 미군은 패배가 확실해진 공산당군이 초조해진 나머지 농촌에서 만행을 저지르고 있으며, 결국 농민의 지지를 잃은 공산당군이 최종적으로 패배할 것이라고 생각했다. 하지만 1968년 1월 소위 '구정 대공세'가 전개되었다. 궤멸되었다고 생각한 공산당군이 도시에 대대적인 공격을 가한 것이었다. 사실 농촌 촌장들의 처형은 농촌이 공산당군에게 장악당했다는 신호였던 것이다. 결국 미군은 철수하고 베트남은 공산화되었다.

첨단 무기로 무장한 압도적 다수의 군대가 소수 게릴라에게 무릎을 꿇었다. 중국에서 베트남에서 아프가니스탄에서 미국과 소련은 패배와 굴욕적 철군을 경험했다. 이는 전쟁의 승리가 거점의 점령이 아니라 민심의 장악에 있다는 평범한 진리를 외면했기 때문이다. 고대 전쟁에서 21세기 첨단 전쟁에 이르기까지 많은 것이 변화했지만, 변하지 않는 전쟁의 절대 원칙은 민심을 잡는 쪽이 궁극의 승리를 거둔다는 것이다. 이는 지금도 중동과 아프리카에서 증명되고 있다.

제
5
장

이슬람의 역사

이슬람의 창시

하나님의 부름을
받은 자

    아브라함은 사라와의 사이에 아이를 갖지 못하자 하녀 하갈과 동침해 이스마엘을 낳았다. 얼마 뒤 사라가 이삭을 낳자 하갈과 이스마엘은 내쫓겼다. 사막을 방황하던 하갈과 이스마엘은 하나님의 은총으로 아랍에 정착해 아랍인의 선조가 되었다.

    아라비아 반도에 사는 아라비아인(아랍인)들은 자신들을 아브라함과 이스마엘의 후손이라고 생각했다. 그러나 그들은 여러 이교신을 믿었고 그들에게 안녕과 번영을 기원했다. 메카Mecca에는 신성한 검은 돌이 있었는데, 아랍인들은 그 돌을 초석으로 신전을 세우고 거기에 이교신들을 모셨다. 후발, 마나트, 알라트 등 100여 신이 신성한 신전 카바Kaaba와 그 외의 신전들에 모셔졌다. 아랍인들은 험한 사막 여행을 앞두고 메카로 가서 기도를 드린 후 길을 떠났다. 메카는 순례자들을 대상으로 하는 상업으로 번성했다.

570년 무렵 메카에서 무함마드Muhammad, 570?~632라는 남자아이가 태어났다. 가난한 하심 집안에서 태어난 데다 6세 때 고아가 된 불우한 소년이었다. 씨족 사회였기에 하심 집안에서 그를 키웠고 집안일을 돕는 상인으로 성장했다. 그는 일을 잘했고 사람들 사이에서 평판이 좋았다. 특히 갈등 관계를 중재하는 데 뛰어났다.

카디자Khadija라는 여인이 있었다. 과부였지만 죽은 남편의 사업을 이어받아 번창시킨 카리스마적 CEO였다. 그녀는 무함마드와 거래하며 그의 됨됨이에 반했고 결국 둘은 결혼했다. 연상의 아내였지만 부부는 금슬이 좋아 여섯 아이를 낳았고 아들은 모두 죽었지만 네 딸은 건강하게 잘 자라주었다. 사업은 번창했고 집안에서도 유력자가 되었다. 아랍 사회는 철저한 연장자 사회이기 때문에 나이가 들수록 무함마드도 대접받는 사람이 되었다. 일부다처제 사회였지만 무함마드는 카디자 이외의 여자에게 눈을 돌리지 않았다.

나이 40세가 넘어 중년이 되자 인생의 황혼에 접어든 무함마드는 종종 근처 산의 동굴에 들어가 명상에 잠겼다. 성공한 인생의 허무감이랄까? 그러던 어느 날 목소리가 들렸다.

"나는 가브리엘이다. 암송하라."

그는 압도적 존재감에 숨 막히는 듯했다. 겨우 그가 한 말은 자신이 까막눈이라는 것이었다.

"너는 신의 사자使者다. 그러니 암송하라."

"무엇을 암송하라는 말씀입니까?"

"암송하라. 만물을 창조한 하나님의 이름으로. 너의 하나님은 자비로우시니라."

무함마드는 천사 가브리엘에게서 동굴에서 계시를 받았다고 말했다. 이로써 이슬람이 탄생했다. 사우디아라비아 메카에 있는 이슬람 신전 카바.

그는 부들부들 떨며 집으로 가서 카디자의 품에 안겼다. 그리고 무서웠던 경험을 말했다. 그러자 카디자가 그에게 말했다.

"당신은 미치지 않았어요. 당신은 하나님의 부름을 받은 거예요. 저는 당신을 믿습니다."

이로써 첫 번째 무슬림(복종하는 자)이 탄생했다. 종교사상 첫 제자가 여성인 사례는 아마 이슬람이 유일할 것이다.

그로부터 얼마 후 무함마드는 집안사람들을 불러 모았다. 하심 가문 사람들은 무함마드가 정성스레 차린 저녁을 먹으며 무함마드를 존경 어린 시선으로 바라보았다. 이윽고 식사가 끝나자 무함마드가 말했다.

"하나님께서 제게 말씀하셨습니다. 천사 가브리엘을 통해서 동굴에서 계시를 받았습니다. 하나님은 오직 유일하신 분입니다. 하나님 이외의 다른 신을 믿지 마십시오."

잠시 후 사람들 입에서 탄식이 터져나왔다. 성실하게 일만 하던 사람이 어찌 저리 되셨을까? 모두 뿔뿔이 흩어졌는데 꼬마 하나만 식탁에 남아 있었다. 꼬마는 아직 식탁 위의 음식에 미련이 남아 있는 듯했다. 그는 알리였다.

"알리, 더 먹어도 된다."

그러자 알리가 말했다.

"아저씨, 저는 아저씨를 믿어요."

그렇게 두 번째 제자가 탄생했다.

'예언자의 도시'에 정착하다

무함마드는 거리에 나가 사람들에게 설교했다. '하나님은 가장 강력한 신이 아니다. 신은 오직 하나뿐이다. 신은 하나이니 하나님만 믿으라. 그리고 하나님의 가르침을 따르라. 환락에 빠지지 마라. 사람에게 폭력을 휘두르지 마라. 억압하지 마라. 술에 취하지 마라. 약자에 관심을 가져라. 온순하게 살아라.'

무함마드는 쿠라이시 부족의 살해 위협에서 탈출해 야트리브에 정착하고 그곳을 무슬림의 도시로 만들었다. 그리고 '예언자의 도시'를 뜻하는 메디나로 바꾸었다. 현재의 메디나.

그의 주위로 사람들이 모이기 시작했다. 대개 가난하고 약한 자들이었다. 그러나 종종 부유한 자나 강한 자가 감동을 받아 무슬림이 되기도 했다. 대상인 아부 바크르Abū Bakr, 573?~634나 싸움 잘하는 거인 우스만Uthmān도 있었다. 무슬림이 점점 늘어났다.

메카는 이교의 순례지였고 이들을 대상으로 장사를 해서 먹고사는 도시였다. 메카인들은 무슬림을 싫어했다. 오직 다원성과 다신교만이 메카의 생존 철학이었다. 곳곳에서 무슬림들이 구타당하고 억압받아 결국 메카에서 쫓겨났다. 무함마드도 위협을 받았다. 하심 집안에서 그를 지켜주어 버틸 수 있었지만 하심 집안도 이슬람은 거부했다. 마침내 하심 집안에서 무함마드에 대한 보호를 철회했다. 곤경에 처한 무함마드가 마침내 메카를 떠날 때가 왔다. 그의 정신적 지주였던 카디자가 죽은 것이다. 카디자가 없는 메카는 적막한 땅일 뿐이었다.

이주할 곳을 찾아 여기저기 알아보았지만 마땅한 곳이 없었다. 모두 무함마드를 싫어하는 것 같았다. 그런데 쫓겨난 무슬림들이 야트리브에 살고 있으며 이곳으로 와서 지도자 노릇을 해달라는 것이었다. 622년 9월, 하심 집안을 포함한 부족 쿠라이시가 무함마드를 죽이기 위해 암살단을 보냈다. 무함마드는 자신의 침대에 어린 알리를 눕혀 놓고 자신은 아부 바크르와 함께 야트리브로 떠났다. 암살단은 알리를 인질로 잡고 추격대를 보냈지만 무함마드를 놓치고 말았다.

야트리브에 정착한 무함마드는 그곳을 무슬림의 도시로 만들었다. 도시 이름도 메디나Medina(예언자의 도시)로 바꾸었다. 역사에서는 그가 메디나로 옮긴 622년을 '헤지라'라고 하며 이슬람 기원 원년으로 삼고 있다. 이렇게 이슬람의 역사가 시작되었다.

수니파와
시아파

메카로
행진하다

"산 채로 묻혔던 여자아이가 살아 일어나 왜 자신이 죽었는지 묻게 될 때 기록부가 펼쳐지고 하늘이 베일을 벗을 때 모든 영혼은 자신이 저지른 짓을 알게 될 것이다."(『코란』 81절)

"무함마드는 오늘부터 새로 태어난 여자아이를 묻는 짓도 하지 말라고 했어요."

"그래. 나와 네 아버지는 만나지 못했을 수도 있었어. 네가 태어나지 않았을 수도 있지. 나도 묻혔을지도 몰라. 딸을 셋이나 묻을 수는 없었던 거야. 네 외할아버지가 갓 태어난 둘째 딸을 묻을 때, 그 딸이 외할아버지의 손가락을 꼭 쥐었지. 그러다 힘이 풀어지자 비로소 손을 빼내셨다는구나. 내가 태어났을 때 외할아버지는 더이상 할 수 없다 무함마드는 메디나에 무슬림 공동체 움마Ummah를 만들었다. 움마 안에서는 모두 평등하고 평화로웠으며 기존의 여자와 아이에게 불리한 관습을 뜯어고쳤다. 그들은 움마 안은 평화의 영역(다르 알 이슬람 dar el islam), 움마 밖은 전쟁의 영역(다르 알 하르브dar el harb)으로 구분하고 무슬림 간의 폭력을 절대 금지했다. 그러나 다르 알 하르브와의 투쟁(지하드)은 정당하며, 이 경우 무장 투쟁도 허용된다고 가르쳤다.

한편 메카에서는 그들의 다신교와 시장경제를 위협하는 무함마드에게 현상금을 걸고 군대를 모집했다. 1,000여 명의 메카 군대가 메디나로 진격하자 무함마드는 300여 명의 무슬림 군대를 급조해 맞섰다. 제대로 된 지휘관조차 없는 무슬림 군대는 3배나 되는 메카 군대에 맞서 손쉽게 승리했다. 첫 지하드인 바드르Badr 전투는 하나님의 군대는 반드시 승리한다는 교훈을 주었다. 승리를 좌우하는 것은 군인의 수나 무기의 양이 아니라 오직 신앙인 것이다.

메카 군대는 2년 동안 와신상담한 뒤에 3,000명의 병사를 끌고 다시 공격했다. 무슬림 군대는 950명이었다. 처음에는 무슬림 군대가 쉽게 이기는 듯했다. 그런데 승리에 도취한 일부 무슬림이 전리품을 약탈하려고 하자 전열이 흐트러졌고 그 틈을 타서 메카의 별동대가 배후를 급습해 결국 메카 군대가 승리했다.

무함마드는 패배 후 무슬림들에게 신의 가르침을 어겼기 때문에 패배했다고 가르쳤다. 신앙과 규율을 어기면 전쟁에서 패배한다는 교훈은 그 후 외세의 침략을 받을 때마다 항상 무슬림들에게 되새겨졌다

무함마드가 무슬림들에게 신의 가르침을 어겼기 때문에 전쟁에서 패배했다고 한 후 무슬림 군대는 승승장구했다. 그리고 수만 명의 순례단을 조직해 메카로 행진했다.

(이런 사람들을 요즘 이슬람 원리주의자라고 한다. 그러나 이들은 신앙생활을 독실하게 하자는 것이지 원리나 근본으로 돌아가자고 주장하는 것은 아니다).

이후 무슬림 군대는 승승장구했다. 무함마드는 수만 명의 순례단을 조직해 메카로 행진했다. 그들은 비무장이었지만 메카는 이미 패배했다는 것을 알고 있었다. 무슬림들은 무혈입성했고 내부의 신상들을 파괴한 뒤 새롭게 정비된 카바는 이슬람의 가장 신성한 장소로 선포되었다.

말년의 무함마드는 여러 명의 아내를 두었고 특히 가장 어린 아내 아이샤Aisha를 사랑했다. 어느 날 열병에 걸린 무함마드는 그의 역할을 끝낼 때가 왔음을 직감하고 가족과 친척들에게 작별인사를 한 뒤 아이샤의 집에서 조용히 눈을 감았다. 평범한 보통 사람의 죽음이었지만, 신의 말씀을 알리는 라디오 혹은 스피커의 영원한 침묵이기도 했다.

칼리프를
선출하다

무슬림은 암흑에 휩싸였다. 신의 계시는 더는 들리지 않았다. 이전에는 어떤 문제도 무함마드와 의논해서 해결할 수 있었지만 이제는 불가능했다. 사람들은 지혜를 짜내 대책을 강구했고, 결국 무함마드의 곁에서 가장 많이 계시를 듣고 이해했던 사람을 칼리프caliph(계승자)로 삼아 따르기로 했다.

가장 먼저 칼리프에 오른 이는 아부 바크르였다. 그는 연장자였고 무함마드가 메카에 있을 때부터 측근이었고 말년의 무함마드가 가장 아꼈던 아내 아이샤의 아버지였다. 그리고 무슬림의 청빈을 실천하기 위해 대상인으로서 자신이 가진 재산을 모두 사회에 환원한 어진 사람이었다.

그다음 칼리프는 우마르Umar, 586?~644였다. 그는 우직한 무인이었고 지하드에서 가장 용맹스러운 지휘관이었다. 지하드에 포교 전쟁을 포함시켜 이슬람의 영토를 넓히고 『코란』을 정리했다.

그다음 칼리프는 우스만Uthman, 579~656이었다. 우마이야 집안 사람인데 그가 지배하는 동안 이슬람 세계는 점차 국가의 형태를 띠어갔다. 통치제도가 만들어지고 재정을 위해 세금을 걷었으며 군대를 운영했다. 넓어진 영토의 효율적 지배를 위해서 그랬겠지만 움마의 평등은 사라졌다. 우마이야 집안이 고위직을 독점해 귀족화했고 정치적 음모와 무슬림 내부의 분열이 폭동으로 이어졌다. 결국 우스만은 성난 폭도들에게 살해당했다.

우스만을 죽인 폭도들은 알리Ali, 600~661에게 새로운 칼리프가 되어달라고 요청했다. 두 번째 무슬림이자 남자로서는 첫 번째 무슬림, 가장 오랜 무함마드의 제자였다. 무함마드의 딸 파티마Fatima의 남편이었던 그는 메카 시절부터 무함마드의 최측근으로 1대 칼리프 선출 때부터 항상 유력한 후보였지만 연장자를 중시하는 아랍 사회의 전통 때문에 번번이 고배를 마셨다. 그가 마침내 4대 칼리프에 올랐다.

그러나 그는 선출되지 않은 칼리프였다. 무함마드에 이은 2인자가 하필 선출되지 못해 정통성 시비에 휘말렸다는 것이 모든 비극의 시작이었다. 쿠데타를 통해 칼리프를 찬탈한 자라는 비판이 그를 괴롭혔고 마침내 무함마드의 아내이자 1대 칼리프 아부 바크르의 딸인 아이샤가 반란을 일으켰다. 그리고 그녀의 배후에는 우마이야 집안의 무아위야Muawiyah, 602?~680?가 있었다. 이슬람 세계는 내전에 휘말렸다. 결국 알리는 암살되고 무아위야가 5대 칼리프가 되었다.

무아위야는 6대 칼리프를 선출하지 않고 아들 야지드Yazid, 647~683에게 세습했다. 기록에 의하면 6대 칼리프를 선출하기 위해 아랍의 부족장들이 모여 칼리프 후보들에 대해 의논하는데 한 부족민이 일어나 칼을 빼어들고 야지드를 가리키며 외쳤다고 한다.

"칼리프가 죽고 나면 이제 이 사람이오. 누구든 반대하면 바로 이것이오."

두 번째 무슬림이자 남자로서는 첫 번째 무슬림, 가장 오랜 무함마드의 제자인 알리는 정통성 시비에 휘말렸다. 결국 그는 암살되고 무아위야가 5대 칼리프가 되었다.

그러자 병석에 누워 있던 무아위야가 말했다.

"당신은 최고의 웅변가요."

칼로 위협받는 대화와 타협으로 칼리프는 세습제가 되고 결국 이슬람 세계는 우마이야 왕조의 시대가 시작되었다.

알리의 아들 후세인Hussein, 626~680은 폭압의 시대에 저항하기로 했다. 칼리프의 시대에 무슬림 중에는 무함마드가 단순한 예언자가 아니라 신적 존재라고 믿는 사람이 많았다. 이 믿음의 중심에 알리가 있었고 알리가 죽은 후에는 후세인에게 넘어갔다. 후세인은 불의에 대한 저항을 선언하고 그의 추종자 72명을 이끌고 메디나로 향했다. 그들을 진압하기 위해 출동한 우마이야의 군대는 4만 명이었다.

후세인과 72명이 죽은 후 알리를 계승하고자 하는 무슬림들이 들불처럼 일어났다. 그들은 알리를 정통으로 삼고 다른 칼리프를 배척했으며, 이맘Imām을 일종의 성직자로 숭배하고 추종했다(수니파에서 이맘은 선창하는 자로서 누구나 할 수 있는, 예배에서 역할을 맡은 사람을 말한다). 이들은 시아파라 불렸으며 우마이야 왕조에서 차별당하고 억압받는 자들의 희망이 되었다.

후세인이 죽고 70년 뒤, 차별받던 동쪽 세력들, 특히 페르시아계 아바스인들과 시아파들이 손을 잡고 우마이야 왕조를 무너뜨렸다. 우마이야인들은 무참히 죽임을 당했고 일부만 도망쳐 이베리아 반도(현재의 스페인)에 후우마이야 왕조를 세웠다. 그런데 아바스인들은 막상 권력을 잡자 우마이야 왕조가 한 통치 행위를 그대로 따라 했다. 시아파는 박해를 받았고 그들은 진정한 무슬림은 자신들이라며 이집트로 탈출해 파티마 왕조를 세웠다. 아바스 왕조가 세워진 후, 사람들은 칼리프에 정통을 두고 왕조 체제를 인정하는 이들을 수니파라고 불렀다. 이로써 수니파와 시아파가 정립되었으며, 그 갈등은 오늘까지 이어지고 있다.

칼리프의 시대

이슬람 문명의 근원은
과학

　　"언니, 동이 틀 때까지 언니가 알고 있는 그 많은 재미난 이야기 중 하나를 들려주세요. 이런 즐거운 시간을 가지는 것도 이번이 마지막일 테니까요."

　"폐하, 제 동생의 청을 들어주는 것을 허락해주시겠습니까?"

　"기꺼이 들어주겠소."

　셰에라자드Scheherazade는 이야기를 시작했다.

　"폐하, 옛날에 큰 재산을 가진 상인이 있었습니다."

　그렇게 시작한 이야기는 1001일 동안 이어졌다. 『천일야화』혹은 『아라비안나이트』라고 불리는 이슬람 문학의 최고봉은 칼리프 왕조 시대의 찬란한 문화를 반영하고 있다.

　우마이야 왕조는 거침없이 영토를 확장했다. 그들은 동쪽으로는 인더스강, 북쪽으로는 아랄해, 서쪽으로는 이베리아 반도까지 진출했다. 비잔티움 제국이 아니었다면 지중해는 이슬람 제국의 호수가 되었을 것이다. 그러나 이베리아 반도에서 프랑스 파리로 진군하던 이슬람 군대가 투르-푸아티에Tours-Poitier 전투에서 프랑크 군대에 저지당하면서 이슬람 군대의 서쪽 루트마저 막혔고 결국 유럽은 보호되었다(중동에서 유럽으로 가는 방법은 동쪽에서 들어가는 것이 가장 좋다. 서쪽으로 가려면 북아프리카를 횡단해서 지중해를 건너고 알프스 산맥을 넘어야 하기 때문이다).

우마이야 왕조가 망하고 아바스 왕조가 수립되었다. 그러나 무슬림의 유일 지도자 칼리프의 권위는 훼손되었다. 우마이야 왕조의 후손이 후우마이야 왕조를, 시아파가 파티마 왕조를 세우고 각각 칼리프라고 칭했다. 이슬람 세계는 칼리프 3명이 공존하는 다원화 사회였는데, 다행히 세 왕조가 큰 갈등 없이 지내면서 이슬람의 문화가 꽃피웠다. 세계사 연구자들이 인정하듯, 중세 인류 문화의 대표는 누가 뭐래도 이슬람 문화였다.

이슬람 문명의 근원에는 과학이 있었다. 무슬림의 5대 의무는 고백, 기도, 단식, 순례, 기부였다. 특히 기부는 기부할 뿐 그 사용에 대해 관심을 갖지 않는 것이 원칙이어서 과학자들은 엄청난 기부금으로 어떠한 간섭이나 압박도 받지 않고 자유롭게 연구할 수 있었다. 또 세상은 신이 창조한 것이어서 세상에 대한 탐구는 곧 신앙의 증거였으므로 유럽처럼 종교와 자연과학이 갈등을 빚지도 않았다.

이슬람 과학은 천문학, 화학 등에서 눈부시게 발달했다. 그들의 업적은 실크로드를 따라 동쪽으로 가서 중국과 동아시아의 과학 발달에 큰 영향을 미쳤다. 몽골군의 화약과 무기나 조선 세종의 과학은 모두 이슬람의 공헌이 컸다. 단지 이를 거부한 유럽은 낙후할 수밖에 없었다. 이슬람 과학자의 이미지가 유럽에서 마법사의 이미지(매부리코, 뾰족 모자, 검은 연기, 망토 등)로 변한 것이 이를 상징한다. 유럽에서는 중세 말기까지 과학이 마법과 혼동되고 과학자가 마법사나 마녀로 몰려 화형을 당했다.

이슬람 문명의 근원에는 과학이 있었고, 이슬람 과학은 천문학과 화학 등에서 눈부시게 발달했다. 이슬람의 화학자이며 연금술사로 불리는 자비르 이븐 하이얀 Jābir ibn Ḥayyān.

천문학의 발달은 원양 항해를 가능하게 했고, 이슬람 상인들은 배를 타고 지중해, 인도양, 서태평양을 누비며 유럽 일부, 아프리카, 아시아를 연결하는 거대한 해상 무역망을 구축했다. 엄청난 부가 이슬람, 그중에서도 아바스 제국의 수도 바그다드로 흘러갔다. 바그다드는 가장 화려한 도시였다.

『코란』과 하디스

바그다드에는 수많은 모험담이 넘쳐흘렀다. 사람들은 전 세계에서 들어온 다양한 물건을 즐겨 사용하면서 상인들이 이국에서 겪은 온갖 이야기를 들었다. 이런 이야기를 전문적으로 해주는 이야기꾼이 많았는데, 이들은 모험담을 각색하고 대대로 전승해 찬란한 이슬람 문학을 꽃피우는 밑거름이 되었다.

가장 유명한 이야기가 신드바드Sindbad라는 상인의 모험 이야기였다. 신드바드는 목숨을 걸고 인도양과 서태평양을 항해하며 기이한 모험을 겪었다.

오랫동안 바다를 떠돌던 배가 섬을 발견하고 물과 식량을 구하러 선원들이 상륙했는데, 섬이 움직이기 시작했다. 깜짝 놀라 배로 돌아와보니 섬이 아니라 거대한 고래였다. 또 미지의 육지에 상륙했는데 거대한 괴조怪鳥가 날아와 코끼리를 움켜쥐고 날아올라 둥지의 새끼들에게 던져주었다.

아마도 세계에서 가장 큰 포유류인 흰수염고래와 아프리카의 코끼리, 뉴질랜드의 모아새(지금은 멸종되었지만 3미터나 되는 유골이 발견된 거대한 새) 등을 과장해서 묘사했을 것이다. 신드바드의 모험은 칼리프 시대 바다로 나간 이슬람 상인들의 모험담을 대표했다.

이슬람 신학도 칼리프 시대에 발전했다. 울라마Ulama(학자)는 『코란』과 무함마드와 관련된 일화와 경구(하디스Hadīth) 등을 정리하고 해석해 하나님의 뜻을 알고 실천하도록 이슬람 신학과 계율을 완성해나갔다. 울라마는 현대까지도 사람들의 존경 속에 다양한 역할을 부여받으며 무슬림 공동체에서 중요한 권력을 형성한다.

철학자들은 『코란』의 사상적 측면을 연구했다. 이들은 아리스토텔레스를 수용해 근원적 진리를 탐구하려고 했다. 즉, 『코란』 이전의, 혹은 『코란』 내면의 본질적 세상의 원리를 탐구하고 이를 밝히려고 했다. 이는 무함마드의 계시를 넘어선 신의 진리를 탐구하는 일이었고,

울라마는 『코란』과 무함마드와 관련된 일화와 경구 등을 정리하고 해석해 하나님의 뜻을 알고 실천하도록 이슬람 신학과 계율을 완성해나갔다. 도서관에서 학문을 연구하고 있는 이슬람 학자들.

심지어 『코란』을 수정할 수도 있었다. 당연히 철학자들은 울라마와 충돌하기도 했다.

수피는 영적인 세계를 경험하고 알고자 하는 사람들이다. 이들은 수행과 고행을 하며 영적인 체험을 하고 그 힘을 통해 기적을 보이는 존재들이다. 가령 라비아Ravia, 718~801는 노예였고 아마도 글을 몰랐을 가능성이 높지만 기도할 때 몸에서 빛이 났고 하룻밤에 시 40편을 짓기도 했다. 보통 이슬람 사회는 여성을 차별한다고 생각하지만 라비아는 살아서도 숭배받았고 죽은 뒤에도 가장 유력한 수피로 숭배받았다.

이슬람의 정신세계는 울라마, 철학자, 수피가 서로 갈등하고 영향을 주며 발전했다. 이들은 오직 대중의 존경과 연대 속에 지위를 부여받고 제자를 양성해 학파나 교단을 만들고 번창하거나 쇠퇴했다. 이러한 이슬람 특유의 지식인 양성 체제는 오늘날까지 무슬림 공동체 내에 살아 있으며 큰 영향을 미치고 있다. 따라서 정통 이슬람을 표방하는 사회에서 공식적인 학위나 지위를 받은 자가 권위를 내세워 대중을 지배하려 든다면 그는 배척당할 수밖에 없다.

서양식 민주주의가 이슬람 사회에서 정착하기 어려운 이유 중 하나가 바로 이것이다. 예를 들어 무슬림 공동체에서 분쟁이 생기면 가장 존경받는 울라마에게 가서 판결을 요구하고, 그러면 『코란』과 하디스를 검토해 판결을 내린다. 그런데 사법고시에 합격한 판사가 와서 자격증이라는 권위에 입각해 법률에 따라 재판하면 당연히 승복하지 않는다. 무슬림 공동체의 재판이 공동체가 요구하는 판사를 찾아가는 상향식이고, 서양의 사법체제는 만들어진 체제에 따른 하향식이기 때문에 근본적으로 달랐다.

술탄의 시대

이슬람 정통 신앙으로
복귀하다

"인류 전체가 곧 무슬림이 되겠군."

미국 시카고대학 역사학자인 마셜 호지슨Marshall Hodgson, 1922~1968은 16세기 화성인이 지구를 방문한다면 이렇게 말했을 것이라고 했다. 16세기 세계는 이슬람으로 통일되는 것처럼 보였다. 그러나 그것은 정점에서 쇠퇴로 가는 시작이었다.

아프가니스탄 북부 중앙아시아 초원 지대에 튀르크족이 살았다. 이들은 중국 북부에서 강력한 세력을 형성하고 있었는데, 당나라에 토벌당하면서 점차 서쪽으로 이동했다. 튀르크족의 약탈에 시달리던 아바스 왕조는 튀르크족 일부를 노예로 사서 용병으로 부렸는데 이를 맘루크mamlūk라고 불렀다. 로마가 게르만 용병을 고용해 게르만과 싸우다 결국 멸망당한 것처럼 아바스 왕조도 같은 길을 걸었던 것이다.

튀르크족 중 셀주크라는 집단이 점차 주변 집단을 복속시키고 강대한 세력을 구축했다. 특히 알프 아르슬란Alp Arslān, 1029?~1072은 바그다드를 점령해 이슬람 세계의 지배자가 되었고, 비잔티움 제국을 공격해 황제 로마노스 4세를 사로잡아 기독교 세계에 큰 충격을 주었다(아르슬란은 사자라는 뜻이며 셀주크의 가장 위대한 술탄의 이름이었고 서양 세계에도 널리 알려졌다. 『나니아 연대기』의 사자왕 아슬란은 이 이름에서 유래했다).

그러나 튀르크족은 샤머니즘을 믿었다. 그들은 편의상 이슬람을 받아들였지만 독실한 무슬림과는 거리가 있었다. 그래서 이슬람의 지배자 칼리프를 계승하지 않고 바그다드의 아바스 왕조를 형식적으로 존속시켰다. 그 대신 그들의 지배자를 술탄이라고 불렀다. 술탄은 칼리프에게서 '권력을 위임받은 자'라는 의미다. 이슬람 세계에서 칼리프는 하나지만, 술탄은 다수가 공존할 수 있었다. 이제 이슬람 세계는 술탄의 시대가 열린 것이다.

그러나 술탄의 시대는 안팎으로 중대한 도전을 받았다. 이슬람의 교리는 신앙이 부족해지면 각종 재앙이 생기고 전쟁에서 패배한다는 것이다. 튀르크족의 침략과 아바스 왕조 말기의 물질적 쾌락은 신앙이 부족해진 징조였다. 이에 시아파의 하산 이븐 알 사바Hasan Ibn al-Sabah라는 자가 알라무트Alamūt(독수리 둥지라는 뜻)에 요새를 만들고 전문 암살 집단 아사신Assassin을 양성했다. 아사신은 '근본'이라는 의미의 아사스에서 유래한 말로 이슬람 정통 신앙으로 복귀하기 위한 운동 조직을 의미했다.

이들의 목적은 타락한 이슬람 지도자를 암살하는 것이었다. 이들은 암살 대상자에게 접근하기 위해 시간과 노력을 마다하지 않았다.

튀르크족은 그들의 지배자를 술탄이라고 불렀다. 술탄은 칼리프에게서 '권력을 위임받은 자'라는 의미다. 사실상 최초의 술탄으로 불리는 마흐무드.

때로는 아내, 때로는 양자나 양녀, 때로는 가장 신뢰하는 측근이 되었다. 아사신이 자신들의 암살을 대대적으로 선전하면서 모방범죄가 일어났는데, 아사신은 그것도 자신들의 소행이라고 주장했다. 이로써 아사신은 모든 살인의 대명사가 되었고, 이들의 존재는 더욱 오리무중이 되었고 이슬람 사회는 혼란스러워졌다.

그때 십자군이 침략해왔다. 칼리프는 3명(아바스, 파티마, 후우마이야)이나 존재하고, 그 안에서 또 튀르크족이 술탄 왕국을 건설해 사분오열된 이슬람 사회, 게다가 아사신이라는 암살 집단이 무차별 테러를 저지르는 속에서 '기사'라는 잔인하기 그지없는 전문적인 학살 집단이 쳐들어왔다. 십자군은 파티마 왕조를 돕는 척하며 아바스 왕조를 공격하고, 아바스 왕조가 패배하면 이번에는 파티마 왕조를 공격하는 등 이슬람의 분열을 십분 활용해 중동 지방을 유린했다.

십자군은 현재의 중동 지방, 특히 지중해 동안 지방(이스라엘, 시리아, 요르단 일대)에서 주로 활동했기 때문에 대부분의 이슬람 지역은 영향을 받지 않았다. 그런데 십자군이 예루살렘 왕국을 건설하고 정착을 시도하며 주변 지역을 약탈했다. 십자군의 원칙은 이교도는 모두 죽여야 한다는 것이어서 이슬람뿐만 아니라 유대인까지 죽었다. 개종의 기회조차 주지 않는 학살자들의 정착 시도는 이슬람 세계를 자극했다. 결국 무슬림은 살라딘Saladin, 1138~1193을 지도자로 삼고 지하드를 선포하고 십자군을 몰아냈다. 그들은 개종의 기회를 준 "한 손에 칼, 한 손에 『코란』"이 훨씬 자비롭다고 생각했을 것이다.

원래는 "한 손에 『코란』, 한 손에 지즈야"였다. 지즈야jizyah는 인두세로 비무슬림이 내는 세금이었다. 십자군전쟁 당시 이슬람 군대는 십자군 포로를 인질로 잡고 송환의 대가로 거액의 돈을 요구했다. 그러나 돈을 지불할 가족이 없는 포로들은 노예로 평생을 이곳에서 살아야 했다. 이들은 차라리 죽기를 원했는데 "한 손에 칼, 한 손에 『코란』", 즉 죽음과 개종 중 하나를 택하도록 했다. 그러자 많은 기독인이 순교를 택했다.

이슬람 세계의 중심 가치는 '공존'

십자군전쟁이 끝나자 이번에는 몽골군이 쳐들어왔다. 몽골군은 누구도 저항할 수 없었다. 심지어 아사신마저 요즘말로 탈탈 털렸다. 그런데 몽골군은 십자군과 달랐다. 그들은 기꺼이 이슬람으로 개종했다. 몽골의 지배를 받았지만 지배자가 무슬림이었기 때문에 지배를 받는지 아닌지 모호한 상태가 되어버렸다. 그리고 이슬람 세계는 몽골의 거대한 동서 교역망의 최대 수혜자가 되었다.

이슬람 상인은 유라시아 대륙 전체로 퍼졌다. 중국의 알라딘은 램프의 주인공 지니와 관련된 신비한 이야기의 주인공이 되었다. 그리고 몽골의 대원大元 제국이 멸망한 뒤 이슬람은 새로운 세계의 지배자가 되었다. 인도에는 무굴 제국이, 이란에는 사파비 왕조가, 중동과 북아프리카와 과거 비잔티움 제국이 있던 동유럽에는 오스만 제국이 들어섰다. 사하라 사막 이남 아프리카에는 말리 왕국이, 동남아시아에서 인도네시아 지역까지 이슬람의 여러 소국이 생겨났다. 아메리카와 서유럽, 중국을 제외한 세계가 모두 이슬람이었다.

16세기 이슬람 세계의 중심 가치는 '공존'이었다. 오스만튀르크에는 밀레트Millett라는 제도가 있었다. 각각의 종교 공동체가 자신들의 율법에 따라 자치하는 제도였다. 이슬람 공동체는 이슬람 율법에 따라, 그리스 정교회는 정교회 율법에 따라, 아르메니아 기독교(단성론單性論을 따르는 기독교 교파로, 아르메니아는 330년에 최초로 기독교를 국교로 선포했다)는 기독교 율법에 따라, 유대인은 유대 율법에 따라 자신들의 공동체를 운영했다. 자신이 믿는 신앙의 교리와 법에 따라 지배자의 종교에서 일정 부분 자유롭게 살아갈 수 있다는 것은 중세 시대에 보기 드문 일이었다.

인도의 무굴 제국은 이슬람과 힌두의 융합과 공존을 꾀했다. 지즈야만 내면 힌두교를 믿을 수 있었는데 지즈야의 세율이 아주 낮았다. 또 아랍의 이슬람 문화와 인도의 현지 문화를 융합하려고 노력했다. 페르시아의 세밀화와 힌두의 종교화를 융합해 무굴 세밀화를 완성시

이슬람 공동체와 그리스 정교회와 아르메니아 기독교와 유대인은 각각의 종교 공동체를 자신들의 율법에 따라 운영했다. 인도의 대표적 이슬람 건축물인 타지마할.

켰고, 이슬람의 아라베스크 무늬에 연꽃 무늬를 가미시키고, 이슬람의 창에 힌두의 격자를 끼워 장식한 타지마할은 인도와 이슬람 융합 건축물의 대명사가 되었다. 우르드어는 이슬람을 믿는 튀르크족과 힌두교를 믿는 인도인의 언어적 소통을 위해 창시되었다.

 종교적 열정과 아시아·아프리카·유럽을 아우르는 공존과 융합의 문화, 정치인의 헌신과 과학자의 창의는 외부의 끊임없는 침략과 전쟁에도 이슬람 사회에 최고의 문명을 꽃피워냈다. 인류는 행복했고 물질은 풍요로웠고 문명은 번창했다. 그러나 이제 이슬람이 꽃피운 중세 문명의 황금기는 종말로 향하고 있었다. 이제 이슬람 세계는 침략과 분열과 굴욕과 학살의 시대로 고통스러운 발길을 내딛기 시작했다.

근대의 격랑 속에서

이슬람 세계의
분열

1924년 4월 23일, 터키공화국 초대 대통령 케말 파샤Kemal Pasha, 1881~1938는 오스만튀르크의 칼리프직 승계를 포기한다고 선언했다. 이로써 무함마드가 죽은 632년 1대 칼리프 아부 바크르가 선출된 이래 1292년 동안 이어져오던 칼리프, 즉 이슬람 세계 유일 지배자 제도가 폐지되었다. 교황제가 폐지되고 더는 교황이 선출되지 않는다면 가톨릭은 어떻게 될까? 또 가톨릭 신도들은 어떻게 할까? 우리는 칼리프 폐지가 이슬람 세계에 던진 충격과 후폭풍에 대해 잘 모른다.

비잔티움 제국이 쇠퇴하고 이슬람 세계가 침략에 시달리던 중세 말기 비잔티움 제국과 이슬람 세계 사이에 해당하는 소아시아 지방, 즉 아나톨리아 반도에 거대한 통치의 공백 지대가 생겨났다. 이 지역

메메트 2세는 콘스탄티노플을 함락시키고 비잔티움 제국을 정복해 무함마드의 예언대로 이
슬람 세계의 지배자로 우뚝 섰다. 콘스탄티노플에 입성하는 메메트 2세.

에는 이슬람의 소수파나 이단으로 탄압받는 자들이 몰려들었는데, 그중에 오스만튀르크족도 있었다. 오스만튀르크족은 주변 지역을 정복하면서 점점 강력한 국가로 발전했다.

메메트 2세Mehmet Ⅱ, 1432~1481는 1453년 콘스탄티노플을 함락시키고 비잔티움 제국을 정복해 무함마드의 예언대로 이슬람 세계의 지배자로 우뚝 섰다. 즉, 무함마드는 "이슬람의 최후 승리는 콘스탄티노플을 손에 넣을 때"라고 말했다. 이어 셀림 1세Selim I, 1470~1520가 칼리프직을 계승함으로써 오스만튀르크는 이슬람의 유일 지배국가의 명예를 획득했다. 오스만튀르크는 한때 지중해의 제해권制海權을 장악하고 동유럽을 지배하면서 서유럽을 궁지에 몰아넣기도 했다.

그러나 이슬람 세계는 서서히 유럽인들에게 밀리기 시작했다. 유럽의 무역상은 아메리카에서 채굴한 금과 은으로 이슬람 세계에서 공업 원료를 사들였다. 유럽 경제는 중상주의에 입각해 국가가 엄격하게 통제했지만 이슬람은 자유 시장 경제였다. 유럽으로 원료가 빠져나가면서 이슬람 공업에 필요한 원료가 부족해졌다. 공업이 쇠퇴하면서 상품 생산이 감소했고 부족한 상품은 유럽에서 수입으로 대체했다. 유럽 무역상은 물건을 판 돈으로 다시 원료를 사들였다. 이슬람은 경제 불황의 악순환에 빠져들었다.

재앙은 무굴 제국에 먼저 찾아왔다. 아우랑제브Aurangzēb, 1618~1707라는 술탄이 있었다. 독실한 무슬림인 그는 선대 술탄의 공존 정책을 참을 수 없었다. 그는 아버지 술탄을 배교자로 몰아 폐위시키고 감옥에 가두었다. 그리고 힌두교인에게 가혹한 지즈야를 물렸다. 힌두교인들이 반란을 일으켰고 인도는 수많은 힌두 소국으로 분열되었으며 무굴 제국의 통치력은 점점 약화되었다.

아우랑제브는 선대 술탄의 공존 정책을 폐지하고 힌두교인들에게 가혹한 지즈야를 물렸다. 결국 인도는 수많은 힌두 소국으로 분열되었다.

이때 영국 동인도회사가 각각의 힌두 소국에 접근해 무역 조건을 협상했다. 왕국 내에서 후계 다툼이 생기면 동인도회사는 유력한 후계자에게 자금과 무기를 지원하는 대신 동인도회사에 유리한 무역 조약을 체결했다. 그리고 동인도회사에 유리한 무역 조건을 거부하면 그의 영향하에 있는 왕국에 침략을 종용했다. 동인도회사의 자금과 무기를 지원받은 왕국은 이웃나라를 정복하고 또 유리한 무역 조건을 허락했다. 점점 힌두 왕국은 동인도회사의 꼭두각시가 되었고 영국의 지배하에 들어갔다.

오스만튀르크 역시 19세기에 눈에 띄게 국력이 약화되었다. 밀레트 제도는 경제 불황과 정치 혼란 속에서 무력화되었고, 유럽의 경제 침략에 칼리프의 무기력이 드러나면서 여러 지역이 이탈해 영토와 국력이 점점 쪼그라들었다.

이에 서구적 개혁을 주장하는 근대화 세력이 성장했다. 이들은 의회를 설치하고 근대적 법체계와 행정제도를 갖춘 국가를 만들고자 했다. 그러나 이는 이슬람 율법에 따라 분권적으로 살아가던 무슬림에게 억압으로 받아들여졌다. 지배층인 오스만튀르크족의 강력한 통치는 여러 이민족에게 그동안의 민족 공존 정책을 포기한 것으로 받아들여졌다. 근대화 정책을 시행하면 할수록 오스만튀르크와 이슬람 세계의 분열은 가속화되었다.

탄지마트Tanzimat라는 온건한 서구적 개혁 정책이 실패하자, 청년 튀르크당이라는 강력한 독재정권이 등장해 서구적 개혁 정책을 강요했다. 하지만 독재가 강화될수록 민중과 민족의 반발도 커졌다. 정치적으로 궁지에 몰린 청년 튀르크당이 국민의 시선을 외부로 돌리고자 제1차 세계대전에 독일의 동맹으로 참전했지만 이는 종말을 재촉할 뿐이었다. 영국 등 반독일 연합군은 오스만튀르크의 지배에서 벗어나고자 하는 여러 민족에게 독립을 조건으로 오스만튀르크에 대한 반역을 선동했다.

이때 맹활약한 영국군 첩보원이 토머스 에드워드 로렌스Thomas Edward Lawrence, 1888~1935 대위였다. 그는 전설적 영웅이 되었고 1962년 〈아라비아의 로렌스〉라는 영화를 통해 세계적으로 알려졌다. 한편 로렌스 대위보다 덜 알려졌지만 정치적으로는 더 큰 영향을 발휘한 여성이 있었다. 바로 거트루드 벨Gertrude Bell, 1868~1926이다. 그녀는 전후 중동의 독립국가 수립의 막후 공작을 벌인 고급 정치 공작원이었으며, 그녀의 생애는 2015년 〈퀸 오브 데저트〉로 영화화되었다. 결국 오스만튀르크는 연합군에 괴멸적 패전을 당하고 말았다.

IS 탄생의
배경

　　패전국으로 영토의 대부분을 상실한 오스만튀르크는 케말 파샤를 지도자로 이전의 이슬람과 단절한 새로운 서양식 공화국을 건설하기로 했다. 그와 그의 추종자들은 군사적 요충지인 앙카라에서 기습적으로 터키공화국을 선포하고 칼리프를 폐지하는 등 이슬람과 단절했다. 오스만튀르크의 과거 영역은 수많은 식민지와 독립국가로 분할되었다.

　　그러나 새롭게 등장한 독립국가는 대개 민중의 편이 아니었다. 이란의 팔레비Pahlevi, 1878~1944 국왕은 석유를 유럽에 팔고 그 이윤을 독차지했다. 사우디아라비아 왕국 역시 정권을 미국이 보호하는 대가로 석유에 대한 이권을 미국에 넘겼다. 이라크의 파이살Faisal, 1885~1933 국왕은 영국의 도움으로 국가를 수립할 수 있었는데 그 대가로 영국에 석유 이권을 거의 공짜로 넘겨주었다.

　　제2차 세계대전 이후 식민지들이 독립하고 이권을 서양에 넘긴 아랍 정권들도 차례로 무너졌다. 그러나 새롭게 정권을 차지한 민족적 근대화 정권들은 각종 이권과 관련해 미국이나 영국 등과 충돌했다. 이집트의 가말 압델 나세르Gamal Abdel Nasser, 1918~1970가 수에즈 운하를 국유화하고, 이라크 등에서 석유가 국유화되었다. 이에 영국 등이 정권을 전복시키려 압박했고, 이스라엘이 적극 도우면서 중동전쟁이 일어났다. 반영·반미적 아랍 정권은 소련의 원조를 받아 이스라엘을 몰아내려 했고 영국 등 자유 진영은 이스라엘을 도왔다.

　　그러나 친소 정권이든 친미 정권이든 모두 서구적 근대화 세력

무슬림들에게 친소 정권이나 친미 정권은 모두 서구적 근대화 세력이었기 때문에 적이었다. 이들은 이슬람의 정통으로 돌아가고자 했다. 미국과 동맹을 맺은 세력인 알 카에다의 수장인 오사마 빈 라덴(왼쪽).

이었고 이슬람 공동체를 지키려고 하는 무슬림들에게는 적이었다. 1980년대, 이슬람의 정통을 회복하려는 세력들이 독재정권과 맞서 싸웠다. 아프가니스탄에서는 무슬림 전사들이 미국의 지원을 받아 친소 정권과 싸웠는데, 이때 미국과 동맹을 맺은 세력 중 하나가 알 카에다였다. 레바논, 팔레스타인, 리비아, 시리아 등에서 친소 정권과 혹은 친미 정권과 싸운 이들은 모두 이슬람의 정통으로 돌아가고자 하는 세력들이었다.

물론 이들은 수니파, 시아파, 수피즘 등 다양한 분파로 나뉘어 있었다. 아사신식 테러를 일삼는 세력이 정확히 어느 단체인지 알 수 없었다. 이들은 다양한 사상을 갖고 있지만 그때그때 목적에 따라 자발적으로 참가했기 때문이다. 이들은 특정 단체 소속이 아니라 누군가가 공간을 만들어주면 자발적으로 참여하기 때문에 소위 지도자를 제거한다고 해서 그들의 세력이 약화되거나 사라지지 않았다. 그리고 그들의 투쟁은 오늘날까지 이어지고 있다.

근대화 세력은 이슬람 공동체 움마를 통해 자급자족하고 울라마의 율법에 따른 재판을 원하는 무슬림들의 지지를 얻을 수 없었다. 그들은 필연적으로 독재정치에 빠졌고, 그 독재정치는 서양 세계의 지원에 의존했다. 그러나 독재정치는 서유럽의 민주와 인권에 위배되는 것이고, 근대화 세력이 추구하는 서구문명과도 모순되는 것이었다. 결국 미국과 원만한 관계를 맺지 못한 정권, 즉 이라크, 리비아, 시리아, 이집트 등은 무너질 수밖에 없었다.

그러나 독재정권의 붕괴는 서구적 근대화 세력의 붕괴를 의미했다. 그리고 새롭게 권력을 잡은 세력은 이슬람 정통 세력들, 즉 움마와 울라마를 강조하는 세력들이었다. 이들은 이슬람 신앙을 강조하고 『코란』의 근원적 가르침으로 돌아가려 했다. 여자는 히잡을 쓰고 사회활동을 금지당했으며 명예살인을 당했다. 그것은 미국과 유럽의 인권과 자유의 가치를 위배하는 것이었고, 결국 미국이 개입해서 이슬람 정통 세력들을 타도했다.

그렇게 생긴 빈자리에 또다시 근대화 세력을 주축으로 한 정권이 들어섰지만 선거 때마다 무너졌고, 결국 선거를 무시한 독재정권이 들어섰다. 이슬람 세계의 악순환은 미국과 유럽의 개입 속에서 진행되었고, 일부 무슬림은 강한 반미·반서양의 입장에 섰다. 그들은 미국에 맞서기 위해 이슬람 세력의 강력한 단결을 희망했고, 그 희망의 목표에는 이슬람 유일 지배자, 즉 칼리프의 부활도 포함되어 있었다.

그것이 바로 IS 탄생의 배경이다.

1950년대 이집트의 나세르 혁명부터 최근까지 70년 이상 이어지고 있는 이슬람의 악순환은 해결 기미가 보이지 않고 있다. 지금도 시리아, 이라크, 리비아, 아프가니스탄에서 내전과 학살의 고통이 이어지고 있다. 인류 사회는 테러를 규탄하고 인권과 평화를 호소하고 있지만, 이슬람 사회에서는 다수결이라는 최소한의 민주적 가치조차 지켜지지 못하고 있다.

이슬람 사회의 고통과 비극은 21세기 인류에게 다원화와 다문화에 대한 진지한 고민과 성찰을 요구하고 있다. 다원화는 가치의 다원화이자 사상의 다원화다. 그러나 가치가 다른 것과 틀린 것을 구분하는 것은 매우 어려운 일이다. 무슬림 여성에 대한 억압을 문화의 차이로 인식하는 것이 가능할까? 우리가 서양 중심 역사관에서 벗어나 세계의 다양한 역사를 돌아보고 다양한 가치에 대해 생각하지 않는 한 이 문제는 결코 풀리지 않을 것이다.

제
6
장

일본의 정체성

일본의
시작

국가의 정체성을
형성하다

　　　　　　　하늘의 태양신 아마테라스 오미카미天照大神와 하계의 신 스사노오노 미코토素戔嗚尊가 있었다. 스사노오노의 후손 오쿠니누시노 가미大國主神가 나라를 건설했는데, 아마테라스가 그 나라를 빼앗아 자신의 손자 호노니니기노 미코토番能邇邇藝命에게 주었다. 호노니니기노는 야마사치히코山幸彦를 낳고 야마사치히코는 우가야후키아에즈鸕鶿草葺不合를 낳고, 우가야후키아에즈는 간야마토이와레비코神日本磐余彦를 낳았다. 간야마토이와레비코가 바로 일본 제1대 천황 진무神武이며, 기원전 660년 일본을 건국했다. 이후 일본은 대대로 천황이 다스리는 태양신의 나라, 즉 신국神國의 전통을 이어왔다. 현재 일본 천황은 126대 레이와令和 천황이며 만세일계萬世一系, 즉 한 번도 왕조 교체가 이루어지지 않은 역사상 유일무이한 국가로서 일본인들은 이에 대해 강한 자부심을 갖고 있다.

그러나 일본인들의 자부심이나 믿음과 달리 역사학계에서는 일본의 기원전 660년 건국을 부정하고 있다. 기원전 200~300년 무렵 청동기를 토대로 한 100여 개의 소국 시대에서 일본 국가의 역사를 설명한다. 그리고 기원후 3세기에 거대한 일본식 무덤인 전방후원분이 나타나는 시대를 고고학적으로 '고분 시대'라고 하는데 이때부터 대규모 권력 집단이 출현했을 것으로 보고 있다. 전방후원분은 무덤 형태가 앞은 네모, 뒤는 원형이고 무덤 주위를 일본식 토기로 둘러싸고 있는 형태로 일본 서부에서 한반도 남부까지 분포하고 있다. 이 중 가장 거대한 무덤은 소위 닌토쿠仁德 천황릉으로 둘레가 480미터나 되며 3중 해자로 둘러싸여 있다.

그러나 고분 시대도 천황이라는 호칭을 붙일 정도의 지배자가 다스리는 국가는 존재하지 않았을 것이다. 243년 야마타이국의 여왕 히미코卑彌呼, ?~247가 중국에 사신을 보내 '친위왜왕親魏倭王'이라는 호칭을 받았다. 야마타이국은 구니國와 전쟁 중이었고 히미코 사후에 이요壹與라는 여왕이 즉위했다. 이를 통해 일본은 고분 시대에도 소국들이 난립하고 있었고, 야마타이국처럼 무녀巫女가 다스리는 제정일치 사회였음을 알 수 있다.

일본은 5세기부터 서서히 통일 국가로 성장했다. 이 시기부터 『일본서기』의 왕과 중국 기록에 등장하는 왜왕들이 일치하기 때문이다. 칠지도七支刀를 통해 알 수 있듯이 일본은 백제 등 한반도와 대륙의 영향 속에 선진 문물을 수용하고 주변 소국들을 통합하며 강력한 국가로 발전하고 있었다.

중국의 남북조가 수나라로 통일되고 한반도의 삼국 간 경쟁이 절

일본은 기원전 200~300년 무렵 청동기를 토대로 한 100여 개의 소국 시대에서 시작되었다. 3세기 일본식 무덤인 전방후원분을 대표하는 닌토쿠 천황릉.

정에 달할 무렵인 593년 쇼토쿠聖德 태자가 섭정으로 일본을 다스리기 시작했다. 일본의 고대국가 체제는 이때부터 완성 단계로 나아가는데, 이 시대를 아스카 시대(592~710년)라고 한다. 아스카 시대는 불교와 율령을 토대로 '일본'이라는 국가의 정체성을 형성한 시대다.

아스카 시대 일본에 가장 큰 영향을 준 집단은 '도래인'이라 불리는 한반도에서 건너온 사람들이다. 일본에서는 도래인을 일종의 망명객으로 보는데, 삼국통일 전쟁의 혼란을 피해 평화를 찾아 일본에 정착한 사람들이라고 보는 것이다. 이는 백제 등이 일본에 선진 문명을 전파했다는 한국의 시각과 다르다. 전파와 귀부歸附(스스로 와서 복종함)는 상당히 다른 의미이므로 한일 고대사의 가장 큰 쟁점이라 할 수 있다.

아스카 시대 일본은 눈부시게 발전했지만 아직 정체성이 명확하지 않았다. 대륙의 영향을 많이 받았고 백제계와 신라계 등 도래인들의 정치적 영향력도 매우 컸다. 일본이 자랑하는 국보 고류사廣隆寺의 목조 미륵보살 반가사유상은 신라에서 들여온 불상인데 쇼토쿠 태자가 누가 이 불상을 받들 것인지를 물었고, 이에 교토의 신라인 집단을 대표하는 하타 가와가쓰秦河勝가 받들어 고류사를 창건해 모신 것이다. 그런 형편이었으므로 한반도에서 삼국이 통일되자 일본은 격동할 수밖에 없었다.

귀족의
절대 권력

일본은 통일신라의 침공이 두려워 수도를 나라奈良의 헤이조쿄平城京로 옮기는 한편 한반도와 단절하고 당나라와 직접 연결해 문물을 발전시키는 데 주력한다. 이것이 나라 시대(710~794년)의 개막이다. 이때부터 일본이라는 국호를 쓰고 왕호를 천황으로 바꾸고 그들의 역사서인 『일본서기』를 편찬했다. 또 일본 열도의 동부 지방인 지금의 도쿄 일대까지 영토를 확대했다.

7세기까지 한반도 남부와 일본 서부는 뚜렷이 구별되는 문화권이 아니었다. 일본인들이 한반도 남부에 정착해 살았고 한반도인이 일본 서부에 정착해 살았다. 전남 지방의 전방후원분과 일본의 백제식 고분 등이 이를 증명한다. 그러나 나라 시대 일본은 한반도와의 단절을

헤이안 시대에는 왕권이 약화된 반면 귀족 세력이 강력해졌다. 이때부터 약 1,000년 동안 귀족이 나라를 다스렸다. 교토 사쿄구에 있는 헤이안 신궁.

꾀했고 이로써 일본이라는 정체성이 명확해졌다. 나라 시대는 결국 일본이 탄생한 시대인 것이다.

헤이조쿄는 나라 시대 일본을 상징하는 도시다. 아스카 시대까지 일본에는 수도라는 개념이 없었다. 왕권이 불안정하고 정치가 혼란스러워 왕이 항상 거처를 옮겼기 때문이다. 그러나 당나라 장안성을 모방한 헤이조쿄가 건설되면서 중심 도시가 생겼고 권력의 중심이 확고해졌다. 그리고 일본은 점점 '일본'에 집중하기 시작했다.

781년 간무桓武 천황이 헤이안쿄平安京로 천도하면서 나라 시대가 저물고 헤이안 시대(794~1185년)가 시작되었다. 천도의 배경은 왕권이 약해졌기 때문인데, 이는 헤이안 시대 더욱 심해졌다. 왕권을 약화시킨 주범은 강력한 귀족 세력, 특히 외척이었다. 대표적 외척은 후지와라藤原 가문으로 이들은 남가南家, 북가北家, 식가式家, 경가京家로 나뉘어 치열한 권력 투쟁을 벌였는데 최후의 승자인 북가가 이후 헤이안 시대를 주도했다.

이전 시대에 섭정은 쇼토쿠 태자처럼 왕족이 했지만 헤이안 시대부터 섭정은 후지와라 가문, 즉 귀족이 맡으면서 결정적으로 권력이 귀족에게 넘어갔다. 섭정의 명칭은 간바쿠關白, 쇼군將軍 등 다양한데 일본은 헤이안 시대부터 에도江戶 막부가 멸망하는 19세기까지 거의 1,000년 동안 섭정이 다스렸다. 이 속에서 천황은 권력은 없지만 권력의 정당성을 부여하는 정신적 존재로서 아라히토가미現人神(살아 있는 신)의 이미지를 구축했다. 국가의 토지 지배를 의미하는 공지공민제公地公民制가 무너지고 장원제가 유행하면서 정치경제적으로 서양의 중세 사회 같은 모습이 되었다.

귀족인 후지와라 가문이 권력을 잡았으므로 도전하는 세력도 많았다. 천황 가문이나 미나모토源 가문 등이 권력에 도전했고, 심지어 후지와라 가문 내부의 권력 투쟁도 있었다. 이 싸움의 승자는 11세기 후지와라 미치나가藤原道長, 966~1028였는데, 그는 천황을 자기 집 행사에 불러들일 정도의 절대 권력을 행사했다.

그러나 헤이안 시대는 당나라와의 교류마저 단절되면서 일본의 고립이 심화된 시기였다. 이에 일본은 가나 문자를 완성하고 철저하게 일본풍을 고집하는 국풍國風 문화가 발전했다. 일본은 문자, 역사, 종교, 정치를 발전시켜 그들의 세계를 구축해나간 것이다.

막부 시대와
혼란

쇼군의 시대가
열리다

1192년 7월, 제82대 고토바後鳥羽, 1180~1239 천황은 미나모토 요리토모源賴朝, 1147~1199를 정이대장군征夷大將軍에 임명했다. 미나모토 요리토모의 근거지는 간토關東 지방의 군사적 요충지 가마쿠라鎌倉였는데, 이때부터 미나모토 가문은 일본 천황의 섭정인 쇼군으로 일본을 통치했다. 장군들은 전쟁 중에 장막을 치고 그 안에서 전쟁을 지휘했는데 이를 막부幕府라고 했다. 그런데 미나모토 요리토모가 가마쿠라에서 나라를 통치하니 막부는 곧 정부를 의미하게 되었다. 이로써 가마쿠라 막부라는 이름의 정권이 탄생했고, 이후 일본은 가마쿠라-무로마치-에도로 이어지는 700년 막부 시대를 맞이하게 된다.

장원이 발달하면서 귀족과 영주의 힘이 강해졌고 정부는 변변한 군대도 없는 처지가 되었다. 영주들은 개인적으로 무사를 고용해 스스로 치안을 담당했고 이렇게 고용된 무사가 천황까지 호위하면서 이들의 직책명인 사무라이侍가 일종의 신분으로 정착했다. 일부 사무라이는 영주로 성장해 다른 사무라이를 고용하면서 주종 관계를 형성했고 이것이 무사도로 정착하면서 일본만의 독특한 정신세계가 만들어졌다.

유력한 권력 집단으로 성장한 사무라이 가문에는 다이라平 가문과 미나모토 가문이 있었다.

12세기 중엽 다이라와 미나모토 두 가문이 권력을 장악했는데, 미나모토 가문이 승리하고 가마쿠라 막부를 개창하면서 쇼군의 시대가 열렸다. 미나모토 요리토모.

12세기 중엽 호겐保元의 난으로 전통 귀족인 후지와라 가문이 몰락하면서 다이라와 미나모토 두 가문이 권력을 장악했다. 미나모토 가문이 다이라 가문에 도전하면서 최후의 승자를 위한 전쟁에 돌입했다. 이 전쟁에서 미나모토 가문이 승리하면서 미나모토 요리토모가 쇼군으로 가마쿠라 막부를 개창해 쇼군의 시대가 개막된 것이다.

천황의 권력은 헤이안 시대 내내 약화되었지만, 그렇다고 완전히 손을 놓고 있었던 것은 아니다. 일본 불교는 무장한 승려 집단을 거느린 군사 세력이기도 했다. 대표적인 것이 교토京都의 유명한 사찰인 엔랴쿠사延曆寺로 이들이 보유한 군사력은 권력에 위협이 될 정도여서 시라카와白河 천황은 아무리 노력해도 엔랴쿠사만은 뜻대로 할 수 없다고 개탄할 정도였다. 그래서 종종 천황은 어린 아들에게 왕위를 넘겨주고 자신은 상왕이 되거나 출가해 법왕이 되어 불교의 무장 세력을 등에 업고 자유롭게 정치를 배후 조정하기도 했다. 이를 원정院政이라고 하는데, 헤이안 시대 후기부터 가마쿠라 막부 초기까지 이어졌다.

이런 복잡한 정치 구조는 일본 역사 무대에 다양한 세력을 등장시켰고 하나로 권력이 집중될 수 없도록 만들었다. 가마쿠라 막부 역시 출범하자마자 쇼군의 외척인 호조北条 가문이 지켄執權이라는 섭정이 되어 실권을 장악했다. 섭정의 섭정이라는 기막힌 정치 구도는 또 다른 혼란을 야기했다. 1221년 고토바 상왕이 막부를 타도하기 위해 군대를 일으켰는데 한 달 만에 호조 가문의 군대에 패배했다(조큐의 난). 이로 인해 천황이 폐위당하고 3명의 상왕이 유배를 당했다.

이로부터 50여 년 뒤인 1274년 여몽 연합군이 쳐들어왔다. 기상 악화로 연합군은 곧 돌아갔지만 일본군은 무참히 학살당했다. 악몽 같은 전투를 겪은 일본은 대규모 전쟁 준비에 들어갔고, 7년 뒤 일어난 2차 연합군 원정은 마침 불어온 태풍 덕에 효과적으로 막을 수 있었다. 그러나 잦은 내전에 참가해 전리품으로 먹고살던 사무라이들은 장기간의 전쟁 준비와 방어 전쟁에서 막대한 경제적 손해를 입었다.

이들은 막부에 불만을 품고 저항하기 시작했는데 대표적 집단이 악당이다. 훗날 나쁜 무리라는 뜻의 일반명사가 될 정도로 유명해진 악당은 경제적으로 몰락한 무사 집단으로서 인질을 잡고 돈을 받아내기 위해 오만 가지 잔인한 짓을 저질렀다.

전국시대와
사무라이

　　막부의 힘이 약해지자 제96대 고다이고後醍醐, 1288
~1339 천황은 호조 가문 타도를 위한 무사들의 총궐기를 선동했다. 이
에 무사들이 반란을 일으켜 1333년 가마쿠라 막부를 멸망시켰다. 고
다이고 천황은 권력 강화를 위해 겐무신정建武新政이라는 개혁정치를
시도했지만 새로운 사무라이 세력의 우두머리인 아시카가 다카우지
足利尊氏, 1305~1358에 의해 폐위당했다. 고다이고 천황이 교토 남쪽 요
시노로 탈출해 새로운 정부를 세우니 일본은 교토의 북조와 요시노의
남조, 2개의 정부가 난립하는 남북조시대가 성립되었다.

　북조의 고곤光嚴 천황은 아시카가 다카우지를 새로운 쇼군에 임명
해 무로마치 막부를 열었다. 아시카가 다카우지는 교토 무로마치室町
에 있는 자신의 대저택에서 남북조의 혼란을 수습하고 권력을 안정시
키려 했지만, 오히려 동생 아시카가 다다요시足利直義, 1306~1352의 도
전을 받았다. 이제 일본은 다카우지파, 다다요시파, 남조 세 정권의 혼
란을 겪게 되었다. 이 혼란은 결국 1392년 다카우지파의 아시카가 요
시미쓰足利義滿, 1358~1408에 의해 겨우 수습되었다.

　무로마치 막부는 잠시 안정을 찾았다. 명나라와 감합무역勘合貿易
이라는 무역길이 열렸고 조선과도 계해약조癸亥條約(1443년)를 통해
무역길이 열려 경제가 안정되었기 때문이다. 그러나 반세기 정도 유
지되던 평화는 곧 무너지고 말았다. 직접적인 계기는 1467년 일어난
오닌應仁의 난이었다. 쇼군의 후계자 자리를 놓고 일어난 이 난으로
교토가 초토화되었고 쇼군의 권위가 크게 떨어졌다.

지방의 영주들은 막부에 등을 돌리고 독자적인 생존의 길을 모색했다. 그들은 성을 쌓고 사무라이들에게 영지를 지키게 하며 주민들을 위한 정치에 힘썼다. 영주들이 자치에 힘쓰면서 일본은 수십 개로 분열되었지만, 백성들은 정부의 수탈이나 내전에서 안전해져 삶이 윤택해졌다. 그렇게 만족해하는 평화로운 삶이 이어졌고 이제 일본은 없어진 것처럼 보였다. 이 시기를 전국시대(1467~1573년)라고 한다.

그러나 전국시대도 오래가지 못했다. 통제가 느슨해지자 명나라나 조선의 무역에서 문제가 생겼다. 감합무역은 명나라에서 무역 품목과 양을 허가받아 이루어지는 무역인데 명나라 관리들에게 뇌물을 바치고 물품과 양을 속이는 일이 늘어났다. 마침내 명나라 조정이 감합무역을 중지시켰다. 조선에서도 부산 왜관에서 불법적인 밀무역을 하다 적발되자 폭동을 일으켜(삼포왜란) 결국 무역이 중단되다시피 했다.

무역이 어려워지고 경제가 나빠지자 또다시 전리품이 중요해지고 사무라이들은 전쟁에 나섰다. 영지들 사이의 전쟁이 격화되자 영주는 승리를 위해 일반 농민들을 전투에 투입하기 시작했는데, 이들을 아시가루足輕라고 한다. 아시가루는 조총의 보급과 함께 전국시대 전쟁의 가장 중요한 변화의 동력이었다.

전국시대 혼란이 점점 심화되자 이를 수습하기 위해 일본을 다시 통일하자는 움직임이 일어났다. 강력한 군사력을 갖고 있는 영주가 천황과 연결해 권력의 정당성을 얻고 새로운 쇼군이 되고자 한 것이다. 그 최초의 움직임은 다케다 신겐武田信玄, 1521~1573으로 볼 수 있다. 그는 폭풍 같은 기마대로 '전쟁의 신'이라고 불렸다. 그러나 진정한 전국시대 통일의 영웅은 다케다의 기마대를 무찌른 오다 노부나가織田信長, 1534~1582였다.

사무라이의 우두머리인 쇼군이 다스리는 막부 정치는 통념과는 달리 무기력한 정권이었다. 장원과 영지로 분열된 나라에서 사무라이는 주군에 충성함으로써 분권적 지방통치를 강화시켰고 역으로 강력한 중앙정치를 불가능하게 했다. 이로써 천황과 쇼군과 지켄 누구도 우위를 점할 수 없는 분열의 정치가 심화되었고, 이것이 무력을 기반으로 하는 지배층으로 인해 더욱 일본을 혼란에 빠뜨린 것이다. 이제 일본은 사무라이가

전국시대에 무역이 어려워지고, 혼란이 점점 심화되자 일본을 다시 통일하자는 움직임이 일어났다. 그중에서 '전쟁의 신'이라고 불리는 다케다 신겐이 있었다.

없는 세상을 위한 대수술이 필요했다. 일본 역사는 사무라이가 없을 때 번영했던 것이니, 사무라이는 일본 역사 속 판타지에 지나지 않았던 것이다.

도요토미 히데요시와
도쿠가와 이에야스

전국을
통일하다

일본 중부 지방 오와리의 영주 오다 노부히데織田信
秀, 1510~1551가 전염병으로 사망했다. 오다 가문의 후계자 오다 노부
나가는 겨우 18세였다. 오다 가문은 이마가와今川 가문이나 사이토齋藤
가문과 갈등 관계에 있었기 때문에 심각한 위기 상황이었다.

그러나 오다 노부나가는 오와리의 위기에 관심이 없었다. 그는 오
와리의 영주가 아니라 일본의 쇼군이 되고자 했다. 전국시대의 다른
영주들처럼 영지를 지키는 것에 그치지 않고 적극적으로 정복 전쟁에
나섰다. 이를 위해 유능한 신하들을 모집하거나 양성하고 천황을 등
에 업고 명분을 축적했으며 쟁쟁한 중동부의 영주들을 휘하로 끌어
들였다. 도요토미 히데요시豊臣秀吉, 1537~1598, 도쿠가와 이에야스德川
家康, 1542~1616, 마에다 도시이에前田利家, 1538~1599 등 임진왜란으로

우리에게 익숙한 이름들이 이때부터 등장한다.

오다 노부나가가 강성해지자 다케다 신겐을 중심으로 반反오다 연합이 구축되었다. 교토의 유명한 승병 집단인 엔랴쿠사 세력도 여기에 가세했다. 오다 노부나가는 불교와 기마대를 일거에 격파하기 위해 기독교 세력과 접촉했다. 포르투갈 신부들에게 가톨릭 포교를 허용하는 대신 서양식 소총을 수입해서 조총이라는 신무기를 개발했다. 다케다의 기마대는 전멸했고 엔랴쿠사 세력은 쑥대밭이 되었다. 천하통일이 눈앞에 다가왔다.

1582년 6월 히메지성에서 오다 노부나가의 주력 군대를 이끌고 모리 데루모토毛利輝元, 1553~1625 등 서부의 영주들과 전쟁을 치르고 있던 도요토미 히데요시에게 긴급한 전갈이 날아왔다. "아케치 마쓰히데明智光秀, 1526~1582가 반란을 일으켰습니다. 혼노사本能寺에 있던 오다 영주께서 할복하셨습니다."

아케치는 정통 사무라이로 천한 농민에 아시가루 출신인 도요토미 히데요시가 지휘권을 잡는 것을 참지 못하고 반란을 일으킨 것이다. 다음 목표가 도요토미라는 것이 명약관화한 이상 시간을 지체할 수 없었다. 그

1590년 도요토미 히데요시는 전국을 통일한 후 영주들의 토지를 몰수하고 도로마다 검문소를 설치해 교통로를 장악함으로써 중앙 권력을 강화했다.

는 아케치가 지휘권을 장악하기 전에 격파하기로 마음먹고 즉각 모리와 휴전을 한 뒤 1,000리 가까운 길을 10일 만에 주파해 아케치군을 습격했다. 이로써 도요토미 히데요시가 권력을 잡았다.

도요토미 히데요시는 반대 세력을 차례로 멸망시키거나 신하로 흡수해 1590년 마침내 전국을 통일했다. 그는 간바쿠에 올랐고 통일을 위한 과감한 개혁 정책을 실시했다. 그에게 저항했던 영주들의 토지를 몰수해 자신의 직할지를 늘리고 도로마다 검문소를 설치해 교통로를 장악함으로써 중앙 권력을 강화했다.

토지조사를 통해 경제적 지배력을 확보하고 쌀의 생산고에 따라 영주를 봉하고(1,000석 영주, 1만 석 영주 등) 군역을 부과해 체계적인 군사 동원 체제를 만들었다. 또 농민의 경작권을 보호하고 도검刀劍 몰수령을 통해 사무라이를 약화시키고 그들의 횡포도 막았다. 바야흐로 태평성대가 도래했다.

에도 막부를
열다

도쿠가와 이에야스는 참을 수 없는 모욕에 이를 갈았다. 천하를 통일한 도요토미 히데요시는 그에게 영지를 내놓고 에도의 새로운 영지로 이주하라고 명령했다. 에도는 한때 번성한 적도 있었지만, 당시 평범한 어촌 마을이었다. 명백히 라이벌인 도쿠가와를 제거할 목적이었다. 그는 한동안 침묵하다 말했다. "새가 울지 않으면 울 때까지 기다려야 한다."

　도쿠가와 이에야스는 사무라이 집안 출신이었지만 전국시대 혹독한 시련을 겪었다. 어릴 때 아버지를 따라 전쟁터를 전전하고 심지어 인질로 끌려가기도 했지만 결국 아버지는 암살당하고 말았다. 어린 가장으로 집안을 지키기 위해 산전수전을 다 겪다가 오다 노부나가 휘하로 들어가면서 겨우 숨통을 돌렸다.

　그러나 오다 노부나가는 도쿠가와의 아들이 반역의 마음을 품고 있다며 할복을 명했다. 도쿠가와 이에야스는 피눈물을 흘리며 장남의 할복을 견뎌냈다. 오다 노부나가 암살 이후 반反도요토미 세력에 가담했지만 궁지에 몰렸다. 도요토미는 도쿠가와에게 동맹을 제안했고 그

도쿠가와 이에야스는 세키가하라 전투에서 도요토미 히데
요리를 누르고 에도 막부 시대를 열었다.

것을 응낙할 수밖에 없었다. 말이 동맹이지 항복이나 다름없었고 영
지를 빼앗기고 에도로 쫓겨났다.

　도쿠가와 이에야스는 절망하지 않았다. 에도는 동부의 천혜의 항
구였고, 이를 발판으로 낙후한 동부 지역 개발에 박차를 가했다. 과거
부터 따랐던 많은 충성스러운 신하들과 함께 조금씩 세력을 확장했
다. 도요토미 히데요시는 그를 믿지 못해 임진왜란에 참전시키지 않
았는데 오히려 천운이 되었다.

　1598년 임진왜란이 끝나갈 무렵 도요토미 세력은 한반도에서 만
신창이가 되었고 분열마저 일어났다. 도요토미 히데요시는 임종의 순

간 도쿠가와의 손을 잡고 자신의 어린 아들 도요토미 히데요리豊臣秀頼, 1593~1615를 부탁하며 그를 섭정인 고다이로五大老의 우두머리에 임명했다.

1600년 9월 15일 도쿠가와의 동군과 도요토미의 서군이 세키가하라關ヶ原에서 맞붙었다. 동군 7만 명, 서군 8만 명이지만 서군은 중심이 없고 분열되어 있었다. 반면 동군에는 한때 도요토미 히데요시의 심복이었던 가토 기요마사加藤清正, 1562~1611와 구로다 나가마사黒田長政, 1568~1623 등이 도쿠가와

1600년 9월 15일 도쿠가와의 동군과 도요토미의 서군이 전쟁을 했을 때, 서군의 고바야카와 히데아키가 배신하면서 동군이 대승을 거두었다. 고바야카와 히데아키.

의 충신들과 어우러져 있었다. 결국 서군의 고바야카와 히데야키小早川秀秋, 1582~1602가 배신하면서 동군이 대승을 거두었다. 오사카성에 유폐되다시피 한 도요토미 히데요리는 1615년 도쿠가와 이에야스의 마지막 공격 때 할복하고 말았다.

도쿠가와 이에야스는 에도 막부를 열고 철저하게 중앙으로 권력을 집중시켰다. 산킨코타이参勤交代 제도를 만들어 지방의 영주와 가족들을 에도에 인질로 잡고 영주는 1년마다 영지와 에도를 왕복하게 했다. 인질들을 대상으로 상업이 발전했는데 이렇게 성장한 상인들을 조닌町人이라고 했다. 조닌은 본격적인 도시 상인으로 길드로 묶여 조

직적으로 도시 상업을 번창시켰다. 조닌은 자본을 바탕으로 문화의 후원자가 되어 가부키와 우키요에 등 에도의 서민문화를 발전시켰다.

평화와 상업의 발달은 사무라이의 몰락을 초래했고 그들은 점점 정신세계로 침잠해 들어갔다. 이들은 임진왜란 때 조선에서 들여온 성리학을 토대로 충의를 강조하는 철학을 발전시켰고 무술도 무도로 승화시켰다. 미야모토 무사시宮本武蔵, 1584~1645는 그런 변화의 대명사로서 신비화되어 실존 인물임에도 현실과 전설의 경계 속에 숨어버렸다. 무사도와 상업의 발달은 19세기 서양 문화의 수용과 함께 근대 일본의 한 축을 담당하게 되었다. 그리하여 에도 시대의 풍경은 일본 전통사회의 모든 것처럼 과장되어버린 것이다.

근대화와
민주주의의 발전

번벌 세력과
사무라이 세력

　　　"세상에는 평생 신대神代 부분만 강의하고 아무 의미도 없이 국체가 신도神道에서 시작했다고 말하면서 언제까지나 강보에 쌓여 제정일치 국가에 살고자 하는 자도 있다. 그저 대신궁의 후광에만 의지하는 것은 또한 떨어지는 낙엽과 다를 바 없다."

　　1890년대 구메 구니타케久米邦武, 1839~1931가 일본의 신도를 일본만의 종교이자 국체라고 보는 시각을 날카롭게 비판하자 일본 정계와 학계에서 들고 일어났다.

　　"구메의 설은 국체를 훼손하고 교육칙어에 위배되는 바다."

　　결국 구메 구니타케는 제국대학에서 쫓겨났고 제국대학이 주도하던 국사 편찬 사업에도 참여하지 못했다. 일본 근대화 과정은 또한 일본 역사학계의 역사 전쟁 과정이기도 했다.

1842년 아편전쟁의 결과 중국이 개항하자 일본은 위기감에 빠졌고, 1853년 미국의 매슈 페리Matthew Perry, 1794~1858 제독이 전함을 이끌고 개항을 요구하자 막부는 순순히 받아들였다. 서양 문물이 밀물처럼 들어왔고 일본은 대혼란에 빠졌다. 일본인들은 이 모든 재앙을 무책임하게 개항한 막부 탓으로 돌리고 막부 타도와 존왕양이 운동을 펼쳤다. 마침내 1868년 에도 막부가 멸망하고 메이지明治 천황이 직접 다스리는 천황 친정親政의 시대가 왔다.

메이지 천황은 무서운 천황이었다. 개항 직후 일본은 사쓰마번薩摩藩과 조슈번長州藩 같은 근대화를 추구하는 번벌藩閥 세력, 존왕양이를 주장하는 몰락 사무라이 세력 등이 어지럽게 난립했고 농민 봉기도 심심찮게 일어났다. 정치 혼란과 민중 봉기 속에서 서양 세력의 침략을 물리치고 근대화를 추진하려면 천황의 강력한 리더십이 필요하다고 판단했다.

천황은 국가신도國家神道를 통해 아라히토가미로 신비화되었고 지방 순회를 통해 과거 영주들의 충성을 다짐받았다. 입을 꾹 다문 화난 듯한 표정의 초상화를 유포해 국민들을 압박했다. 신격화된 권위적 천황은 국민들 위에 군림했다.

사무라이 세력은 천황 친정의 1등 공신이었지만 근대화에 저항함으로써 버림받았다. 이들은 암살, 폭동, 봉기 등으로 정부에 대항했지만 모두 실패했다. 1877년 세이난西南 전쟁을 일으켰지만 실패하고 사이고 다카모리西鄉隆盛, 1828~1877가 할복하면서 최후의 저항은 분쇄되었다. 그러나 권력에서 소외된 세력들은 새로운 운동을 통해 재기를 도모했다. 바로 민주화 투쟁이었다.

존왕양이를 주장하던 소외 세력은 천황에 반기를 들 수 없었다. 그

사무라이 세력은 일본의 근대화를 반대하면서 버림받았다. 그러자 1877년 세이난 전쟁을 일으켰지만, 여기에서도 대패하고 만다.

들은 일본의 모든 문제는 권력을 잡고 있는 번벌 세력이 권력을 독점하고 천황의 총기를 흐리게 하기 때문이라고 생각했다. 그래서 번벌 세력을 견제할 제도적 장치, 즉 의회정치를 생각해냈다. 의회를 토대로 하는 서양식 입헌군주제 운동이 반근대화 세력의 지지 속에 일어나자 천황은 이를 수용하기로 결정했다. 선제적 대응 정치였다. 이토 히로부미伊藤博文, 1841~1909는 독일 헌법을 참고해 강력한 천황권을 중심으로 하는 입헌군주제 헌법을 만들어냈다.

천황에 대한 충성 경쟁에 지나지 않았던 의회정치는 시간이 흐르고 민의를 대변하는 세력이 성장하면서 20세기 일본 민주주의의 초석이 되었다. 특히 1890년대 본격화된 일본 산업화로 성장한 노동계급이 큰 힘이 되었다. 사회주의자 고토쿠 슈스이幸德秋水, 1871~1911는 러일전쟁과 팽창 정책에 반대하며 1906년에 사회당을 만들었다. 한국은 21세기에도 없는 사회주의 정당을 일본은 100여 년 전에 만들었던 것이다. 그러나 고토쿠 슈스이와 사회당 세력은 한일병합 전인 1910년 5월 소위 '대역 사건'에 연루되어 1911년 1월 고토쿠는 사형당하고 만다.

침략 전쟁을
일으키다

1912년 메이지 천황이 죽고 다이쇼大正 천황이 즉위했다. 다이쇼 천황은 정신질환을 앓고 있어 정부에 의존했고 이로 인해 정당정치가 비약적으로 발전했다. 또 한일병합과 제1차 세계대전으로 경제는 엄청난 호황이었고 중산층이 성장하고 소비문화가 폭발하는 등 일본인은 한 번도 경험해보지 못한 풍요와 자유를 누렸다. 이를 '다이쇼 데모크라시 시대'라고 한다. 선거권자가 확대되어 점점 보통선거 시대로 진입했고, 수만 명이 시위를 벌여 집권 여당을 교체하기도 했으며, 공산당이 의회에 진출해 식민 지배를 비판하는 것이 일상적 풍경이었다.

그러나 다이쇼 데모크라시 시대는 오래가지 못했다. 1920년대 초 과도하게 팽창한 군수산업으로 경제의 균형이 무너지면서 불황이 닥쳤다. 사회주의자의 활동과 노동자의 파업은 중산층의 불안감을 부채질했다. 일본 재벌과 군부는 대외 팽창으로 이 문제를 해결하고자 했다. 마침 다이쇼 천황의 건강이 악화되자 황태자 히로히토裕仁가 섭정을 맡았는데 그들과 같은 생각이었다. 1925년 치안유지법이 통과되어 반정부 인사와 사회주의자 등을 잡아들이기 시작했다. 천황 중심의 독재정치 강화는 1926년 히로히토가 쇼와昭和 천황으로 즉위하면서 더욱 강화되었다.

1931년 만주를 침략하면서 일본의 침략 전쟁이 시작되었다. 국제연맹을 탈퇴하고 독일의 히틀러, 이탈리아의 무솔리니, 스페인의 프랑코 등과 손을 잡고 전체주의 진영의 일원으로 중국에 대한 공세를 강화했다. 1932년 상하이上海 사변, 1935년 화베이華北 사변으로 중국 본토로 진격하더니 마침내 1937년 중일전쟁을 일으켰다. 그리고 이를 저지하던 미국에 대항해 1941년 12월 태평양 전쟁을 일으키기에 이르렀다.

일본은 15년간의 전쟁 기간에 군수산업 중심의 중화학 공업이 비정상적으로 발달했고 이로 인해 민생이 크게 악화되었다. 일본인들은 불만이 많았지만 헌병과 특고特高(사상경찰) 등 무자비한 폭력을 휘두르는 권력에 철저하게 억압되었다. 일본 청년들은 전쟁터로 끌려가 무사도 운운하는 세뇌 교육을 받고 총알받이가 되었다. 200만 명 이상의 청년이 전쟁터에서 죽었다.

일본은 일본인을 전쟁에 동원하도록 세뇌했다. 일찍이 메이지유신 때부터 일본은 천황을 중심으로 하는 역사학, 소위 기기사학記紀史學이 발달했다. 일본의 가장 오래된 역사서인 『고사기』와 『일본서기』의 신화와 기록을 무비판적으로 수용한 기기사학은 일본의 독자성과 우수성을 강조하고 천황에 절대 충성할 것을 강조하는 선전 도구화된 역사학이었다.

일본은 독일의 레오폴트 폰 랑케Leopold von Ranke, 1795~1886 사학

일본은 1931년 만주를 시작으로 중국 본토로 진격하더니 1937년 중일전쟁을 일으켰다. 그리고 1941년 12월 태평양 전쟁을 일으켰다. 진주만 공습 당시 폭격을 당하는 미국의 전함.

(실증주의 사학)에 영향을 받아 근대 역사학이 발달했지만, 종종 기기 사학의 정치 공세에 밀렸다. 구메 구니타케가 신도와 건국 설화를 신화로 연구하려다 강단에서 쫓겨나기도 했다. 이에 일본 역사학계는 안전을 위해 철저한 사료 중심의 '무사상無思想' 실증주의로 나아갔다. 그럼에도 종종 필화사건이 일어났다.

쇼와 시대에는 더욱 심해졌다. 마르크스주의 역사가들은 전향하거나 체포되었다. 실증주의는 안전을 위해 마르크스주의를 철저하게 배제해야만 했다. 그럼에도 고대사를 연구한 쓰다 소키치津田左右吉, 1873~1961는 사료를 객관적으로 연구했다는 이유만으로 체포되어 집

행유예 2년 형을 받았다. 실증주의자들의 '무사상'은 사상 없는 역사에 대한 반발을 불러와 더욱 일본의 국수주의 사학을 고취시키는 역편향을 일으키기도 했다.

전쟁을 거치면서 일본 역사학은 철저한 무사상 실증주의만 남았다고 평가될 정도로 전시 일본은 정신적·물질적으로 피폐해졌다. 메이지유신부터 1945년 패전까지 일본의 1차 근대화는 실패였다. 그러나 경제성장과 민주주의에 대한 기억만큼은 분명 전후 일본에 긍정적인 영향을 끼치기에 충분했다.

전후 경제성장과
역사 청산

경제성장이
역사 청산을 덮다

"순수하게 일본 독자적인 것이 있었고 그것이야말로 고도성장의 근원적인 요인이라 보는 사고방식은 당연하지만 독선적이고 자국 중심적인 관점에 빠지기 쉽다."

일본 역사학자 나가하라 게이지永原慶二가 전후 일본 역사학의 문제점을 지적하면서 한 말이다. 전후 일본의 고도 경제성장은 일본을 고립시켰고 역사 청산을 불가능하게 했다. 일본은 아시아의 일원이라는 자각을 가질 때만 역사 청산을 하고자 하는 마음을 먹을 것이다.

제2차 세계대전에서 나치를 지지한 유럽인들은 대개 우익이었고, 결국 나치의 패망은 우익의 패망이자 좌익의 성공이었다. 일본도 마찬가지였다. 1947년 일본 사회당은 가타야마 데쓰片山哲, 1887~1978의 좌파 정권 수립에 성공했다. 그러나 동유럽 공산화와 일본 좌파 정권 수립은 전 세계 우익의 위기감을 고조시켰다. 미국은 마셜플랜으로 서유럽의 나치를 포용하면서 반反좌파 연대를 성사시켰다. 그런데 일본에서도 같은 일이 반복되었다. 1951년 샌프란시스코 강화조약과 미일안보조약으로 일본 우익은 사실상 면죄부를 받았다.

1948년 친미 우익 요시다 시게루吉田茂, 1878~1967 정부 출범과 1951년 미일안보조약 체결은 일본 좌파의 단결을 촉구했고, 1955년 한때 분열되었던 사회당이 통합하고 전열을 재정비해 정권 탈환에 나섰다. 그러자 군국주의의 한 축이었던 재벌이 나서 일본 우익의 총단결을 촉구했다. A급 전범이었던 기시 노부스케岸信介, 1896~1987와 하토야마 이치로鳩山一郎, 1883~1959, 요시다 시게루가 단결해 우익 단일 정당인 자민당을 만들었다. 이로써 일본은 우파 자민당과 좌파 사민당의 양당 구도가 만들어졌는데 이를 '55년 체제'라고 한다. 55년 체제는 1993년까지 40여 년간 요지부동이었다.

전후 일본 경제는 미국의 지원하에 빠르게 복구·성장했다. 특히 6·25전쟁에서 미군이 사용할 무기를 일본에서 생산하기 위해 대규모 중화학 공업이 육성되자 1950년대 중반에 이미 전전戰前 경제 수준을 회복했다. 이후 일본은 '진무 경기'(제1대 진무 천황 이래 최대 호황이라는 의미), '이자나기いざなぎ 경기'(전설 속의 신, 창조 이래 대호황이라는 의미) 등 유례없는 경제성장을 이룩했고 마침내 미국에 이어 세계 2위의 경제 대국이 되었다. 그 지위는 최근 중국에 추월당할 때까지 수십 년간 이어졌으며, 지금도 3위의 경제 대국이다.

일본인들의 생활수준도 엄청나게 좋아졌다. 1950년대 3종 신기(텔레비전, 세탁기, 냉장고)와 1960년대 3C(컬러텔레비전, 에어컨, 자가용)가 유행했다. 종신고용제를 통한 고용 안정성을 토대로 중산층이 형

일본은 '55년 체제' 이후 유례없는 경제성장을 이룩했고, 마침내 미국에 이어 세계 2위의 경제 대국이 되었다. 1964년 도쿄올림픽 성화 장면.

성되었고, 이들은 여행을 떠나고 취미생활을 즐기며 대중문화를 발전시켰다. 음반시장이 미국에 이어 세계 두 번째로 커지면서 비틀스와 아바 등 세계적 가수와 밴드는 반드시 일본 투어를 했다. 심지어아라베스크Arabesque나 둘리스Dooleys 같은 재패니즈 팝도 있었으며, 1980년대 MTV 시대에는 뮤직비디오에 일본의 상징을 사용하는 것이 대유행일 정도였다.

전후 경제성장은 불철저한 역사 청산을 완전히 덮어버렸다. 일본 역사학계는 메이지유신 때부터 '중국=전제정치=정체된 사회', '일본=봉건적 영주제=진보' 같은 도식으로 일본이 아시아가 아닌 서구형 국가라는 이데올로기를 수립했다. 후쿠자와 유키치福澤諭吉, 1835~1901 가 한 말인 '나쁜 이웃론'은 그대로 침략의 논리가 되었다. 이는 한국의 분단과 중국의 공산화로 전후에도 유지되었다. 더군다나 일본은 조선의 역사를 일본인이 아는 것은 바람직하지 않다는 태도를 전후에도 제대로 개선하지 못하고 있었다.

1960년대부터 일본에서는 '어두운' 역사보다 '밝은' 역사를 보자는 흐름이 나타나 1967년에는 『대동아전쟁 긍정론』 같은 책이 나오고 일본의 전쟁 범죄 운운이 연합국의 일방적 자기 정당화라는 비판도 나왔다. 반면 일본의 전쟁 책임이나 전체주의를 비판해왔던 마르크스주의 역사학은 '인간이 결여된 역사', '도식에 무리하게 끼워 맞추는 역사' 등의 비판을 받았다. 마르크스주의 역사학 자체도 전후 실천보다 아카데미즘에 경도되어 시민사회에 대한 영향력을 점차 상실해갔다.

자민당
독주 시대

1970년대 다나카 가쿠에이田中角榮, 1918~1993 수상이 추진한 일본 열도 개조론에 따라 지방에 대규모 토목공사가 이루어지고 부동산 투기 붐이 일어났다. 투기에 자본이 몰리면서 건전성이 떨어지고 오일쇼크마저 터지자 전후 최초로 경제 불황이 닥쳤다. 정부는 전면적인 경기 쇄신과 감량 경영으로 위기를 탈출했지만 일본은 국민의 생활수준과 복지 혜택이 떨어지는 '생활소국', '저성장'의 시대에 접어들었다.

1980년대 엔화 가치 상승으로 마지막 대호황을 누렸지만, 오히려 미국의 견제 심리를 폭발시켰고 수출 중심의 일본 경제는 결국 신자유주의의 대공세에 무릎을 꿇고 말았다. 이 와중에 부동산 과잉 투자로 인해 생겼던 거품이 꺼지면서 1990년대 깊은 불황의 늪으로 빠져들고 말았다. 이를 버블경제의 몰락과 잃어버린 10년이라고 한다. 이 시기 세계 제1의 저축률을 자랑했던 일본은 전 국민의 4분의 1이 한 푼도 저축하지 못하는 나락으로 떨어졌다.

미미한 복지제도는 불황과 함께 양극화를 심화하고 계층 이동 통로를 가로막았다. 격차사회라 불린 일본의 양극화와 불평등의 심화는 서민들을 절망에 빠뜨렸다. 전후 경기 호황이 노조나 사회당 같은 비판 세력을 무력화했기 때문에 위기의 순간 서민을 위해 목소리를 내줄 정치 세력은 존재하지 않았다. 드라마 〈여왕의 교실女王の教室〉(2005년)이나 영화 〈고백告白〉(2010년)은 이지메와 교실 붕괴 같은 극단적 학교 풍경을 그렸고, 서민의 가슴에 깊은 칼자국을 내며 화제가 되었다.

정치적 돌파구를 모색하기도 했다. 1989년 총선에서 사회당이 승리하며 '55년 체제'에 파열음이 났다. 1991년 자민당을 깨고 나온 분당 세력이 사회당과 손을 잡고 1993년 집권에 성공해 마침내 자민당 38년 독주가 깨졌다. 1994년에는 사회당 무라야마 도미이치村山富市

2012년 자민당의 아베 신조 내각이 출범하면서 일본은 자민당 독주 시대로 접어들었다. 2012년 자민당 총재 선거 당시 아베 신조와 후보들.

가 수상으로 선출되어 좌파 정부가 수립되었다. 그러나 사회당은 명목상 좌파일 뿐 수권 능력이 없었고 집권하자마자 이를 만천하에 드러내고 말았다. 불과 2년 만에 정권을 내주고 이제는 공산당에 추격당하는 군소정당 신세로 전락했다. 한동안 분당 세력인 민주당과 자민당이 경쟁을 했지만, 2012년 자민당의 아베 신조安倍晉三 내각이 출범하면서 일본은 자민당 독주 시대로 접어들었다.

불철저한 역사 청산은 경제 불황과 극우 세력의 강화를 불렀다. 아베 수상은 "우리 자손이 더는 한국에 사과하는 일이 없게 하겠다"며 한일 관계 청산을 밀어붙이다가 한일 갈등을 야기했다. 일본의 군사 대국화는 동북아시아 정세의 불안을 야기해 미중 갈등과 함께 새로운 국제적 분쟁의 불씨를 키우고 있다. 결국 센카쿠열도釣漁島(중국명 댜오위섬)나 독도 문제 등 영토 문제는 21세기 동북아시아의 화약고가 되고 있다.

우리가 한일 역사 청산의 중대한 기로에서 주목해야 할 점은, 천황에 대한 청산 없이 일본과의 역사 청산은 없다는 것이다. 일본에는 '안=신국神國=청정'과 '밖=다른 땅異土=부정'이라는 사고가 있다. 청정과 부정을 구분하는 핵심이 천황인 것이며, 이 사고방식이 완전히 사라지지 않는 한 안과 밖을 구분하고 차별화하는 자세가 바뀌지 않을 것이다. 그 부정의 대상이 바로 한국이기 때문이다.

　지금까지 우리가 일본사에서 천황이 고대국가부터 남북조시대와 전국시대를 거쳐 천황 독재까지 어떤 역할을 해왔는지 살펴본 이유도 바로 여기에 있다. 천황은 일본에서 상징적 허수아비가 아니며 역사 속에서 면면히 살아온 일본인의 마음을 지배하는 절대 권위자이고, 일본을 이해하는 키워드다. 우리가 한일 역사 청산을 하려면 꼭 이해하고 생각해야 하는 존재인 것이다.

제
7
장

실패한 이상주의자

페이시스트라토스

아테네의
개혁가

참주는 고대 그리스의 도시국가인 폴리스의 독재자를 말한다. 아테네의 참주 정치를 만든 사람이 페이시스트라토스 Peisistratos, B.C. 600?~B.C. 527다. 훗날 아테네에서 참주정이 타도되고 민주정이 수립된 후 페이시스트라토스는 맹렬한 비난을 받았다. 민주정을 만든 클레이스테네스Cleisthenes, B.C. 570?~B.C. 508?는 참주의 출현을 막기 위해 그 유명한 도편추방제를 만들었다. 하지만 고대와 현대가 다르듯, 고대 민주정과 현대 민주정도 다르고 독재정도 다르다. 페이시스트라토스에 대한 현대의 평가도 마찬가지다.

산악이 많고 평야가 좁은 지형에 사는 그리스인들은 일찍부터 바다로 진출했고 폴리스 사이의 전쟁도 잦았다. 폴리스는 국민 개병제로 모든 남자 시민은 전쟁에 나가야 했는데, 무장은 자신이 알아서 갖추었다. 돈 많은 귀족은 말이나 전차를 구입해 기병으로 활약했고, 중산층은 두꺼운 갑옷과 튼튼한 방패, 창을 구입해 중장보병이 되었다. 가난한 이들은 경장보병이었다. 전쟁은 중장보병의 밀집대형 전술에 따라 좌우되었다. 즉, 중산층이 국방의 핵심이었다.

그런데 잦은 전쟁으로 중산층이 몰락하기 시작했다. 최전선에서 싸우다 죽기도 했고 전쟁터에 나가 있느라 생업을 돌보지 못해 경제적으로 어려워졌다. 중산층은 국가에 대한 공헌의 대가를 원했지만, 모두 자기 돈으로 전쟁에 나가는 처지에 누가 더 힘들다고 말하기도 어려운 분위기였다. 최소한 귀족은 그렇게 생각했다. 그래서 중산층 붕괴는 해결되지 않았고 아테네는 지속적으로 약해졌다.

위기의 구원투수로 나선 이는 솔론Solon, B.C. 640?~B.C. 560이었다. 그는 아테네 시민을 재산 정도에 따라 4계급으로 나누고 차등 있게 참정권을 부여했다(금권정金權政). 무엇보다 빚을 갚지 못해 노예로 전락하는 것을 금지하고 농민들이 귀족에게 지고 있던 채무를 모두 탕감해 중산층의 몰락을 최대한 방어했다. 그는 귀족의 반발을 최소화하면서 중산층과 서민을 지켜내는 절묘한 정책을 만들어 아테네를 위기에서 구원하려 했다.

그러나 절묘한 정책은 그만큼 허점이 많고 이상적이라는 문제를 안게 마련이다. 솔론의 개혁에 대해 귀족들은 기득권을 침해당했다며 화를 냈고 서민들은 미흡한 정책이라며 불만을 터뜨렸다. '현인賢人' 솔론은 아테네를 등지고 망명객을 자처하며 해외로 여행을 떠났다.

페이시스트라토스는 솔론의 친척으로 어린 시절을 그의 그늘에서 보냈다. 그는 솔론이 살라미스섬을 정복하기 위해 메가라와 전쟁할 때 공을 세웠다. 아테네 정치는 부농의 평야파, 해상 상업 세력의 해안

솔론은 아테네 시민을 재산 정도에 따라 4계급으로 나누고 차등 있게 참정권을 부여하는 금권 정치를 펼치며 개혁을 했다.

파, 서민의 산지파 등 3개 파벌로 나뉘어 대립했는데 페이시스트라토스는 산지파를 영도하며 세력을 키웠다. 그는 서민을 위한 정치를 위해 권력을 잡아야겠다고 생각하고 적극적인 정치 투쟁을 벌였다.

귀족들은 그를 못마땅하게 생각했고 그중 일부가 페이시스트라토스를 공격했다. 페이시스트라토스는 자신에게 경호병이 필요하다고 주장해 이를 관철시켰다. 이로써 무장 세력을 확보해 쿠데타를 통해 집권할 수 있게 되었다. 그러나 최초의 정권 장악은 실패였고, 곧 망명 객이 되었다. 5년 뒤 평야파와 손을 잡고 해안파를 몰아내기 위해 돌아왔지만 평야파와 관계가 틀어지면서 또 망명객이 되었다. 그가 최종적인 승리자가 된 것은 기원전 546년 세 번째 쿠데타를 통해서였고 이때 그의 나이는 50대였다.

아테네의
황금시대를 열다

그는 정치적 선전선동의 달인이었다. 그가 첫 번째 망명을 끝내고 돌아올 때 여자를 아테나 여신으로 꾸며 함께 행진했다. 민중들은 그가 아테나 여신의 보호를 받는 자라며 열광했다. 세 번째 쿠데타로 집권한 뒤에는 연극을 적극적으로 진흥시켜 〈오디세이아〉와 〈일리아드〉를 공연하도록 했는데, 이것이 오늘날까지 두 작품이 전해져오는 계기가 되었다. 디오니소스 신전을 조성하고 그를 위한 축제를 열어 민중들이 즐겁게 마시고 즐길 수 있는 오락의 광장을 조성했다(술의 신 디오니소스는 하급 신이지만, 그리스와 로마에서 가장 인기 있는 신이 되었다). 그는 분명 놀 줄 알고 민중을 흥분시키고 끌어들이는 데 달인이었다. 그래서 후대 역사가들은 그를 정치적 음모와 계략, 술수의 대명사라고 비판했던 것이다.

그러나 그는 서민을 위한 정책을 시행하고 경제를 일으켰다. 그가 집권하자 많은 평야파 부농이 망명했는데 그들이 버리고 간 농지를

페이시스트라토스는 서민을 위한 정책을 시행하고 경제를 일으켰으며, 해상 교역을 통해 엄청난 부를 획득했다. 아테나 여신 복장을 한 여인과 함께 아테네로 들어오는 페이시스트라토스.

빈민들에게 분배했다. 새로이 자영농이 된 이들에게서 수확량의 5~10퍼센트를 세금으로 걷었는데 아테네에서는 최초의 직접세였다. 세금으로 확보한 재원으로 경제에 많은 투자를 했다. 당시 코린토스가 독점하고 있던 항아리 사업에 진출해 아테네식 항아리로 무역을 제패

했고, 여러 폴리스와 적극적으로 해상 교역을 하여 엄청난 부를 획득했다. 아테네는 경제적으로 번영해 지방의 평범한 폴리스에서 그리스의 대표 폴리스로 성장했다.

그는 참주지만 솔론의 시대에 만들어진 여러 개혁정치나 민주적 제도를 손대지 않고 그대로 운영했다. 그는 정적을 제거하지도 않았고 몰아내지도 않았다. 솔론은 페이시스트라토스를 독재자라고 비판했지만 페이시스트라토스는 솔론의 충고에 귀를 기울였고 결국 솔론은 참주의 조언자가 되었다. 다른 폴리스와 전쟁을 하지도 않았다. 그의 치세 20년 동안 아테네는 전쟁이 없는 평화의 폴리스였다.

페이시스트라토스는 아테네의 황금시대를 개막한 위대한 영웅이었다. 그렇다면 고대 독재정은 좋은 정치였을까? 그렇지 않다. 페르시아에는 일찍이 독재정이 있었지만 다리우스Darius, B.C. 550~B.C. 486와 그 신하들이 이를 타도하고 왕정을 수립했다. 이때 그들은 독재정을 이렇게 비판했다. "아무 책임도 지지 않고 마음대로 할 수 있는 제

도가 어찌 좋은 것이라 할 수 있겠소? 위대한 인물이라 해도 독재자가 되면 다른 사고방식을 갖게 되오. 바로 시기와 교만이요." 독재정은 필연적으로 고립되고 부패해 결국 타도될 수밖에 없었다. 실제로 아테네의 참주정도 오래가지 못했다.

페이시스트라토스가 죽은 뒤 참주는 그의 아들 히피아스가 계승했다. 히피아스는 그럭저럭 10여 년 동안 아테네를 잘 통치했지만, 동생이 반대파의 암살에 희생되어 마음에 큰 상처를 입은 뒤 반대파 숙청에 나섰다. 이때부터 히피아스는 고립되기 시작했다. '시기와 교만'의 시기가 닥친 것이다. 결국 아테네 상류층과 손을 잡은 스파르타 군대가 쳐들어왔다. 그들은 히피아스가 가족을 데리고 아테네를 떠날 시간을 주었고, 그렇게 참주정은 막을 내렸다. 그 다음 정치가 바로 상류층이 주도한 민주정이었다.

페이시스트라토스는 민중이 잘사는 이상적인 정치를 꿈꾸었고, 그 방법으로 독재정을 생각했다. 그가 살아 있는 동안 그의 정치는 훌륭하게 작동했고, 그의 이상은 실현되는 것처럼 보였다. 그러나 그의 방법은 지속가능하지 않았다. 결국 잘못된 방법을 택해 그의 이상은 실현되지 못했다. 비록 아테네의 황금시대를 연 영웅이라 해도, 그의 이상이 좌절되었다는 점에서 그는 실패한 개혁가였다.

왕안석

세금과 수탈의
이중고

　　　　　아무리 훌륭한 개혁가라 해도 그로 인해 분열이 심해지고 나라가 약해진다면 그 개혁은 하지 않은 것만 못할 것이다. 왕안석王安石, 1021~1086의 신법으로 송나라는 구법당과 신법당으로 나뉘어 당쟁에 휘말리고 끝내 여진에 수도가 함락당했으니 그 개혁의 결과는 참담하다고 할 것이다.

　　고구려를 멸망시킨 당나라가 망하고 5대10국 시대를 거쳐 송나라가 건국되었다. 송나라는 문치주의를 채택해 군사 반란을 억제하고 유교에 입각한 평화롭고 민생이 보장되는 정치를 추구했다. 그러나 송나라의 유교 정치에는 중대한 걸림돌이 있었으니 바로 북방의 유목민족이었다. 거란족의 요나라와 탕구트족의 서하는 시도 때도 없이 남하해 농작물과 가축을 약탈하고 저항하는 농민과 군사를 죽였다.

송나라는 몇 차례 군대를 보내 토벌을 시도했지만 실패하고 결국 타협책을 찾았다. 대규모의 세폐歲幣, 즉 재물을 주는 대신 평화를 산 것이다.

문제는 그 막대한 세폐는 모두 국민의 세금으로 충당된다는 것이다. 세금은 평민만 내고 귀족은 내지 않으므로 시간이 흐르면서 귀족은 세폐의 고통을 잊고 백성만 기억하게 되었다. 평화와 안정이 지속되자 귀족들은 점차 안이해지고 부패해 백성들을 수탈했다. 세금과 수탈의 이중고에 백성들은 산적이 되어 국가에 저항했다. 농민이 산적이 될수록 남은 농민이 더 많은 세금을 부담해야 하므로 악순환의 고리에 빠졌다. 송나라의 정치적 위기는 점점 심각해졌다.

1021년 유학자 왕익王益의 10남매 중 셋째가 태어났는데 바로 왕안석이다. 어려서부터 영특한 데다 강직한 관리로 유명한 왕익의 아들이었기에 진보적인 유학자가 되었다. 21세의 젊은 나이에 과거에 급제해 중국 강남 지방에서 지방관으로 오랫동안 근무했다. 이때 홍수로 고통받는 백성들을 위해 수리시설을 정비하고 흉년으로 빚더미에 올라 몰락하는 백성들을 구제하려고 관청에서 낮은 이자로 대출해주는 제도를 만들었다. 정부는 왕안석을 수도 카이펑開封으로 불러 중용하려 했다.

그러나 왕안석은 거절했다. 송나라 황제든 고위 관리든 개혁 의지가 부족했다. 왕안석은 카이펑은 자신의 뜻을 펼치기 어려운 곳이라 생각하고 사직서를 낸 뒤 낙향했다. 그러나 월급에 의존하는 가정 경제가 어려워지자 하는 수 없이 다시 지방관으로 나가야 했다. 그는 카이펑으로 오라는 권유를 뿌리치며 지방에서 다양한 민생 정책을 베풀었다. 그의 평판이 높아질수록 카이펑에서는 적극적으로 구애했고 결

왕안석은 지방관으로 근무하면서 수리시설을 정비하고 흉년으로 빚더미에 올라 몰락하는 백성들을 구제했다. 북송 시대 한림학사였던 장택단張擇端이 그린 수도 카이펑의 모습을 담은 〈청명상하도淸明上河圖〉일부. (중국 베이징 고궁박물원 소장)

국 정부에서 고위 관직을 맡게 되었다. 하지만 고위 관료들과 자주 충돌했고 결국 어머니가 돌아가시자 상을 치러야 한다며 관직을 버리고 낙향했다.

귀족들과 백성들의
저항에 부딪히다

그가 다시 관직에 나온 것은 신종神宗, 1048~1085 이라는 젊은 황제가 새로 즉위했을 때였다. 신종은 왕안석을 등용해 과감한 개혁 정책을 추진했는데 이것이 바로 '왕안석의 신법'이다. 왕안석 신법의 핵심은 부국강병이었다. 거란과 서하를 물리치고 세폐를 없애야만 궁극적으로 재정 적자와 과중한 세금 부담을 줄일 수 있었다.

먼저 보갑법을 시행했다. 성인 남자가 2명 이상 있는 집에서는 반드시 1명을 병사로 내놓아야 했다. 또 10가家를 1보保, 5보를 1대보로 편성하는 등 체계적으로 집단화하고 집단마다 보장을 두어 관리했다. 이렇게 편성된 민병은 평상시 치안을 담당하고 전시에 전쟁터로 나가 정규군을 돕도록 했다. 보갑법으로 조직화된 민병이 무려 700만 명에 이르렀다.

유목민족의 기마병을 상대하기 위해 보마법도 시행했다. 거란이나 서하에 가까운 북쪽 지방에 말을 방목하기 좋은 곳을 골라 농가들에게 정부 보조금을 주고 말을 기르도록 해서 기마병을 육성하도록 한 것이다. 그러나 수백만의 민병을 육성하고 기병을 위한 말을 기르게 하면 농민은 엄청난 세금 부담에 시달릴 수밖에 없다. 이에 대한 해결책으로 민생 안정책을 내놓았다.

먼저 청묘법을 시행했다. 낮은 이자로 대출해서 춘궁기에 농민이 귀족의 고리대로 고통받지 않게 하고, 토지가 없는 농민은 토지를 분배한 뒤 수확한 곡물로 토지 대금을 치르도록 했다. 즉, 농민이 세금을 낼 수 있는 수준의 생활과 경제 기반을 유지하도록 도와준 것이다.

과중한 역의 부담을 모면하도록 돈을 받고 역을 면제해주는 면역법도 시행했다. 당시 농민에게 부과된 역이 과중해서 자살하는 사람까지 나올 정도였다. 그것은 역에 동원된 기간에 먹고사는 비용을 자신이 부담해야 했기 때문이다. 그러니 어찌 부담이 크지 않겠는가?

하지만 왕안석의 신법은 귀족들의 저항에 부딪혔다. 귀족들은 권

'왕안석의 신법'은 과감한 개혁 정책과 부국강병이 핵심이었다. 그에 따라 보갑법, 보마법, 청묘법, 면역법 등을 시행했지만, 귀족들과 농민들의 반발을 불러일으켰다.

력을 이용해 농민을 사사로이 역에 동원하고 고리대를 통해 농민의 토지를 헐값에 사거나 농민을 노예로 팔아 부를 축적했다. 왕안석의 신법은 귀족의 기득권에 큰 타격을 안겼기 때문에 반발하는 것이 당연했다.

또한 농민들에게도 불만이었다. 청묘법의 이자율은 고리대보다 낮았지만 가난한 농민에게는 여전히 높았다. 면역법은 보갑법에 의한 농민 동원 때문에 그 의미를 상실했다. 보마법은 북쪽 지방의 농민들에게 또 다른 부담이었다. 무엇보다 백성들의 사회 경제 생활을 전반적으로 통제하는 시스템이었다.

귀족들은 신법이 질서를 어지럽히고 백성들의 생활을 지나치게 간섭하고 통제한다고 비판했다. 백성들의 불만은 귀족들이 신법을 공격할 좋은 무기였다. 송나라 역사상 최고의 학자로 꼽히는 사마광司馬光, 1019~1086, 어진 지방관이자 시인으로 유명한 소동파蘇東坡, 1036~1101 등이 신법에 반대했다. 때마침 자연재해와 각종 전염병이 돌아 민심도 흉흉해졌다.

반면 왕안석은 신법에 대한 반대 의견을 수용하지 않았다. 그는 비타협적이고 경직되어 있었다. 많은 반대파를 유배형에 처하거나 관직에서 쫓아냈다. 그는 제도의 허점이나 모순을 인정하지 않으려 했다.

사마광과 토론을 하며 그를 존중하는 태도를 취했지만, 그의 의견을 포용하지는 않았다. 결국 그는 고립되었다.

1085년 강력한 후원자인 신종이 죽고 신법이 폐지되었으며, 1년 후 왕안석도 죽었다. 몇 달 뒤 사마광마저 죽으면서 신법과 관련한 폭풍은 잦아드는 것 같았다. 하지만 북방의 문제와 과중한 재정 부담은 여전히 존재했다. 3인방이 모두 죽었어도 나라의 문제를 해결해야 한다는 당위는 건재했다. 왕안석과 사마광을 계승한 신법당과 구법당은 이후 수십 년간 치열하게 권력 쟁탈전을 벌였다. 신법당은 몇 차례 승리를 거두었지만 즉각적인 반격을 받고 후퇴하고 말았다.

왕안석이 죽고 40년이 지난 1126년, 여진의 군대가 송나라 수도를 함락시키고 황제 휘종徽宗, 1082~1135과 흠종欽宗, 1100~1161을 포로로 잡았다. 흠종의 황후 주황후는 여진 장교의 아내가 되라는 등의 모욕을 받다 끝내 병들어 죽었고, 휘종의 황후 정황후는 길바닥에서 죽었다. 휘종은 통곡하다 장님이 되었고 흠종은 간신들을 탓하며 우울하게 살다 이역에서 생을 마쳤다.

왕안석의 신법은 결정적인 성공을 이룰 역량이 부족했다. 정부에 동지가 부족했고 백성들의 지지도 충분히 받지 못했다. 그는 오직 황제의 총애와 자신의 신념만으로 개혁을 밀어붙였다. 그러나 성공할 수 없는 개혁은 기울어가는 나라에 분열이라는 충격을 더했고 끝내 송나라는 망하고 말았다. 왕안석은 세력을 확보하지 못한 채 이상에만 매달린 개혁의 실패를 보여주는 대표적인 사례라 할 수 있다.

알렉산드르 2세

산업혁명과
농노제 폐지

　　알렉산드르 2세Alexander II, 1818~1881는 농민을 위해 개혁했지만 농민은 그에게 폭탄을 던졌다. 그는 그가 원하는 개혁을 했고 농민이 원하는 개혁을 하지 않았다. 그의 후계자는 차르와 농민이 결코 화해할 수 없음을 알고 강압적인 전제정을 했고, 결국 농민은 전제정을 타도하고 그의 손자를 죽였다.

　　1812년 천하무적일 것 같았던 나폴레옹Napoléon, 1769~1821은 러시아군 사령관 미하일 일라리오노비치 쿠투조프Mikhail Illarionovich Kutuzov, 1745~1813의 유인 전술과 초토화 전술에 말려 참패했고, 러시아군은 서유럽 문명의 중심 프랑스 파리에 입성했다. 유럽인은 러시아를 몽골과 동일시하며 야만인으로 취급했지만, 어느새 러시아는 유럽을 제패할 정도로 성장해 있었다. 러시아를 맹주로 한 빈Wien체제는 30여 년 동안 유럽을 지배했다.

그러나 러시아는 19세기 산업혁명과 민주주의의 새로운 흐름에 소외된 농노제를 기반으로 하는 낙후한 농업국가였다. 산업혁명 이전에는 강력한 왕권과 광활한 영토, 엄청난 인구로 서유럽과 경쟁할 수 있었지만 산업혁명 이후에는 경쟁력을 현저히 잃어갔다. 러시아의 영광은 순식간에 빛을 잃었다.

파리의 자유로운 공기를 마셨던 러시아 청년 귀족과 지식인들은 음울한 러시아의 공기에 질식할 것 같았다. 1825년 12월 일단의 러시아 청년 장교들이 광장에 집결해 차르에게 입헌군주제와 농노제 폐지 등의 개혁을 요구하는 시위를 벌였다(데카브리스트 봉기). 이들의 평화적 시위는 진압당했고 주동자는 처형당했다.

근대적 개혁을 억누르고 차르의 전제정치를 수호하는 폭압적 통치가 계속되었다. 이는 러시아를 약화시켰고, 마침내 현실로 다가왔다. 1853년 러시아는 흑해로 진출하기 위해 크리미아 전쟁을 일으켰지만, 영국과 프랑스 등의 연합군에 패하고 말았다. 이 전쟁을 통해 러시아의 후진성이 적나라하게 드러났고, 제국주의 시대 열강의 각축에서 국가의 안위가 위태로울 수 있다는 위기감이 러시아를 휩쓸었다.

1855년 37세의 새로운 차르 알렉산드르 2세가 즉위했다. 그에게는 위기의 러시아를 구원하라는 역사적 사명이 있었다. 이를 위해 가장 먼저 해야 할 일은 산업혁명을 일으키는 것이었고, 이를 위해서는 농노제를 폐지해야 했다. 그러나 러시아 귀족들은 대부분 농노를 바탕으로 하는 장원의 영주였다. 니콜라이 셰레메테프Nikolai Sheremetev, 1751~1809 백작의 영지는 총 8,000제곱킬로미터, 거느린 농노가 무려 21만 명이었다. 유럽 소국 룩셈부르크 수준의 영지를 가진 귀족들에게

알렉산드르 2세에게 산업혁명을 일으키는 것과 농노제 폐지는 러시아를 구원하라는 역사적 사명이었다. 대관식을 하는 알렉산드르 2세.

서 농노를 빼앗는다는 것은 국가를 해체하는 데 필적할 대변동이었다.

1861년 농노 해방령은 그렇기에 한계가 분명해 보였다. 농노를 해방시켰지만 농노가 갈 만한 곳이 없었다. 러시아는 해방 농노를 고용할 산업 기반이 없었고 도시로 이동할 교통수단도 부족했다. 농노들은 귀족에 고용된 농업 노동자로서 계약을 맺고 살던 곳에 눌러 살았다. 농민에게 진정한 해방은 오지 않았다.

그러나 농노 해방이 산업혁명을 자극한 것은 분명했다. 풍부한 러시아의 자원이 도시의 공장으로 들어갔고, 자원 수송을 위해 놓은 철도로 해방 농노들이 도시로 들어가 노동자가 되었다. 19세기 후반 영국과 미국이 그랬듯이 러시아도 미친 듯이 철도를 깔았다. 1855년

965킬로미터에 지나지 않던 철도가 1881년에 무려 2만 5,000킬로미터로 늘어났다. 광활한 러시아 대륙은 한결 '좁아졌고', 공업 생산능력은 순식간에 유럽을 따라잡아 대기업 노동자수가 프로이센의 3배나 되었다.

공업화는 사회도 변화시켰다. 지방에는 젬스트보zemstvo라는 자치 의회가 생겼고 프랑스 사법제도가 들어와 봉건적 구속과 처벌이 완화되었으며 데카브리스트Dekabrist 일당에 대한 특별사면 등 민주화 조치도 취해졌다. 전반적으로 인권과 언론, 자유와 평등이 진전되었다. 몽골의 러시아를 유럽의 러시아로 바꾼 표트르 1세만큼이나 알렉산드르 2세는 위대한 차르가 될 것처럼 보였다.

실패한
'브나로드 운동'

그러나 알렉산드르 2세는 인기가 없었다. 귀족들은 농노 해방으로 장원이 흔들리자 그에게 불만을 품었다. 대부분의 농민들 역시 농촌에 긴박된 채 억압적인 봉건체제에 불만을 터뜨렸다. 러시아에는 알렉산드르 2세를 지지해줄 자유주의자나 부르주아가 충분히 존재하지 않았다. 그는 구체제와 신체제의 중간에 끼어버렸다.

시대의 불만을 가장 적극적으로 이용한 것은 인민주의자들, 소위 나로드니키Narodniki였다. 미하일 알렉산드로비치 바쿠닌Mikhail Aleksandrovich Bakunin, 1814~1876 등의 사상에 영향을 받은 일종의 무정부주의자들로서, 민중의 봉기로 혁명을 일으켜야 세상이 변한다는 마르크스 사상에는 동의하지만, 노동자가 부족한 러시아에서는 노동자의 봉기가 아니라 농민의 봉기로 혁명을 이룩해야 한다는 수정주의적 사상을 갖고 있었다.

문제는 농민은 봉건적 존재이므로 혁명적 투사가 될 수 없다는 점이다. 그래서 나로드니키들은 농촌으로 들어가 농민들을 깨우치고 가르치려 했다. 이것이 바로 '브나로드 운동'이다. 그러나 브나로드 운동은 소기의 성과를 거두지 못했다. 농민들을 가르치기에 나로드니키는 너무 도시적이고 지식인의 한계도 벗어나지 못했다.

농민의 지지를 받지 못하자 나로드니키는 점점 자생적 혁명 이론에 빠져들었다. 민중은 가르치지 않아도 혁명을 일으킬 수 있으며, 누군가 선도적인 투쟁으로 폭탄 심지에 불만 붙여주면 된다는 것이었다. 그들은 차르 체제에서 차르를 암살하는 것이 바로 '불을 붙이는 행위'가 될 것이라고 생각했다. 알렉산드르 2세를 향한 암살 시도가 빗발치듯 시작되었다.

1881년 3월 13일, 알렉산드르 2세가 이날의 일정을 위해 예카테리나 운하를 지날 무렵 폭탄이 날아들었다. 폭탄은 차르의 육중한 방탄 마차에 날아가 폭발했지만 그는 무사했다. 그것은 차르를 향한 일곱 번째 암살 시도였다. 너무나도 익숙한 암살 시도와 그 실패로 방심한 탓일까? 차르는 끔찍한 실수를 저질렀다. 그가 부상당한 경호병을 살피러 마차 밖으로 나온 것이다. 기다리던 암살범의 두 번째 폭탄이 차르의 발밑으로 날아들었고 차르는 두 다리를 잃고 길바닥에 나뒹굴었다. 알렉산드르 2세는 몰려든 사람들을 향해 더듬거리며 말했다. "나를 궁전으로 데려가 죽게 하라."

그는 궁전으로 돌아간 후 불과 1시간 30분 만에 숨을 거두었다. 암살범은 소피아 페로프스카야Sophia Perovskaya, 1853~1881라는 여성을 포함한 5명의 나로드니키였다. 차남 알렉산드르 3세Alexander III, 1845~1894가 새로 즉위했다. 새로운 차르는 복수심에 불탔고 개혁의 허망함에 분노했다. 그는 나로드니키를 철저하게 발본색원하는 한편 모든 자유와 진보적 개혁운동에 철퇴를 휘둘렀다. 차르의 전제정치는 더욱 강화되었고 산업

알렉산드르 2세를 향한 암살은 여러 차례 시도되었다. 결국 1881년 3월 13일, "나를 궁전으로 데려가 죽게 하라"는 말이 알렉산드르 2세가 남긴 마지막 말이었다.

혁명은 오직 차르의 군대를 강화하는 수단으로 전락했다.

나로드니키가 바랐던 봉기는 없었다. 숨도 쉬지 못할 엄혹한 탄압 속에 점점 세력이 약화되었다. 그들의 빈자리는 산업혁명으로 성장한 도시 노동자를 기반으로 하는 마르크스주의자들이 차지했다. 그중에서도 레닌과 트로츠키는 노동자뿐만 아니라 노동자의 자식들로 구성된 차르의 군대가 오히려 혁명의 주체가 될 수 있다고 생각하고 전면적이고 즉각적인 사회주의 혁명을 주장했다. 그리고 마침내 1917년 사회주의 혁명을 일으켜 인류 최초의 사회주의 정부를 수립했다. 혁명정부는 1894년 즉위한 마지막 차르 니콜라이 2세Nicholas II, 1868~

1918와 그 일가족을 반혁명 음모로 처형했다.

차르의 근대적 개혁은 일종의 자기 부정이었다. 의도는 선했지만 자신의 존재적 토대를 살피지 못했고 객관적 정세도 읽지 못했다. 그의 개혁은 필연적으로 실패할 수밖에 없었고, 그로 인해 그 자신과 그 후손들은 폭력의 희생자가 되고 말았다. 역사의 수레바퀴에 깔린 불쌍한 인생이랄까? 아무리 황제라 해도 그 잔인한 굴레에서 벗어날 수는 없었던 것이다.

우드로 윌슨

불간섭의 먼로주의와
간섭의 루스벨트 추론

우드로 윌슨은 세계대전이 없는 평화로운 세상을
희망하고 이를 위해 민족자결주의를 포함한 세계평화 14개조를 발표
했다. 제1차 세계대전을 통해 패권국가로 떠오른 미국이 세계를 위해
내놓은 첫 정책이었다. 그러나 그의 제안은 미국에서조차 지지를 받
지 못했고, 결국 쓰러지고 말았다. 그것은 제2차 세계대전으로 이어
졌고 5,000만 명 이상의 사상자가 발생했다.

남북전쟁이 끝나고 남부 노예 문제가 해결되면서 미국은 본격적
인 산업혁명에 들어갔고, 엄청난 자원과 흑인 저임금 노동력으로 세
계 1위 규모의 경제 대국으로 성장했다. 그러나 급격한 자본주의화는
그 모순도 첨예화했고 미국은 보수와 진보의 격렬한 갈등에 휘말렸다.
미국은 제국주의 국가로 전환하면서 특히 중남미에 대한 지배력도 강

화했다. 많은 미국 기업이 중남미에 진출했는데 기업의 이익을 수호하기 위해 정치에 개입하고 심지어 군사적 침략과 주둔도 단행했다.

미국은 이중적이고 모순적인 국가가 되었다. 흑인 저임금 노동력을 확보하기 위해 흑인에 대한 각종 차별 정책을 부활시켰다. 개와 흑인은 버스도 탈 수 없고 식당도 들어갈 수 없었다. 흑인 전용 버스, 흑인 전용 학교, 흑인 전용 식당, 흑인 전용 모텔만 이용할 수 있었다. 반면 산업화의 혜택을 받은 백인은 자본가와 노동자의 평등, 남성과 여성의 평등을 위해 노조와 단체를 만들고 파업과 참정권 투쟁을 벌였다. 대외적으로는 백인 국가와 유색인종 국가를 구분해 미개한 민족을 위한 문명국의 적극적 개입과 보호라는 제국주의적 논리로 유럽에 대해서는 불간섭의 먼로주의Monroe Doctrine, 비유럽에 대해서는 간섭의 루스벨트 추론Roosevelt Corollary이라는 상반된 정책을 취했다.

미국은 백인을 위한 개혁적인 정책을 요구하는 개혁 세력의 투쟁이 격렬해지면서 이에 대해 적대적인 공화당과 우호적인 민주당으로 구분되었다. 1912년 대선에서 민주당 후보로 나선 이가 윌슨이며, 그는 개혁적인 이상주의적 정치인으로 미국의 모순을 한 몸에 안고 있었다.

미국의 제27대 대통령인 윌리엄 하워드 태프트William Howard Taft, 1857~1930는 보수적이고 정적인 정책으로 국민과 정치인들에게서 불신당했다. 당시에는 노예 해방에 찬성했던 공화당이 반대했던 민주당보다 특별히 보수적이지도 않았다. 그래서 공화당 내부의 개혁파들조차 태프트에 반기를 들었고, 이들은 전임 제26대 대통령 시어도어 루스벨트Theodore Roosevelt, 1858~1919의 주위로 뭉쳤다.

미국 제28대 대통령을 뽑는 1912년 대선은 태프트의 공화당, 루

스벨트의 혁신당, 윌슨의 민주
당 3파전으로 치러졌다. 공화
당 지지표와 일부 중도표를 루
스벨트가 가져갔지만 민주당
지지표까지 가져가지는 못했
다. 선거 결과 윌슨 42퍼센트,
루스벨트 27퍼센트, 태프트 23
퍼센트로 윌슨은 과반을 획득
하지 못했지만 대부분의 주에
서 승리해 선거인단 투표에서
는 435대 88대 8로 압도적 승
리를 거두었다.

윌슨은 개혁적인 이상주의적 정치인이었
다. 1912년 대선에서 윌슨은 공화당의
태프트와 혁신당의 루스벨트를 물리쳐
승리를 거두었다.

윌슨은 자신에게 권력을 집
중시켰다. 믿을 만한 측근에게
만 자리를 주고 행정부 전체를 철저하게 통제했다. 이러한 지배력을
토대로 각종 경제적 개혁 법안을 통과시켰다. 관세율을 낮춰 독점재
벌에 대한 과도한 보호를 종식시키고 미국 시장에 경쟁을 도입했으며
누진세율을 적용해 부자들에게 더 많은 세금을 걷도록 했다.

또 연방통상위원회법과 트러스트 금지법 등을 마련해 독점적 대
기업 연합을 해체하거나 규제할 수 있는 장치를 마련했다. 그러나 윌
슨의 개혁안은 미비한 것이 많았다. 트러스트를 해체할 강력한 내용
이 법안에 담기지 못했고 여성 참정권이나 흑백 분리 금지 등 차별에
대한 개혁도 미비했다.

세계평화를 위한
14개조

1916년 대선의 이슈 중 하나가 유럽에서 일어난 세계대전에 참전할 것인지였다. 당시 미국은 유럽의 전쟁 특수를 누리고 있었고 이를 위해서 영국을 지지했다. 미국은 분명 전쟁으로 끌려가고 있었지만, 평화주의자들은 참전을 반대했고 대선 승리를 위해서는 이들의 지지가 필수적이었다. 윌슨은 참전에 모호한 태도를 취함으로써 공화당과 차별성을 부각했고, 결국 선거인단 투표에서 277대 254, 아주 근소한 차이로 승리했다.

대선이 끝난 후 윌슨은 전쟁으로 기울어졌다. 독일이 '무제한 잠수함 작전'을 통해 미국 선박을 격침시켰다. 독일이 미국을 고립시키기 위해 멕시코와 연합해 전선을 아메리카로 확대하려 한다는 첩보도 입수되었다. 러시아혁명도 미국이 사회주의를 저지하기 위해 유럽에 개입해야 한다는 명분을 주었다. 결국 1917년 4월 미국은 참전을 결정했다.

윌슨은 먼로주의와 평화주의, 미국의 국익이라는 세 가지 모순 속에서 참전의 명분과 전후 처리를 고민해야 했다. 그래서 내린 결론은 미국이 주도하는 세계평화를 위한 새로운 질서를 구축하자는 것이었다. 이는 미국이 참전해 결정적으로 승패에 영향을 끼쳐야만 가능한 것이었고, 실제로 미국은 교착 국면에 빠진 전쟁을 영국 등 연합국의 승리로 이끌면서 그 조건을 현실화했다.

1918년 1월 8일 윌슨은 의회에서 세계평화를 위한 14개조를 발표했다. 14개조는 첫째, 전후 패전국 처리와 유럽 국경의 재조정, 둘

월슨은 민족자결주의를 포함한 세계평화 14개조를 발표했지만, 미국에서조차 지지를 받지 못했다. 더구나 그의 이상은 승전국의 이익 앞에 무너졌다. 우드로 월슨 내각(1918년).

째, 민족자결주의 등 전후 평화체제 구축, 셋째, 국제적 분쟁을 조정하기 위한 국제연맹 창설로 정리할 수 있다. 월슨은 그의 제안에 국민과 의회가 쌍수를 들어 환영할 거라 생각했지만 현실은 그렇지 않았다. 미국은 전쟁에 투입된 비용을 만회하고자 했고, 국제 분쟁에 개입함으로써 발생할 비용이 국민에게 세금 부담으로 가는 것도 원치 않았다.

제1차 세계대전의 처리를 위해 파리강화회의에 참석했을 때도 마찬가지였다. 월슨은 파리 시민들에게 열렬한 환영을 받았지만, 회의 석상에서 승전국들의 격렬한 반대에 부딪혔다. 특히 전쟁으로 큰 피해를 입은 프랑스는 막대한 복구 비용을 위해 독일에 대한 징벌적 배상을 원했고 실제로 독일 자원 지대를 점령하는 등 행동으로 나섰다.

세계평화를 위한 이상은 승전국의 이익 앞에 무너졌다. 미국 내에서도 국제연맹 가입과 관련한 거센 반대에 부딪혔다. 그 실패를 가슴에 안은 채 윌슨은 국제연맹을 위해 미국인을 설득할 전국 연설 투어에 나섰다. 그러나 그것은 너무나도 심적으로나 육체적으로 부담스러운 것이었다. 그는 심지어 민주당 내에서조차 고립되어 있었다. 결국 투어 도중 심장마비로 쓰러졌고 대통령직은 토머스 마셜Thomas Marshall, 1854~1925 부통령이 이어받았다. 그는 윌슨의 14개조에 반대하는 사람이었다.

우리는 3·1운동을 평가할 때 민족자결주의는 허구였으며 이를 과신한 민족대표들 때문에 독립에 실패했다고 평가한다. 결과만 보면 올바른 평가지만 1919년 2~3월 당시 상황만 놓고 보면 억울한 평가다. 세계 패권은 미국이 쥐었고 미국의 대통령 윌슨이 민족자결주의를 열렬히 추진하고 있었기 때문이다. 미국의 힘과 의지가 명백해 보였기 때문에 당시에는 믿고 갈 수밖에 없었다.

윌슨은 독점자본의 폐해와 제1차 세계대전의 파괴적 성격을 충분히 인지하고 있었고, 그래서 대통령 재임 기간에 트러스트를 규제하고 세계평화를 위해 노력했다. 그러나 그의 정책은 완벽하지 않았고 특히 미국의 제국주의적 성격을 제거하는 노력을 소홀히 했다. 이상은 명확했지만 민주적 정책이나 침략적 정책에 대한 개혁에 소홀했기 때문에 그의 정책이 전체적으로 부조화에 빠져 있었던 것이다. 한마디로 그는 불철저한 개혁가였다. 그의 이상은 실패할 수밖에 없었고, 미국은 대공황과 제2차 세계대전의 늪에 빠져들게 되었다.

체 게바라

20세기 혁명의
아이콘

　　　　　체 게바라Ché Guevara, 1928~1967는 사회주의를 꿈꾸었지만 그가 희망한 사회주의는 현실에서 존재하지 않았다. 20세기 최후의 이상주의자는 혁명을 위해 모든 것을 희생했고 역사의 아이콘이 되었지만 동지들은 그를 배신하고 이용했다.

　　체 게바라의 본명은 에르네스토 라파엘 게바라Ernesto Rafael Guevara다. 아르헨티나의 자유로운 백인 중산층 가정에서 태어났으며, 특히 어머니의 지극한 사랑을 받고 성장했다. 그의 어머니 셀리아 데 라 세르나Celia de la Serna는 게바라가 2세 때 천식으로 죽음 일보 직전까지 가자 그가 자립할 수 있도록 자유롭게 키웠다. 게바라는 어릴 때부터 발작이 일어나면 스스로 주사를 놓아 치료할 정도로 자립심이 강하면서도 항상 죽음을 느끼면서 생과 사를 초월한 용맹스럽고 초탈

한 청년으로 성장했다.

자신의 병 때문에 그는 의학에 관심이 많았고 의사라는 직업이 대단히 자유로운 직업임을 깨달았다. 어디를 가든 의사는 환영받는 존재였기 때문이다. 그는 여러 차례 낙방 끝에 의대에 진학했고 이때 오토바이를 타고 남미 전역으로 방랑 여행을 떠났다. 이 여행에서 그는 두 가지를 발견했다. 고통받는 민중의 삶과 아메리카인의 동질성. 그는 국경과 민족을 초월한 국제적 사회주의 혁명을 꿈꾸고 당시 좌파들의 망명지였던 멕시코시티로 갔다.

멕시코시티에서 만난 피델 카스트로Fidel Castro, 1926~2016와 의기투합해 쿠바혁명을 위해 목숨을 바치기로 했다. 1956년 11월, 20인승 요트 그란마에 탄 혁명전사 82명은 심한 뱃멀미에 시달리며 카리브해를 헤치고 마침내 쿠바 해안에 상륙했다. 그러나 기진맥진한 전사들을 반긴 것은 쿠바군이었고 전사들은 겨우 20여 명만 살아남아 시에라 마에스트라 산맥으로 숨어들었다. 이들은 농민의 지지와 보호 속에 2년 동안 1만여 쿠바군의 봉쇄 속에 생존을 목표로 힘든 투쟁을 이어갔다.

게바라는 의사였지만 전사가 되었다. 그는 살리는 것보다 죽이는 것에 능했다. 천식으로 발작을 일으키기도 하고 걸을 때도 남들보다 늦게 걸었지만 전선에서는 가장 용맹한 병사였다. 호흡기 환자임에도 벌레를 쫓을 수 있고 체취도 덜 난다며 굵은 시가를 항상 피웠는데 이는 그의 상징이 되었다. 전사들은 산 속에서 1년 내내 씻지도 못하고 비위생적인 환경에서 지냈지만, 게바라는 개의치 않았고 죽음을 가까이 하고 자신과 남에게 항상 엄격해서 동지들도 그를 두려워했다.

생존에 성공한 혁명전사들은 공세로 전환했다. 1958년 게바라가

게바라는 의사였지만 전사가 되었다. 남들보다 늦게 걸었지만 전선에서는 가장 용맹한 병사였고, 굵은 시가는 그의 상징이 되었다.

지휘하는 특공대 150여 명이 쿠바를 동서로 가로지르는 강행군에 나섰다. 쿠바 공산당까지 반대했던 카스트로와 게바라의 무장봉기는 민중의 지지 속에 순식간에 확산되었다. 당시 쿠바인들은 미국에 예속된 정권의 무능과 부패에 지쳐 혁명을 갈망하고 있었고, 이를 위한 과감한 투쟁을 요구했다. 무모해 보이던 무장봉기 전술이 절묘하게 맞아떨어진 것이다.

1958년 12월 31일, 신년 축하를 위해 모인 상류층 앞에서 풀헨시오 바티스타 살드비바르Fulgencio Batista Zaldvívar, 1901~1973 대통령이 하야를 선언하고 도망친 후 쿠바 혁명군이 대통령궁으로 밀어닥치면서 혁명은 성공했다. 쿠바혁명만큼 극적인 무장봉기도 없었고, 특히 미국의 안마당에서 일어난 사회주의 혁명이라 충격이 컸다.

무장 게릴라들의
지도자

아르헨티나인 게바라는 쿠바혁명 이후 쿠바인이 되어 쿠바 정부에서 혁명 사업에 헌신했다. 그는 독재정권 시절 부역자를 색출해 체포·처형하는 일을 담당했다. 냉정하고 엄격한 그를 비난하는 목소리에 게바라는 "공직자들이라면 처형장에서 책임감을 느끼고 가야 한다"고 응수했다. 이어 국립은행 총재, 산업부 장관 등을 지내며 쿠바에 사회주의 경제체제를 수립하려 노력했다. 그는 지도자의 헌신을 강조하며 거의 잠도 자지 않고 직접 트랙터를 몰고 사탕수수를 나르며 함께 노동하는 정치인을 실천했다.

게바라는 사회주의자였지만 카스트로는 민족주의자에 가까웠다. 그러나 쿠바혁명 이후 미국의 경제 봉쇄와 군사적 압박으로 카스트로는 점차 친소적 경향을 띠었고 게바라는 소련의 패권주의에 거부감을 보이며 반反소련화되었다. 사회주의의 대의에 충실한 원칙적이고 이상주의적 태도는 현실 사회주의자들이나 유럽 좌파들에게 비현실적으로 보였다. 프랑스 공산당은 심지어 게바라를 "프티부르주아적 몽상가"라고 공격하기도 했다.

1965년 카스트로와 게바라는 결국 결별하고 말았다. 게바라는 편지를 남기고 잠적했다(게바라의 편지는 훗날 카스트로에 의해 공개되었는데, 쿠바에서 모든 공직과 기득권을 버리고 세계의 사회주의 혁명을 위해 떠난다는 내용이었다. 이 편지는 게바라를 전설적 혁명가로 포장하는 데 최고의 역할을 했지만 카스트로에 의해 조작되었다는 주장도 있다). 그는 한참 후 자이르에 나타났다. 자이르는 벨기에의 식민지였다가 독립했다. 하지만 벨기에에 진출해 있는 유럽 자본을 보호하기 위해 벨기에와 CIA의 사주를 받은 군부 쿠데타로 민주적 파트리스 루뭄바Patrice Lumumba, 1925~1961 정권이 무너지고 내전에 휩싸여 있었다. 게바라는 아프리카 반제국주의 운동의 상징인 자이르에서 무장 게릴라들의 지도자로 새 출발을 하려 했다. 그러나 자이르에서 게바라는 실패했다. 그는 아프리카어를 할 줄 몰랐다. "내가 분노를 담아 연설하면 통역이 스와힐리어로 말해주는데, 종종 청중들은 폭소를 터뜨렸다."

소통도 되지 않고 남미와 역사적 배경이 달라 그의 혁명 전술은 먹히지 않았다. 게다가 다른 환경 때문에 건강도 나빠졌다. 그는 결국 남미로 돌아와야 했다. 게바라는 이번에는 볼리비아로 갔다. 볼리비아는 5개국과 국경을 접해 혁명을 전파하기 용이한 지리적 조건을 갖고 있었다. 그러나 볼리비아에서도 그는 성공하지 못했다. 그는 두 가지 장애를 만났다.

첫째, 현실 사회주의자들이 그를 거부했다. 볼리비아 공산당은 오직 볼리비아 혁명을 위한 투쟁을 원했다. 그들은 일국사회주의를 주장했고 이미 세계 사회주의의 대의를 잃어버린 지 오래였으며, 게바라의 혁명 전술을 무모하고 비현실적이라며 협조를 거부했다.

둘째, 남미는 쿠바와 역사적 환경이 많이 달랐다. 쿠바는 흑인과 백인이 다수이고 스페인어로 의사소통이 가능하지만 남미는 원주민이 많고 토착어를 사용해서 의사소통이 되지 않았다. 쿠바처럼 첨예한 계급 갈등도 약해서 게바라가 원하는 투쟁 의지도 부족했다. 게다

게바라는 사회주의의 이상을 현실에 구현하는 데 실패했다. 게바라의 초상화처럼 독재와 빈곤으로 몰락한 현실 사회주의의 쓸쓸한 모습만 남았다. 쿠바 수도 아바나의 혁명광장.

가 그가 스카우트한 프랑스인 등 백인 혁명가들은 정부군의 폭력에 쉽게 의지가 꺾였다. 게바라의 존재와 그들의 전술이 정부군과 정보부에 쉽게 새어나갔다.

1967년 미군이 훈련시킨 특수부대 700여 명의 추격 끝에 게바라가 포위되고 말았다. 탈출을 시도했지만 결국 체포되었고, 지휘관의 심문에 순순히 자백했다. "나는 체 게바라다."

그는 포로로서 대우받지 못하고 현장에서 즉결 처형을 당했다. 마르크스주의는 사회주의 혁명까지의 경로를 과학적으로 밝혔지만 그 이후에 대해서는 기독교의 천년왕국을 되풀이했을 뿐이다. 혁명 이후는 미지의 세계에 대한 끊임없는 탐험과 실험의 연속이었다. 그 시도는 충분히 존중받을 만하지만, 불행히도 그 결과는 처참한 실패였다. 게바라는 실패를 극복하고자 하는 혁명가들에게서 1960년대부터 대표적 아이콘으로 숭배받았지만, 그 역시 사회주의의 이상을 현실에 구현하는 데 실패한 셈이다. 독재와 빈곤으로 몰락한 현실 사회주의의 쓸쓸한 모습은 게바라의 초상화와 함께 흑백사진의 명암처럼 우리에게 다가오고 있다.

제
8
장

여성 지도자

테오도라

유스티니아누스와
테오도라

　　　　테오도라Theodora, 506?~548는 로마의 위대한 여왕
이었지만, 항상 모든 업적은 남자가 주어로 기록되기 때문에 '위대한'
이라는 형용사를 제외하고 그녀에게 붙일 만한 업적을 찾기가 쉽지
않다. 여성의 역사를 설명하는 것은 그래서 어렵다.

　서로마가 476년 게르만족 용병대장 오도아케르Odoacer, 433~493
에게 패배한 것을 우리는 로마 제국의 멸망이라고 한다. 그러나 로마
제국은 멸망하지 않았다. 당시 로마 제국의 수도는 콘스탄티노플이었
고, 황제 제논Zēnōn, 435?~491이 제국을 다스리고 있었기 때문이다. 그
럼에도 476년을 로마 멸망으로 보는 이유는 게르만족의 일파인 프랑
크족이 프랑크 왕국을 건설하면서 자신들의 역사적 정통성을 로마에
두었기 때문이다. 즉, 로마의 교황과 프랑크 왕국이 결합해 만들어진

로마 가톨릭 체제의 역사적 정통성을 위해 엄연히 존재하는 로마 제국을 멸망시켜야 했던 것이다.

정권의 정당성을 로마 제국에서 끌어오는 것은 프랑크 왕국의 카롤루스Carolus, 742~814 대제, 신성로마제국의 오토Otto, 912~973 대제, 프랑스의 나폴레옹 등 유럽 역사의 전통이었다. 이러한 '만들어진 고대사'는 오늘날 유럽의 진보적 역사가들이 고대사 연구 자체를 부정하는 흐름으로 나타나기도 했다. 하지만 로마, 즉 동로마 황제들은 한 번도 그런 생각을 수용한 적이 없었다. 자신을 로마의 황제이며 기독교의 수호자라고 생각했고, 이탈리아와 로마를 지배해야 한다고 생각했다. 그리고 여러 황제가 이런 생각을 적극적으로 실천했는데, 그중 대표적인 황제가 유스티니아누스Justinianus, 483~565와 테오도라였다.

로마는 오현제五賢帝 시대가 끝난 후 군인들의 추대로 황제가 즉위하는 경우가 많았다. 유스티누스 1세Iustinus I, 450~527의 즉위도 그와 밀접한 연관이 있었다. 518년 황제 아나스타시우스Anastasius, 430?~518가 아들 없이 죽자 황궁 경비대는 그들의 사령관이자 아나스타시우스의 조카인 유스티누스 1세를 황제로 추대했다. 이로써 트라키아 지방의 농민 출신으로 문맹인 60대의 유스티누스 1세가 황제로 즉위했다. 하지만 늙고 무식한 황제는 실질적인 통치력이 없어 지혜로운 조카 유스티니아누스에게 의존할 수밖에 없었다(그는 유스티누스 1세의 양자로 입적되자 이름을 페트루스Petrus에서 유스티니아누스로 바꾸었다). 그러니 유스티니아누스가 차기 황제가 되는 것은 당연한 일이었다.

그런데 한참 문맹 황제를 위한 권력자로 활약할 무렵 유스티니아누스는 테오도라를 만났다. 그녀는 여배우 출신이었으며 미천한 신분이었다. 그녀의 아버지는 서커스에서 곰을 다루는 조련사였고 어머니

유스티니아누스는 늙고 무식한 농민 출신의 유스티누스 1세를 대신해 로마 제국을 지배했다.

는 곡예사였으며 그녀는 언니와 함께 광대극을 공연했다. 당시 배우들이 나체로 공연하는 일이 종종 있었는데, 그녀는 아름다운 몸매로 찬양받는 인기인이었다.

그녀는 한때 고관의 정부가 되어 북아프리카까지 갔는데, 거기서 다투고 헤어진 후 알렉산드리아로 가서 성직자를 만나 기독교 신자가 되었다. 당시 기독교는 아리우스파, 네스토리우스파, 단성론, 정통파 등으로 분열되어 대립했는데 알렉산드리아는 단성론의 본부였다(다신교의 전통이 강했고 종교에 대해 비교적 개방적이었기 때문에 로마나 콘스탄티노플은 의외로 기독교가 강하지 못했다. 기독교가 가장 강한 곳은 북아프리카의 이집트였고, 그래서 이집트의 중심 도시 알렉산드리아가 강력한 영향력을 행사했다. 초기 기독교 역사에서 단성론이 강세를 띤 것도 이 때문이었다). 그녀는 일평생 단성론의 열렬한 지지자로 살았다.

로마 제국을 공동으로 통치하다

산전수전 다 겪으면서 30대 중반이 되어 아름답고 성숙하고 품위까지 갖춘 그녀에게 유스티니아누스는 한눈에 반했다. 그러나 장차 황후가 될지도 모르는 여자가 여배우라는 것은 곤란한 일이었다. 원로원에서도 반대했고 황후 유페미아Eufemije(유스티니아누스의 양모)도 반대했다. 하지만 유페미아가 일찍 죽는 바람에 반대는 누그러졌다. 결국 525년 하기아 소피아 성당에서 둘은 행복한 결혼식을 올렸다. 그리고 2년 뒤 유스티누스 1세가 죽자 유스티니아누스는 새로운 황제로 등극했다.

유스티니아누스는 즉위 직후 커다란 위기에 봉착했다. 그는 강한 제국을 만들기 위해 유능한 경제 전문가와 법률 전문가를 등용했고, 이들은 유스티니아누스 법전을 완성하는 등 엄청난 업적을 남겼지만, 징세와 엄격한 법 적용에 불만을 품은 콘스탄티노플 시민들이 반발한 것이다. 시민들은 원형경기장에 모여 '니카(이겨라!)'라는 구호를 외치며 황제에게 도전하더니 마침내 폭동을 일으켰다. 그들은 닥치는 대로 관공서를 파괴하고 심지어 새로운 황제를 세우겠다며 그 이름을 외치고 다녔다. 유스티니아누스는 바다로 탈출할 것을 궁리했다. 그때였다.

"태어난 자는 죽기 마련입니다. 황제가 두려움에 몸을 피한단 말입니까? 저는 죽는 순간까지 황후의 명칭을 버리지 않을 것입니다. 황제여. 안전하게 피신한 뒤, 당신이 지금의 선택을 후회하지 않을지 생각해보세요. 저는 자주색 옷(황후의 옷)은 가장 고귀한 수의壽衣라는 말을 따를 것입니다."

테오도라의 호소로 상황은 역전되었다. 유스티니아누스는 장차 그의 치세를 대표할 유명한 장군 벨리사리우스Belisarius, 505?~565에게 무력 진압을 명령했다. 수만 명의 시민이 원형경기장에서 학살당했다. 시민들에 의해 새로운 황제 물망에 올랐던 히파티우스Hypatius도 처형당했다. 히파티우스는 정작 황제가 될 생각이 없었고 단지 시민들이 그의 이름을 언급했을 뿐이지만, 테오도라는 앞으로 후환이 될 것이라며 강력하게 처형을 주장했다.

532년 '니카의 난'이 진압된 후 548년 테오도라가 죽을 때까지 로마 제국은 황제와 황후가 공동으로 통치했다. 모든 결정은 유스티

'니카의 난'이 진압된 후 테오도라는 유스티니아누스와 함께 로마 제국을 공동 통치했다. 하지만, 수많은 유스티니아누스의 업적은 테오도라에게서 나온 것이다.

니아누스의 이름으로 발표되었지만, 그녀는 항상 남편과 국정을 의논했고 남편의 이름으로 자신의 정책을 발표하기도 했다. 하기아 소피아 성당의 완공, 과거 로마 제국 영토의 회복, 로마 교황과의 관계 설정, 경제적 번영 등 수많은 유스티니아누스 치세의 업적이 테오도라의 삶을 이야기할 때 함께 언급되는 것도 이 때문이다. 그녀는 한 편지에서 이렇게 당시 상황을 밝혔다. "남편은 먼저 내 조언을 듣지 않으면 아무 일도 하지 않는답니다."

테오도라는 이외에도 남편의 권력을 지키기 위해 몇 가지 일을 했다. 당시 가장 강력한 장군인 벨리사리우스를 끊임없이 견제하는 역할은 그녀의 몫이었다. 그녀는 벨리사리우스의 아내 안토니아Antonia와 함께 장군이 군인들에게 차기 황제로 추대되는 일이 없도록 적절히 견제했던 것이다. 그 덕분에 유스티니아누스는 벨리사리우스와의 우정을 지키며 그를 계속 신하로 둘 수 있었다.

또 열렬한 단성론자로서 당시 분열된 기독교 사회의 갈등을 무마하는데도 중요한 역할을 했다. 유스티니아누스가 정통론자로서 단성론이나 아리우스파에 적대적이었지만, 테오도라가 적절히 남편의 신앙을 견제했기 때문에 단성론자들이 안심할 수 있었던 것이다. 그 덕분에 황제는 단성론을 억압하면서도 대규모 저항으로 비화하는 것을 억제할 수 있었다. 테오도라는 로마 교황과 비밀협정을 맺어 로마 교황에 제국이 영향을 미칠 수 있도록 조치하기도 했다.

무엇보다 그녀의 비중은 죽은 뒤에 두드러지게 나타났다. 테오도라가 죽은 후 특히 성직자들은 공공연히 황제에게 반기를 들었다. 국방력도 약화되어 이민족의 침입에 끊임없이 시달렸다. 쿠트리구르족이라는 이름도 없는 소수민족이 국경 방어선을 돌파해 수도 근처까지 쳐들어오기도 했다. 벨리사리우스는 황제 자리를 노리고 있다는 참소로 모든 직위를 박탈당하기도 했다. 테오도라가 없는 말년의 황제는 무기력했고 제국은 혼란스러웠다.

테오도라의 업적은 대부분 유스티니아누스의 업적으로 포장되어 그 실체를 밝히기 어렵다. 하지만 로마는 전통적으로 여성 정치인의 역할이 컸고 특히 권력 승계와 관련해서는 테오도라의 활약이 그리 낯설기만 한 것은 아니었다. 여성이 스스로 기록을 남기지 못한 시대에 여성의 역사를 쓰려면 좀더 과감한 해석이 필요하다. 그런 점에서 테오도라는 상당히 매력 있는 여성 정치인이라고 평가할 수 있다.

예카테리나 2세

독일인 표트르 3세가
러시아를 지배하다

1761년 러시아에 새로운 차르 표트르 3세Peter III, 1728~1762가 즉위했을 때 분명 러시아는 심각한 정체성의 혼란을 겪고 있었다. 표트르 3세는 독일인이었기 때문이다. 이는 유럽 왕실의 복잡한 혼인 관계와 외가·처가에도 왕위 계승권을 인정하는 상속제도 때문이었다. 독일인인 표트르 3세는 그의 외조부가 표트르 1세 Pyotr I, 1672~1725여서 그의 이모인 옐리자베타 페트로브나Elizaveta Petrovna, 1709~1761 여왕이 죽자 즉위할 수 있었다.

그는 14세가 되던 1742년 옐리자베타 여왕이 자식이 없자 황태자로 책봉되어 러시아에서 살기 시작했다. 하지만 러시아어도 잘하지 못했고 춥고 후진적인 러시아에 애정도 없었다. 그는 독일을 그리워했고 심지어 여자도 러시아 여자를 멀리하고 독일 여자를 가까이

했다. 그래서 결혼도 독일 여자인 소피 프레데리케 아우구스테Sophie Friederike Auguste, 1729~1796와 했다. 황태자비 소피는 개신교도로서 프로이센의 귀족 출신이었다.

표트르 3세는 처음에는 결혼 생활에 만족했다. 독일어로 대화할 수 있는 독일인 아내가 있었기 때문이다. 그러나 시간이 흐르면서 점차 둘의 관계는 소원해졌다. 그 원인은 소피가 제공했다. 그녀는 러시아 황태자비로서 러시아에 충성해야 한다고 생각했다. 그래서 개신교를 버리고 러시아의 그리스 정교회로 개종했으며 이름도 러시아식으로 예카테리나 알렉세예브나 세냐비나Ekaterina Alekseyevna Senjavina로 개명했다. 러시아어를 열심히 배웠고 러시아 귀족들과 사귀려고 노력했다. 아내가 러시아화되자 그의 애정도 식었다. 그는 곧 바람을 피우기 시작했다.

1761년 옐리자베타 여왕이 죽고 표트르 3세가 새로운 차르로 즉위했지만 새로운 차르는 이모의 죽음에 별 감흥이 없었다. 그는 술을 마시고 잡담을 하며 러시아와 전쟁을 벌이던 독일을 걱정했다. 독일이 정당하고 러시아가 잘못했다는 식이었다. 이는 전쟁을 치르는 군대와 국민들을 자극하는 행위였다. 반면 예카테리나는 여왕의 시신을 지키고 문상을 받는 등 상주로서 역할을 성실히 했다. 그녀의 진실된 애도의 태도와 러시아에 대한 애국의 자세에 모두 감명받았다. 이제 러시아는 '독일인' 차르와 '러시아인' 여왕 사이에서 선택을 해야 하는 처지에 몰렸다.

마침내 즉위 6개월 만에 표트르 3세는 쿠데타에 의해 폐위되고 예카테리나 2세가 즉위했다. 러시아군이 프로이센의 수도 베를린을 함락시켰는데 차르가 일방적으로 프로이센과 강화조약을 맺으려 했고

엘리자베타 여왕이 세상을 떠나자 표트르 3세가 새로운 차르로 즉위했지만, 그는 술을 마시고 잡담을 하며 러시아와 전쟁을 벌이던 독일을 걱정했다.

러시아 군복을 프로이센 군복처럼 바꾸려 한 것이 결정적이었다. 폐위당한 표트르 3세는 얼마 후 세상을 떠났는데 사인은 복부 내출혈로 발표되었다. 그러나 일부에서는 예카테리나 2세가 후환을 없애기 위해 죽였다고 수군댔다.

"국민이 군주를 위해 만들어진 것이 아니라 군주가 국민을 위해 만들어진 것이다. 군주 정치의 진정한 목적은 백성에게 그들이 타고난 자유를 빼앗는 것이 아니라, 가장 높은 선에 이르도록 그들을 올바로 이끄는 것이다."

18세기 동유럽은 계몽 군주의 시대였다. 서유럽은 식민지와 중상주의를 바탕으로 한 경제력을 기반으로 부르주아가 성장하고 근대로 넘어가고 있었다. 하지만 동유럽(독일과 러시아)은 식민지도 없고 부르주아도 없어 여전히 중세 봉건사회에 머물러 있었다. 그래서 동유럽 군주들은 군주의 힘으로 귀족을 억압하고 부르주아와 경제를 육성하는 정책을 취했다. 근대적 개혁과 계몽의 주체가 부르주아가 아닌 군주라고 해서 계몽 군주의 시대라고 하는 것이다.

예카테리나 2세는
계몽 군주다

독일의 계몽 군주가 프로이센의 프리드리히 2세 Friedrich Ⅱ, 1712~1786와 오스트리아의 요제프 2세Joseph Ⅱ, 1741~1790라면 러시아의 계몽 군주는 예카테리나 2세였다. 그녀는 학교를 세우고 학문과 예술을 장려했다. 유럽의 많은 화가가 예카테리나 2세의 궁전을 치장할 그림을 그렸고, 유럽의 유명한 철학자였던 볼테르Voltaire, 1694~1778와 드니 디드로 등이 초빙되어 그녀와 계몽주의에 대해 논의하기도 했다. 러시아를 대표하는 무대 예술인 발레의 발전도 이 시기의 빛나는 업적 중 하나였다. 그녀의 치세 기간에 러시아 예술은 훗날 톨스토이가 나올 수 있는 충분한 자양분을 제공할 정도로 발달했다.

정치제도 개혁에도 나서 헌법을 제정하고 국민의 의견을 수렴할 기구를 만들고자 시도했다. 비록 성과는 미미했지만 그녀의 시도는 이후 러시아 정치개혁의 중요한 토대가 되었다. 그러나 그녀의 근대적 개혁은 한계가 많았다. 기본적으로 왕권은 귀족의 지지를 토대로 하기 때문에 근대적 개혁을 하면 할수록 그녀의 정치적 기반도 허물어졌다. 프랑스혁명은 이를 극적으로 보여준 것이고, 그녀는 말년에 프랑스혁명과 루이 16세의 처형을 보면서 모골이 송연해졌다. 유럽의 모든 군주는 예외 없이 프랑스혁명을 계기로 반동정치에 들어갔고, 그녀도 마찬가지였다.

예카테리나 2세가 농노제를 폐지하지 않은 것에 대해 비판을 하기도 한다. 그러나 당시 서유럽에서도 농노제는 유지되고 있었다. 프랑스에서 농노제가 폐지된 것은 프랑스혁명 와중인 1789년이었고, 프

예카테리나 2세는 러시아 정치개혁의 중요한 토대를 마련하고 영토를 확장해서 러시아를 강대국으로 발돋움시켰다.

로이센에서 농노제를 폐지한 것은 1807년 10월 칙령에서였다. 농노제보다 더한 노예제는 미국에서 1863년에야 비로소 폐지되었다. 어떤 계몽 군주나 전제 군주도 농노제를 폐지하지 않는데, 유독 예카테리나 2세만 비난하는 것은 이상한 일이다.

예카테리나 2세의 가장 큰 업적은 영토 확장이었다. 프로이센의 동진을 막고 폴란드를 분할하며 서쪽 국경을 견고히 다지며 동유럽에서 확고한 지배권을 확보했다. 또 시베리아를 횡단하고 끊임없이 동진해 태평양을 건너 알래스카와 아메리카 북서부까지 영토를 확장했다. 남쪽으로는 크리미아 반도를 점령해 흑해 연안까지 진출했다. 그녀가 살아 있는 동안 유럽의 변방이었던 러시아는 강대국으로 발돋움했고, 러시아는 훗날 그녀의 손자인 알렉산드르 1세Aleksandr I, 1777~1825가 나폴레옹을 무찌르고 유럽의 맹주가 되기에 이르렀다.

그녀가 살아 있는 동안 아무도 러시아를 무시하지 못했다. 서쪽으로 유럽, 남쪽으로 이슬람 제국, 동쪽으로 중국까지 모두 러시아의 공세에 숨을 죽였다. 아마 세계 역사가들이 예카테리나 2세에 대해 비난 일색인 것은 이에 대한 원한이 아니었을까?

일부 역사가들은 예카테리나 2세가 계몽 군주가 아니라 전제 군주였다고 비판한다. 이것은 일방적인 평가라고 할 수 있다. 프로이센의 프리드리히 2세 역시 전제 군주로 평가하기도 한다. 그렇기에 프리드리히 2세가 세운 베를린 궁전도 나치 패망 이후 철거되었고 지금까지 복원하지 못하고 있다. 계몽 군주는 귀족의 저항을 억누르고 일방적으로 군주가 근대적 개혁을 추진했기 때문에 당연히 군주 독재정치였다. 서유럽처럼 시민이 형성되지 못한 상태에서 시민 참여를 보장하는 민주적 개혁을 요구한다는 것 자체가 난센스다.

그런 측면에서 예카테리나 2세에 대한 비난은 러시아와 여성 군주에 대한 일방적 편견이라고 볼 수 있다. 남자라면, 혹은 서유럽이라면 으레 넘어갔을 것들이기 때문이다. 우리는 여왕에 대한 역사적 인식이 얼마나 편협한지 예카테리나 2세를 통해 알 수 있다. 그럼에도 그녀의 위대한 업적이 러시아 국민들 사이에 존경으로 남아 있다는 것에 놀라지 않을 수 없다. 18세기 여성 계몽 군주의 모습이야말로 근대 정치에 대한 현대인의 인식을 보여주는 거울인 것이다.

락슈미바이

영국,
토후국을 정복해나가다

락슈미바이Lakshmibai, 1835~1858는 인도의 토후국
인 잔시Jhansi의 여왕으로 19세기 세포이 항쟁 당시 반영反英운동의
상징적 지도자이자 영웅이었다. 최근 고등학교에서 세계사를 배운 사
람이라면 어렴풋이 알고 있겠지만, 세계사를 선택한 학생이 워낙 소
수여서 대부분 낯선 이름일 것이다. 더군다나 세계사라 해도 서양사
와 중국사에 편중된 한국의 현실에서 락슈미바이를 자세히 다룬 책을
접할 기회는 거의 불가능할 것이다. 여기서는 2019년 개봉한 인도 영
화 〈마니카르니카: 잔시의 여왕〉과 함께 그녀의 삶과 투쟁을 재구성
하고 그 의미를 알아보겠다.

락슈미바이는 인도 서북부 바라나시 지방의 명문가에서 태어났
다. 원래 이름은 마니카르니카(신들의 보석)였고, 어릴 때부터 무술과

승마 등을 배워 여성 전사로 자랐다. 14세 때 잔시 왕국의 마하라자 Maharaja 왕에게 시집갔고, 왕비로서 락슈미바이라는 호칭을 받았다. 락슈미바이는 힌두교의 부와 행운의 여신으로 비슈누의 아내다. 왕과 왕비는 금슬이 좋았고 왕비는 궁중의 활력소였다. 결혼한 지 3년 만에 아들 다모다르를 낳아 행복은 절정에 달했다.

영화와 역사적 사실을 토대로 락슈미바이가 아들을 낳은 이후의 상황을 설명해보자. 인도는 무굴 제국이 혼란에 빠지면서 수많은 독립적 토후국으로 분열되었다. 영국의 동인도회사는 이를 이용해 토후국을 하나씩 정복해갔다. 가장 흔한 수법은 토후국과 자유무역을 개시한 뒤 돈으로 토후국의 정치인과 왕자를 매수하고, 왕이 죽으면 후계자 싸움에 개입해 친영파 꼭두각시를 왕으로 앉힌 뒤 실질적인 지배권을 동인도회사가 장악하는 것이다. 그나마 후계자가 없이 죽으면 친영파 관리들을 앞세워 아예 토후국을 점령해버렸다.

이렇게 하려면 당연히 군사력이 필요했다. 동인도회사는 대규모의 인도인 용병 집단을 운영했는데, 이들을 세포이라고 했다. 세포이는 페르시아어 시파히Sipahi(용병)에서 온 말인데, 안정적인 중산층이자 서양 근대 문명의 혜택을 받은 사람으로 나름의 자부심을 갖고 있었다. 세포이는 인도보다 동인도회사에 충성하는 사람들이었다.

동인도회사는 잔시에도 같은 수법을 쓰려 했는데 영화에서는 다음과 같이 묘사하고 있다. 사다시브는 잔시의 왕족이지만 마하라자에게 밀려 왕이 되지 못했는데, 마하라자가 아들이 없자 동인도회사의 힘을 업고 후계자의 자리를 차지하려 했다. 물론 그 대가는 잔시의 경제적 이권을 동인도회사에 넘기는 것이었다. 하지만 마하라자가 아들을 얻자 마하라자와 그의 아들에게 독약을 몰래 먹였다. 아들은 즉사했

락슈미바이는 인도의 토후국인 잔시의 여왕으로 19세기 세포이 항쟁 당시 반영운동의 상징적 지도자이자 영웅이었다.

고 마하라자는 목숨은 건졌지만 건강이 급속히 악화되었다.

마하라자는 동인도회사가 잔시를 차지하지 못하도록 양자를 들여 이름을 죽은 아들과 같이 다모다르라고 한 뒤 얼마 후 죽고 말았다. 인도에서 과부는 미망인末亡人, 즉 아직 죽지 않은 자로서 은둔 생활을 해야 했다. 하지만 락슈미바이는 어린 양자가 성장할 때까지 잔시의 섭정이자 여왕으로서 잔시를 지키기 위해 정치의 전면에 나선다. 그러자 동인도회사는 용병을 동원해 락슈미바이를 궁전에서 몰아내고 잔시를 일시적으로 장악한다.

세포이 항쟁의
순교자이자 지도자

1857년 세포이 항쟁이 일어났다. 항쟁의 도화선은 탄약통에 바른 돼지기름이었다. 영국은 지금까지도 세포이들이 오해와 거짓 선동 때문에 반란을 일으켰으며 탄약통에는 돼지기름을 사용하지 않았다고 주장한다. 그러나 그것은 영국의 억지다.

불행의 씨앗은 영국이 인도를 야만으로 보고 영국을 문명으로 본 데서 비롯되었다. 동인도회사의 인도 지배 전략은 지극히 음모적이고 폭력적이었다. 그럼에도 야만적인 인도인을 문명화하기 위해서는 수단이 조금 나빠도 괜찮다고 합리화했다. 인도의 야만성은 바로 카스트 제도, 봉건적 악습, 힌두교였다.

그런데 이러한 시각이 동인도회사의 피고용인으로서 높은 자존심을 갖고 있는 세포이에게 향하면서 문제가 생겼다. 인도에 진출한 기독교 선교사들이 세포이의 개종 문제를 갖고 동인도회사를 공격하기 시작했다. 동인도회사는 곤혹스러워하면서 세포이에게 개종을 설득하기 시작했고, 이 과정에서 동인도회사와 세포이의 갈등이 심화되었다. 이미 세포이 항쟁 50년 전인 1806년에 시크교도 세포이에게 터번 착용을 금지했다가 반란이 일어나 수백 명을 총살한 바 있었다.

탄약통 문제가 불거졌을 때도 동인도회사는 힌두교와 이슬람교가 미신이라며 돼지기름을 사용하는 것이 과학적이라는 주장을 되풀이했다. 결국 탄약통 사용을 거부하는 세포이를 처벌하려다 대규모 반란을 맞닥뜨린 것이다. 하지만 세포이 항쟁 자체는 한계가 많았다. 그들은 인도를 구할 정도의 대규모 병력이 아니었고 고용된 병사들이기 때문에 전략도 대안도 갖고 있지 못했다. 겨우 생각해낸 것이 무굴 제국 술탄과 함께 반영 투쟁을 전개하겠다는 것이었지만, 무굴 제국은 서류로만 존재할 뿐이고 술탄은 숨만 쉬고 있는 노인일 뿐이었다.

항쟁의 성패는 세포이가 아니라 영국 정부가 쥐고 있었다. 동인도회사의 용병이 반란을 일으켰으니 동인도회사가 세포이를 진압할 수는 없었다. 하지만 인도는 동인도회사 소유이지 영국 정부의 소유가 아니었다. 동인도회사의 이익을 위해 영국 정부가 군대를 출동시켜야 하는지라는 문제가 제기되었다. 결국 빅토리아 여왕과 영국 정부는 동인도회사가 인도 경영에 손을 떼고 모든 이권을 정부에 넘기는 대신 정부가 여기에 개입하기로 결정했다.

이로써 인도는 공식적으로 영국의 식민지가 되는 운명에 처하게 되었고, 대규모 영국 군대가 인도로 파견되어 세포이를 진압했다. 세포이 항쟁은 고작 4개월 만에 무굴 제국의 수도 델리가 함락되면서 간단히 진압되는 듯했다.

세포이 항쟁이 일어나고 잔시에 주둔하던 병력이 철수하자 락슈미바이는 궁전으로 돌아왔다. 그녀는 잔시를 지키기 위해 총궐기를 명령했다. 잔시의 많은 백성이 무장하고 여왕 주변에 모였다. 락슈미바이가 남장을 하고 기병으로 무장한 뒤 선두에 서자 잔시군은 여왕을 보호하기 위해 서로 앞장을 섰다. 잔시를 탈환하기 위해 영국군이 쳐들어오자 잔시군은 용맹하게 맞서 싸웠고 최초의 전투에서 영국군은 패배했다.

영국군은 잔시군을 물리치려면 여왕을 죽여야 한다고 생각하고 락슈미바이에게 집중사격을 명령했다. 수차례의 전투가 있었고 마침내 락슈미바이가 희생되었다. 그녀가 전사한 뒤 잔시군은 결국 패배했다.

영화는 절반 이상을 전쟁 준비와 전투 장면에 할애하고 있다. 영화 초반부터 동인도회사와 영국은 락슈미바이의 머리를 숙이게 하려 했는데 항쟁 이후에는 여왕의 목을 성문에 거는 데 사활을 건다. 락슈미바이의 목은 곧 저항의 상징이자 굴복의 상징이었던 것이다.

락슈미바이는 세포이 항쟁에 목적과 방향을 제시하는 것이 자신의 역할이라며 영국을 몰아내기 위한 순교자이자 지도자로서 역할을

세포이 항쟁에서 잔시군은 영국군을 격퇴하지만, 무기와 숫자에서 밀릴 수밖에 없었다. 마지막 결전의 날, 락슈미바이는 분신자살을 하며 영국군에 자신의 시신을 넘겨주지 않았다.

자임한다. 잔시의 장군과 병사들을 독려하고 무기를 만들기 위해 모든 장신구와 보석을 내놓으며 잔시의 여인들을 무장시키고 훈련시켜 군인으로 육성했다. 영화에서 락슈미바이는 19세기 유행했던 힌두교 근대화 운동의 흐름도 함께 보여주고 있다.

마침내 6만의 영국군과 2만의 잔시군이 충돌한다. 락슈미바이의 지혜와 잔시군의 분전으로 수차례 영국군을 격퇴하지만 무기와 숫자에서 밀리는 것은 어쩔 수 없었다. 마지막 결전의 날, 잔시의 후계자 다모다르를 탈출시키고 락슈미바이와 잔시군은 최후의 일인까지 영국군과 싸운다. 마지막 순간 영국군이 그녀의 목을 얻게 되었다고 득의만면해 하는데 그녀는 분신자살함으로써 그들에게 온전한 시신을 넘겨주지 않고 순국한다.

락슈미바이는 세포이 항쟁 당시 토후국의 왕 중에서는 유일한 항쟁 지도자였다고 한다. 그녀의 헌신과 희생은 '인도의 잔다르크'라는 별칭에 어울리는 것이었고, 잔시의 저항은 세포이 항쟁이 전국적 항쟁으로 이어져 1년 이상 지속하게 하는 원동력이 되었다. 즉, 세포이 항쟁은 그 이름이 무색하게 실제로는 인도 국민들이 일으키고 주도한 전국적 항쟁이었으며, 그 국민적 항쟁의 상징이 바로 락슈미바이였던 것이다.

우리는 칠레의 살바도르 아옌데Salvador Allende, 1908~1973나 쿠바의 체 게바라 같은 비운의 혁명가를 잘 알고 있다. 그들은 대통령과 권력 2인자의 자리를 던지고 혁명의 제단에 목숨을 바쳤다. 우리는 그러한 여성 혁명 지도자를 얼마나 알고 있는가? 그런 혁명 지도자가 없었던 것이 아니라 모르는 것이 아니었을까? 락슈미바이는 우리가 몰랐던 혁명 지도자 중 한 사람이었던 것이다.

셜리 치점과
힐러리 클린턴

20세기 변화를 위해 싸운 여성으로
기억되고 싶다

1972년 미국 민주당 대통령 후보 경선에 최초로
여성 후보가 출마했다. 뉴욕 하원의원 출신인 셜리 치점Shirley Chisholm,
1924~2005이었다. 그녀는 차별받는 여성과 흑인을 대변하기 위해 출
마했다. 그러나 그녀는 실패했다. 그녀의 패인은 다음과 같이 분석되
고 있다. "흑인은 여성이라서, 여성은 흑인이라서 지지하지 않았다."

미국은 충분한 저임금 노동력 확보를 위해 1863년 노예제를 폐지
했다. 그러나 흑인은 백인과 평등하지 않았다. 그들은 선거권도 없었
고 교육과 취업, 거주 지역도 제한되었다. 심지어 식당과 여관에도 자
유로이 들어갈 수 없었다. 차별의 역사가 100년이 흐른 후 1960년대
흑인 차별 반대운동이 일어났고 비로소 흑인들은 선거권을 획득했다.
아프리카의 흑인들보다도 10년이 늦은 것이었다.

한편 여성 참정권 운동도 19세기 후반부터 꾸준히 일어났다. 19세기 산업혁명이 광범위한 여성 노동자를 요구했기 때문에 여성의 사회 참여가 활발하게 일어났고 이는 자연스럽게 여성 참정권 운동으로 이어졌다. 그러나 여성 참정권은 투표권을 의미했을 뿐 공직 진출을 의미하는 것은 아니었다. 여성의 공직 출마 역시 제2차 세계대전 이후부터 가능했다.

1960년대 미국과 유럽은 '68혁명'과 히피 문화로 대표되는 혁명의 시대였다. 당시 웰즐리대학을 다니던 힐러리 클린턴은 "혁명의 의미를 논하고 혁명의 가능성을 토론하면서 시간을 보냈다"라고 당시 분위기를 기록했다. 그러나 혁명의 기세가 꺾이자 진보세력은 제도 정치권으로 진출을 모색하기 시작했다.

1972년 대선은 공화당 리처드 닉슨Richard Nixon, 1913~1994 대통령의 재선을 민주당이 저지할 수 있는지가 핵심이었다. 닉슨은 인기가 좋았지만 베트남전쟁에 발목이 잡혀 있었다. 민주당은 닉슨을 낙선시킬 만한 진보적 후보를 찾고 있었다. 이때 흑인과 여성을 대변하겠다며 셜리 치점이 민주당 후보 경선에 참가했다. 그녀는 미국의 양당 역사에서 최초로 대통령 후보 경선에 참가한 여성이었다.

치점은 1924년 뉴욕의 평범한 흑인 가정에서 태어났다. 뉴욕 브루클린대학을 나온 뒤 아동센터 원장과 초등학교 교사를 지내면서 교육과 인권에 전문성을 키웠다. 그리고 인권 문제를 해결하기 위해서는 당사자의 정치권 진출이 중요하다고 생각했다. 1964년 뉴욕 주 의회 선거에서 당선되었고, 1968년 하원의원 선거에서 당선되어 미국 최초의 여성 국회의원이 되었다. 그리고 그 기세를 몰아 1972년 최초로 민주당 대통령 후보 경선에 참가한 것이다.

그녀는 차별받고 소외된 자들이 직접 정치에 참가해 이 문제를 풀어야 한다고 주장했다. 유권자 등록조차 하지 않는 흑인과 여성을 질타하고 정치적 목소리를 내라고 촉구했다. 그녀는 여자의 최고 덕목은 결혼과 출산과 가사노동이라고 강조하는 미국 사회에 반발하는 여성들의 지지를 받았다. 많은 여성이 그녀의 주장에 공감했다.

셜리 치점은 대학을 졸업한 뒤 아동센터 원장과 초등학교 교사를 지내면서 교육과 인권에 전문성을 키웠다. 마침내 1972년 최초로 민주당 대통령 후보 경선에 참가했다.

그러나 흑인들의 지지는 받기 어려웠다. 흑인 남성들은 전략적 사고를 했다. 그들은 당선 가능성이 없는 치점보다 당선 가능성이 높은 백인 남성 후보를 밀어주고 그 대가를 받는 것이 유리하다고 생각했다. 또 많은 민주당 지지자는 본선에서 닉슨에 맞설 경쟁력 있는 후보를 원했다. 그녀의 정당한 주장은 남성과 선거 공학적 사고에 가로막혔고, 결국 그녀는 실패하고 말았다(1972년 대선은 공화당의 닉슨과 민주당의 조지 맥거번George McGovern, 1922~2012이 대결했으나 닉슨이 압도적으로 승리했다). 치점은 "나는 대통령에 도전한 최초의 흑인 여성으로 기억되기 원치 않는다. 나는 20세기 변화를 위해 싸운 여성으로 기억되고 싶다"라고 말했다.

최초의
여성 대통령 후보

그로부터 무려 36년이 흐른 2008년 민주당에서 두 번째 여성 대통령 후보가 나왔다. 바로 힐러리 클린턴이다. 그녀는 1947년 시카고 근교에서 태어나 웰즐리대학과 예일대학 로스쿨을 나와 변호사가 되었다. 대학 시절 여성 정치와 인권, 교육 운동 등에 적극 참가한 진보적 학생이었고, 변호사가 되어서는 패배를 모르는 유능하고 똘똘한 전문 여성으로 평가받았다. 1975년 예일대학에서 사귄 빌 클린턴Bill Clinton과 4년 연애 끝에 결혼했다. 빌 클린턴은 1992년 미국 대선에 출마해 대통령에 당선되었다. 그는 8년 동안 미국을 이끌었다.

빌 클린턴의 8년 동안 미국은 눈부신 경제성장을 이룩했다. 사회주의권이 무너지고 유일 패권국가가 된 미국은 신자유주의를 모토로 전 세계와 무역전쟁에서 승리했다. 미국의 유례없는 물질적 풍요는 자본주의 최후의 승리라는 평가를 이끌어냈고, 프랜시스 후쿠야마 Francis Fukuyama는 이를 역사의 종언이라고 선언했다. 그러나 우리에게 클린턴 시대가 IMF 사태로 기억되듯이, 신자유주의는 세계경제를 극단적 빈부격차와 국제적 갈등으로 몰아넣었다.

힐러리 클린턴은 퍼스트레이디로서 신자유주의의 전도사라는 오명이 있었다. 게다가 퍼스트레이디이면서 정치에 적극 참여해 클린턴 시대 의료 개혁을 주도하면서 치맛바람이라는 부정적 이미지도 갖게 되었다. 남편의 퇴임 이후 뉴욕 상원의원으로 정치에 뛰어들어 대통령병에 걸린 여자라는 말도 들었다. 한마디로 힐러리는 진보에게는 보수적이었고 보수에게는 싸가지 없는 잘난 체의 대명사였다.

2008년 미국 민주당 경선에서 여성계는 최초의 여성 대통령 후보가 나오기를 바랐다. 그러나 상대가 흑인 남성 버락 오바마였다. 흑인 대 백인, 개혁 대 보수의 구도가 만들어졌고, 그녀는 최초의 여성 대통령이 아니라 보수적 백인 정치인으로 몰렸다. 결국 그녀는 오바마에게 대통령 후보를 양보하고 말았다.

오바마 대통령이 8년의 임기를 마친 뒤 2016년 미국 대선을 위한 민주당 대통령 후보 경선이 시작되었다. 오바마와 민주당 주류는 오바마 정권에서 국무장관을 지낸 힐러리를 대통령 후보로 점찍었다. 사실상 그녀는 민주당 경선에서 단독 출마하는 셈이었다. 민주당의 신자유주의 정책에 반대하는 민주당 내 진보적 비주류가 버니 샌더스 Bernie Sanders를 후보로 밀면서 한때 후보 경선이 치열하게 전개되었지만, 막판에 샌더스가 후보를 사퇴하면서 힐러리는 미국 역사상 최초로 여성 대통령 후보가 되었다.

그러나 힐러리의 보수적 백인 정치인 이미지는 경선 과정에서 더욱 강화되었다. 이때 빛이 난 것이 공화당 후보 트럼프의 선동 정치였다. 트럼프는 이렇게 말했다. "정치인들은 아무도 진실을 말하지 않습니다. 오직 나만 진실을 말합니다."

그는 정치권에서 금기되는 인신공격, 음모론, 여성 비하, 혐오 감정 등을 거리낌 없이 뱉어냈다. 상식을 가진 사람들은 경악했지만 상대적 소외감에 빠진 백인 노동자들의 열광적 지지를 얻어내는 데 성공했다. 반면 힐러리는 또다시 기성정치 대 새로운 정치라는 구도에 말려들고 말았다. 여론조사에서 계속 우세했고 실제 득표에서도 근소하게 힐러리가 승리했지만 정작 선거인단 득표에서 트럼프가 승리했

힐러리 클린턴은 2016년 미국 대선에서 최초로 여성 대통령 후보가 되어 여론조사에서 우세하고 실제 득표에서도 승리했지만, 선거인단 득표에서 밀려 트럼프에게 패배했다.

다. 이로써 최초의 여성 대통령은 탄생하지 못했고, 힐러리는 나이와 건강 문제로 정계에서 은퇴했다.

치점이 일으킨 여성 대통령의 꿈은 힐러리에 의해 이루어지는 것 같았지만, 바로 눈앞에서 실패하고 말았다. 치점과 힐러리의 실패는 대통령제하에서 여성 정치의 문제점을 드러냈다. 소외와 차별을 극복하는 정치에서 소외감을 느끼는 평범한 사람들의 불만, 여성 정치인은 주로 국내 복지와 차별의 해결에 집중하지만 대통령은 외교와 안보 등 대외 정책에 대한 역량이 중시된다는 점, 여성을 평가하는 이중 잣대 등 남자 대통령 밑에서 일할 때는 부각되지 않는 점이 여성이 대통령에 도전할 때 심지어 여성 내부에서조차 문제가 된다는 점을 특히 힐러리 클린턴의 대통령 도전기가 여실히 보여주었다.

　세계적으로 여성 대통령은 쉽지 않다. 지금까지 여성 대통령은 대개 누군가의 아내나 딸이었고 그나마 중진국에서 주로 나왔다. 미국에서는 대통령 선거가 46회 있었지만 여성 후보조차 2016년에 처음 나왔다. 과연 선진국에서 여성 대통령이 나오는 것은 언제일까? 역사가 주는 교훈은 두 가지다. 여성 대통령이 나오기 위해서는 더 많은 여성의 정치적 진출과 그를 뒷받침하는 제도가 필요하다는 것과 과연 대통령제가 여성 대통령이 가능한 제도인지에 대한 근본적 검토가 필요하다는 점이다.

탈코 운동

브래지어를
추방하자

자본주의가 발전하면서 '여성성', 특히 여성의 섹시함은 가슴과 엉덩이를 강조하는 것으로 발전했다. 이를 위해 개발한 것이 코르셋과 하이힐이다. 코르셋은 고래 힘줄로 만들었는데, 가슴 아래서부터 골반 위까지를 최대한 줄여주는 것이다. 이렇게 몸을 조여 20인치 이하의 날씬한 허리를 만들면, 잘록한 허리는 상대적으로 가슴과 엉덩이를 풍성하게 보여 섹시함을 극대화했다. 여기에 하이힐을 신으면 여성은 뒤꿈치가 들린 상태에서 몸의 규형을 맞추기 위해 가슴을 앞으로 내밀게 되어 극적인 포즈를 취하게 된다.

처음에는 여성성의 강조가 부정적인 것은 아니었다. 남성의 선택만을 기다려야 하는 수동적 여성상이 남성을 유혹하고 선택하는 능동적 여성상으로 바뀐 것이기 때문이다. 공교롭게도 코르셋과 하이힐은 자유연애의 확산과 함께 유행했다. 그러나 코르셋은 여성의 신체에 너무 큰 부담이었다. 많은 여성이 갈비뼈와 척추에 기형이 왔고 심지어 갈비뼈가 부러져서 심장이나 폐를 찌르는 바람에 죽기도 했다. 이에 19세기 말부터 탈코르셋 운동Corset-free movement, 즉 탈코가 시작되었다. 이 운동의 선구자는 에밀리 플뢰게Emilie Floege, 1874~1952인데, 구스타프 클림트Gustav Klimt, 1862~1918의 〈키스〉의 주인공 후보 3명 중 1명이다. 우리는 이 그림에서 당시 유행하던 탈코 패션을 확인할 수 있다.

20세기 들어 탈코 운동으로 코르셋은 많이 사라졌다. 그러나 새롭게 등장한 브래지어라는 괴물이 여성을 곤혹스럽게 했다. 브래지어는 20세기의 산물이다. 원래 여성의 유방은 젖을 먹이기 위한 수유 기관으로서 성적 상징이 아니라 모성의 상징이었다. 18세기 풍속사 기록을 보면 여성의 성적 상징은 입술, 어깨, 발목, 손등 등 다양했지만, 정작 유방은 없었다. 수유를 위해 언제든 노출해야 하는 곳이어서 신비감이 덜했기 때문이다. 한국도 19세기 말까지 가슴을 드러낸 여성들의 그림이나 사진을 흔히 볼 수 있었다.

그런데 여성이 사회활동을 하기 시작한 탓인지 유방을 가리거나 고정해줄 필요가 생겼고, 그래서 브래지어가 생겨났다. 하지만 1950년대 여배우들의 모습에서 보이듯이 브래지어는 형태나 질적으로 여성에게 그리 도움이 되지 않았다. 만화 〈마징가 Z〉에 나오는 여성형 로봇 아프로디테의 가슴 같은 포탄형 디자인은 가슴을 강조하는 섹시함이 처음부터 강조되었다는 느낌을 주었다. 더군다나 코르셋처럼 몸통을 강하게 조임으로써 각종 부인병과 심지어 유방암의 원인으로 지목되기에 이르렀다.

코르셋 때문에 여성들이 갈비뼈와 척추에 기형이 왔고 갈비뼈가 부러져서 심장이나 폐를 찌르는 바람에 죽기도 했다. 1912년 프랑스 파리의 코르셋 가게.

1960년대 브래지어를 추방하자는 새로운 탈코 운동이 일어났고, 특히 1960년대 대표적 저항문화였던 히피가 이를 주도했다. 곳곳에서 브래지어 화형식이 거행되는 등 격렬한 저항이 있었다. 히피 문화가 텔레비전 등 각종 영상 문화에 등장하면서 우리는 심심찮게 브래지어를 하지 않은 여성들을 접할 수 있었다.

페미니즘은
선택권을 갖는 것이다

사실 한국에 브래지어가 일반화된 것은 1970년대였다. 조정래의 『한강』에서 묘사되듯이 그전에 한국은 브래지어를 생산할 능력이 없어서 주한미군의 물품이 밀거래되는 도깨비 시장에서나 구할 수 있었다. 이때는 탈코가 빈곤의 상징이고 브래지어는 부의 상징이었다. 버스에서 가슴을 드러내고 아이에게 젖을 먹이는 엄마들을 보는 것이 어렵지 않았고, 그때는 그것이 이상하지 않았다. 그런데 1980년대 여성의 속옷은 전혀 다른 변신을 한다. 마돈나가 속옷을 겉옷으로 입기 시작하자 코르셋이 억압이 아니라 능동적 표현의 아이템으로 승화한 것이다.

21세기에 탈코 운동은 표현의 자유와 선택권의 존중이라는 전혀 다른 논쟁으로 넘어간다. 엠마 왓슨Emma Watson은 상반신을 드러낸 시스루 옷으로, 제니퍼 로런스Jennifer Lawrence는 추운 날에 노출이 심한 옷으로 각각 성을 상품화했다는 비난을 받았다. 하지만 이에 대해 엠마 왓슨은 이렇게 말했다. "페미니즘은 다른 여성을 공격하는 도구가 아니다. 페미니즘은 선택권을 갖는 것이다. 여성에게 선택권이 있고 노출 또한 여성의 자유라고 생각한다."

제니퍼 로런스는 남자 친구와 찍은 누드 사진이 유출되어 큰 곤욕을 치렀다. 그때 그녀는 이런 말을 했다. "나는 사랑이 넘치고 건강한 연인 관계를 4년간 유지했다. 나와 그 연인은 국적이 달라 멀리 떨어져 있었다. 그가 성인 동영상을 보게 하느니 내 사진을 보여주는 것이 나았다. 내 몸이고 내 선택권이다. 내 의지와 다르게 내 몸 사진이 유

제니퍼 로런스는 남자 친구와 찍은 누드 사진이 유출되어 큰 곤욕을 치렀지만, "내 몸이고 내 선택권이다. 내 의지와 다르게 내 몸 사진이 유출되었다는 것이 정말 역겹다"라고 말했다.

출되었다는 것이 정말 역겹다."

페미니즘이 추구하는 것은 자유이고, 그 개념은 억압에 대한 저항에서 개인의 선택권으로 발전했다. 처음에 탈코 운동이 저항이었다면 이제는 자유로 발전한 것이다. 특정한 사상을 강요하거나 설교하는 것이 아니라 누구나 사상과 표현의 자유가 있다는 것이 페미니즘의 핵심이고, 그래서 21세기 진보는 페미니즘이라는 말도 가능했다.

20세기까지 인류 역사는 많은 여성 지도자, 즉 여왕, 전사, 정치인, 혁명가 등을 만났다. 그런데 21세기 여성운동은 이제 평범한 여성들의 자기 몸에 대한 싸움을 통해 모두가 지도자가 되는 운동으로 발전하고 있다. 물론 이 운동에 대한 우려 섞인 시선, 비평, 이견이 존재한다. 참여자가 많을수록 여성 내부에서도 다양한 의견이 나오고 이를 통일하는 문제에 대한 논쟁이 격렬하게 진행 중이다. 과연 이 여성운동이 장차 세상을 어떻게 바꿀 것인지, 미래의 역사가 이를 어떻게 받아들일지 궁금하기 그지없다.

여성 지도자

제
9
장

대도시

콘스탄티노플

신성한 하나님의
도시

　　　　콘스탄티누스가 직접 창을 들고 자신이 구상하는 도시의 경계선인 성벽의 선을 그리기 시작했다. 그의 신하들은 그 엄청난 길이에 놀라 입을 벌렸다. 그러자 콘스탄티누스가 말했다. "내 앞에 걷고 있는 분이 그만하라고 명하실 때까지 계속 그리겠네."

　　콘스탄티누스가 처음 도시를 건설하고 500년 뒤 이 도시를 걷고 있다면, 아마 당시 신하들의 놀라움이 실감나지 않을 것이다. 도시의 경계선인 테오도시우스 성벽Theodosius walls이 콘스탄티누스의 성벽보다 1.5킬로미터 밖에 있기 때문이다.

　　테오도시우스 성벽은 견고한 삼중의 성벽이었다. 까마득하게 높을 뿐만 아니라 밖에서 보면 계단처럼 높아져가는 듯한 성벽은 왜 이 도시가 1,000년 동안 한 번도 함락된 적이 없는 불패의 성이자 천혜의 요새인지 웅변하는 듯했다. 테오도시우스 성벽은 바로 도시의 서쪽 경계이자 삼면이 바다로 둘러싸인 도시 콘스탄티노플의 유일한 육지 면이다. 바다로 들어오지 않는 한 이 도시로 들어오는 길은 이 성벽의 성문뿐이다.

도시로 들어오면 인구 100만 대도시의 화려한 위용에 빠지게 된다. 아시아와 유럽의 관문으로 황인, 흑인, 백인 등 여러 인종이 어울리며 좁고 넓은 거리를 다양한 복장을 하고 지나간다. 하지만 길을 걷는 것은 그리 만만한 일이 아니다. 길 양편에는 행상들이 늘어서 있고 각종 짐을 싣고 가는 사람들이 풍기는 냄새에 수레를 끌고 가는 말과 소들이 싸고 간 분뇨 냄새, 거기다 골목길 집 근처의 사람들이 버린 쓰레기에서 나오는 냄새까지……. 숨 막힐 것 같은 악취를 참고 길을 가는 것은 고역이다. 이 때문에 어느 황제는 황궁 주변에 향수 가게만 개설을 허용해 '향수의 벽'을 쌓아 악취가 궁으로 들어오는 것을 막았다. 도시에서 향수 상인이 가장 인기 있는 상인이라는 소리가 괜히 나온 것이 아니었다.

콘스탄티노플은 신성한 하나님의 도시다. 토르 신을 숭배하는 바이킹부터 이슬람 상인에서 도교나 불교를 믿는 중국 상인까지 드나드는 곳이지만, 이 도시는 기독교를 로마의 종교로 공인한 콘스탄티누스가 세운 신성한 기독교의 도시임이 틀림없다. 그것을 보여주는 것이 바로 주상고행자柱上苦行者, stylite, 즉 기둥 위의 고행자들이다. 5세기 무렵 수도사 성 시므온St. Simeon, 390?~459에 의해 시작한 주상고행은 높이 12미터의 기둥 위에 올라가 때로는 20년 이상씩 내려오지 않는 것이다. 생존을 위한 최소한의 음식과 약간의 생필품을 제공받으며 고행하는 수도사들이 도시의 가장 번화한 곳에서 찬양을 받으며

콘스탄티노플은 신성한 하나님의 도시다. 이 도시는 기독교를 로마의 종교로 공인한 콘스탄티누스가 세운 신성한 기독교의 도시다. 터키 이스탄불에 있는 하기아 소피아 성당.

허공에 떠 있다는 것은 이 도시가 얼마나 경건한 신앙을 숭배하는지 잘 보여준다.

메세라는 도시 중심부에서 황궁을 잇는 곧장 뻗은 도로를 따라가면 콘스탄티누스 포룸, 즉 토론과 정치 연설이 행해지는 공간이 나온다. 포룸은 초기 로마 시대부터 이어져온 아고라 광장 같은 곳으로 학문과 정치의 중심이다. 이곳에는 이집트에서 가져온 30미터짜리 반암 기둥이 7미터 높이의 대리석 대좌 위에 우뚝 서 있다. 기둥 꼭대기에는 태양신 아폴로의 조각상이 서 있는데, 그 머리는 콘스탄티누스의 두상이다. 그리고 대좌 안에는 노아가 방주를 만들 때 사용한 도끼, 예수가 군중을 먹인 빵을 담은 바구니, 막달라 마리아의 향유 단지 같은 귀중한 보물들이 보관되어 있었다.

광장에 서면 남쪽으로 성 유페미아 성당 등 여러 성당이 보이고 동쪽으로 아우구스타이온 광장과 황궁, 동북쪽으로는 하기아 소피아 성당과 이레네 성당, 서남쪽으로는 히포드롬이 보인다. 거대한 전차 경주장인 히포드롬은 길이 500미터에 4층 높이로 30열 이상의 관중석에 10만 명의 관객을 수용할 수 있었다. 전차 경주로 유명하지만 그 외에 각종 유흥이 공연되었고 종종 정치 연설도 행해졌다. 532년 유스티니아누스 황제는 이곳에 모인 시위대 수만 명을 학살하기도 했다. 경기장 한가운데에는 '뱀의 기둥'이 세워져 있는데, 이것은 태양신 아폴로의 델포이 신전에서 가져온 것이다.

유라시아를 잇는
가장 번성한 도시

그런데 황궁에 앞서 매우 중대한 지하궁전이 도시에 있었다. 지하궁전이라 불리는 이 거대한 공간은 바로 100만 도시민들의 식수를 제공하는 수조였다. 콘스탄티노플은 바다에 면한 곳으로 교통과 전쟁에 더할 나위 없는 요지였지만 마땅한 식수원이 없었다. 그래서 도시가 건설된 지 얼마 후, 발렌스Valens, 328~378 황제는 외부에서 콘스탄티노플까지 식수를 끌어들일 길고 긴 수로를 건설했는데 그 길이가 무려 640킬로미터나 되었다.

수로는 수원에서 도시까지 완만한 경사를 유지해야 했으므로 수많은 수도교水道橋 등의 시설들이 축조되어야 했다. 그리고 이렇게 모

이레네 성당은 하나님의 은총 속에 모든 세상의 평화를 기원하는 성당이다. 터키 이스탄불에 있는 이레네 성당.

인 물이 바로 150여 개의 수조에 모이는데 이 중 가장 큰 바실리카 수조가 바로 지하궁전이라 불리는 그 수조다. 바실리카 수조는 140미터×70미터 크기로 올림픽 수영장 27개가 들어갈 수 있는 크기다.

동쪽에는 이레네 성당과 밀리온이 있다. 밀리온은 도시의 초석으로 제국 각지의 거리를 측정하는 기준을 말한다. 여기에는 콘스탄티누스의 어머니 헬레나가 가져온 예수가 못 박힌 십자가인 참십자가가 놓여 있다. 그러니 이곳은 제국의 중심이자 기독교 세계의 중심인 셈이다. 그리고 원래 미의 여신 아프로디테의 신전이 있던 곳에 세운 이레네 성당이 있다. 이레네는 평화의 신 아이레네를 의미하는데, 하나님의 은총 속에 모든 세상의 평화를 기원하는 성당이다. 하기아 소피아 성당보다는 못하지만 도시 최초의 성당이라는 의미가 있었다.

황궁 옆에는 하기아 소피아 성당이 우뚝 서 있다. 유스티니아누스 황제가 수학자와 과학자들에게 건축을 맡겨 6년 만인 537년에 완공된 하기아 소피아 성당은 당시 세계에서 가장 웅대하고 아름다운 돔을 가진 건물이었다. 비록 20년 만에 지진으로 돔이 무너져 다시 돔을 만들어야 했지만, 그 후 하기아 소피아 성당은 영원히 무너지지 않고 동로마제국 기독교의 성지로 우뚝 서 있다.

하기아 소피아 성당 안에 들어선 이들은 신을 찬양하지 않을 수 없었다. 그리스도의 성화와 각종 신화와 우화를 담은 그림들이 벽과 천장에 가득했다. 특히 54미터 높이의 허공에 떠 있는 듯한 직경 32미터의 거대한 돔은 밖에서는 황금 모자이크 위에 우뚝 선 십자가가 경외심을 자아내고, 안에서는 돔을 따라 난 42개의 반원형 창문에서 들어오는 햇빛이 주변을 장식한 금은보석들에 반사되어 천상의 아름다움을 자아낸다. 특히 돔과 벽 사이를 햇빛으로 채워 돔이 공중에 떠 있는 것 같은 효과를 보였다. 아름다운 성가대의 노래가 하기아 소피아 성당을 가득 채우면 가히 이곳은 천국이구나 하는 생각이 드는 것이다.

황궁 앞의 광장 아우구스타이온은 검은색 대리석이 깔려 있고, 수많은 열주列柱가 늘어선 건물들이 들어서 있었다. 황궁 앞의 광장으로 황제와 관련한 다양한 의식이 치러지기도 하는 이곳은 종종 로즈메리 등 각종 꽃이 뿌려진 은은한 향기의 거리이기도 하다.

이곳을 지나면 도시를 지키는 천혜의 해자, 골든 혼Golden Horn이 있다. 적의 침입을 막기 위해 튼튼한 쇠사슬이 수중에 설치되어 있어 전쟁이 나면 이 쇠사슬이 수면 위로 들어 올려져 적의 함선을 침몰시킬 것이다. 그러나 평상시에는 무역하는 수많은 아시아와 유럽의 상선이 자유롭게 드나드는 무역의 중심 항구다. 바다는 언제나 배와 뱃사람들로 붐비고 배에 실려온 물건들을 흥정하느라 상인의 고함으로 조용할 새가 없었다.

4세기 초 콘스탄티누스가 분열된 로마 제국을 통일하고 새로운 중심지로 건설한 콘스탄티노플은 바로 기독교가 공인되고 국교로 선포된 기독교 신앙의 중심지였다. 그러나 동서로 로마가 분열되고 서로마가 476년 멸망한 뒤 로마의 교황이 주도하는 서방 기독교와 동로마, 바로 비잔틴 제국이 주도하는 동방 기독교(그리스 정교회)는 서로 다른 길을 걷게 되었다. 그리고 콘스탄티노플은 동로마의 수도이자 동방 기독교의 성지로 1,000년의 세월을 더 이어갔으며 유라시아를 잇는 가장 번성한 도시, 중세를 대표하는 대도시로 그 역사를 이어갔다.

장안

**천혜의
요새**

당나라 전성기였던 현종 시대(712~756년)의 장안
성은 보는 이로 하여금 그 웅장한 모습에 질리게 만든다. 장안성은 동
서 9.7킬로미터, 남북 8.6킬로미터의 방대한 구역을 높이 5미터의 성
벽이 둘러싸고 있으며 인구가 무려 100만 명에 달했다.

장안성은 위수 남쪽 평평한 지형에 있었다. 장안성 서북쪽에는 과
거 한나라 때의 장안성 터가 있고, 서쪽에는 그 유명한 진시황제의 아
방궁 터가 있다. 또 동쪽에는 여산廬山이 있고 진시황릉이 우뚝 서 있
다. 북쪽으로 강이 흐르고 남쪽으로 산이 감싸는 천혜의 요새로 여러
나라의 수도였던 장안은 현재의 영화와 과거의 몰락이 공존하는 땅이
었다.

장안성에는 12개의 문이 있는데 먼저 동쪽 춘명문으로 들어가보

자. 춘명문은 청기문으로 불리기도 했는데, 성 밖에는 서역에서 전래된 오이를 심은 밭이 푸르게 펼쳐져 있고 성 안에는 장안의 양대 시장인 동시東市와 서시西市 중 동시가 바로 앞에 있다.

동시에 가면 세계의 중심 도시답게 모든 물건을 살 수 있다. 타조알, 오이, 당근 같은 다양한 이국의 물건들을 낙타나 말을 타고 온 각국의 상인들이 진열하고 손님을 유혹한다. 파란 눈의 아랍인과 검은 피부의 아프리카인은 시간이 되면 경건하게 메카를 향해 기도하고 신라에서 온 상인과 발해에서 온 상인은 서로 외면하며 장사를 경쟁하듯 하며 그 틈새에 일본 상인이 수줍게 앉아 있다.

이 중에서 단연코 사람들의 시선을 끄는 것은 서역에서 온 무희들이다. 이들은 호선무胡旋舞라는 공 위에 올라가 빠르게 돌며 추는 춤을 선보였다. 구경꾼들은 무희들이 만들어내는 화려한 선의 난무에 박수치고 환호했다. 잠시 목을 축이러 술집에 가면 각국의 여성들이 손님의 주머니를 탐내며 교태스러운 웃음으로 맞이한다.

> 나란히 노래하는 두 명의 호희胡姬
> 번갈아 연주하며 새벽까지 이르네.
> 술잔 들어 차가운 눈발에 높이 드나니
> 그대를 따르며 놓아주지 않으리라.
>
> ●이백, 「취한 뒤 왕역양에게 주다」

파란 눈의 아라비아 여인(호희)이 공손히 손님을 맞아들이니 이백 같은 당대의 시인들도 이 이국적인 정취에 절로 시가 나왔던 모양이다. 번창한 도시에는 기방들이 있는데 장안에는 1급부터 3~4급까지

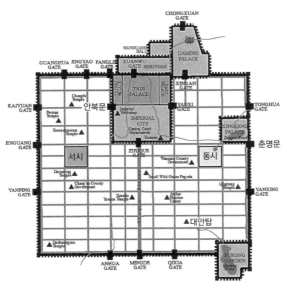

장안성은 위수 남쪽 평평한 지형에 있었는데, 그 주위에는 한나라 때의 장안성 터와 진시황제의 아방궁 터와 진시황릉이 우뚝 서 있었다. 당시 장안성 평면도.

서열이 있었고, 1급 기방에는 당대 최고의 기예를 갖춘 기녀들이 있었다.

당나라 기녀는 궁에서 일하는 궁기宮妓, 관에서 일하는 관기官妓, 귀족 집안에서 일하는 가기家妓 등이 있는데, 이외 영업 목적으로 기방에서 일하는 기녀들도 있었다. 기녀들이 영업하는 기방 중 1급으로 유명한 곳은 동시 바로 서쪽, 황궁 동남쪽에 접해 있는 평강방平康坊에 있었다. 이곳의 기방은 넓고 조용한데 세 채의 객실이 있고 그 앞뒤에 꽃을 심고 기암괴석을 놓아 장식했다. 객실마다 아름다운 발과 휘장을 쳤는데, 그 안에는 곽소옥(황족 곽왕의 서녀) 같은 고귀한 사람들도 종종 사연을 갖고 손님을 기다렸다.

중화 문명의
시원지

　　　　　　장안성 인근 산에 꽃이 피면 종종 사람들은 소풍을 나갔다. 귀족들은 기녀를 데리고 나가기도 했는데, 기녀들은 이런 경우가 아니면 외출이 금지되어 더욱 들뜨기 마련이었다. 이들이 가장 자주 찾는 곳은 사시사철 꽃과 나무가 어우러지는 곡강曲江 인근으로, 장안성 남문 밖에 있는 절경이었다.

　장안 사람들은 꽃구경을 즐겼지만 특히 봄에 모란 구경이 유명했다. 귀족들은 자신의 정원에 모란을 즐겨 심었는데, 심지어 황제가 궁궐의 침향정沈香亭에 모란이 핀 것을 보고 "장안에 모란이 으뜸인 곳이 어디인가?"라며 은근히 자랑할 정도였다. 장안성 내에서 모란이 으뜸인 곳은 동쪽 진창방進昌坊의 대자은사大慈恩寺와 서쪽 연강방延康坊의 서명사西明寺였다. 이곳은 사람들로 인산인해를 이루어 모란에 먼지가 뽀얗게 쌓일 정도였고 혹자들은 미친 것 같다고 했다. 동시에 서 장을 보고 평강방 기방에서 노닐다 도로를 따라 1시간 정도 걸어 가면 대자은사에서 밤의 모란을 즐길 수 있었다.

　정월 보름이면 화려한 등불놀이를 구경할 수 있다. 정월 보름밤은 도교에서 말하는 원소절元宵節로 이날은 각종 등을 밝히는 원소관등元宵觀燈의 풍속이 있었다. 원소관등이 가장 호화로웠던 시기가 바로 현종 때다. 등놀이를 위해 오가는 사람이 얼마나 많은지 "발이 땅에 닿지 않은 채 몇십 걸음을 떠다녔다"라고 기록할 정도였다. 얼마나 장관인지 예종은 황제가 사는 태극궁 서문인 안복문에 5만 개의 등을 걸었다고 하고 현종 때는 높이 약 45미터의 등루燈樓를 만들었다.

모란이나 관등을 즐기기 위해 장안의 여인들이 외출할 때는 얼굴을 가리지 않고 화장도 짙게 하지 않았다. 그들은 민낯에 모자를 쓰고 말에 높이 올라 유유히 거닐었다. 말에 타기 위해 남장을 하기도 하고 심지어 단궁(활)을 메기도 했다. 유목민족의 자유로운 기풍을 받은 터라 남자들과 타구打毬를 하며 어울리기도 했다.

장안의 여름은 지극히 더웠다. 황제는 궁 안에 얼음조각을 가득 세워 더위를 쫓았고 귀족 중에는 분수 같은 시설을 만들어 시원하게 했지만, 장안성 사람들은 부채를 부치고 옷을 얇게 입어 더위를 피하는 수밖에 없었다. 기방의 기녀들도 얇은 옷에 연한 눈 화장을 하고 밤거리에 나와 살포시 웃으며 손님을 유혹했다.

밤이 되면 더운 이들은 절의 높은 탑으로 올라갔다. 시원한 밤바람이 부는 탑에서 장안성의 화려한 야경을 보며 시원한 수박을 먹는 것도 좋은 피서 방법이었다. 탑으로 가장 유명한 것은 대자은사의 대안탑大雁塔인데, 훗날 『서유기』의 모티브가 되는 현장 법사를 위해 세운 탑으로 10층이나 되며 까마득한 높이여서 올라가면 하늘에 있는 듯했다(현재 대안탑은 7층까지 남아 있으며, 그 높이가 64미터다).

황제는 여산에 있는 온천으로 피서를 갔다. 여산에는 황제 전용 욕탕인 화청궁華淸宮이 있고, 황제 전용 욕탕인 어홍御泓이 있다. 중국의 북쪽에는 좋은 온천이 매우 드물어서 역대 황제들이 가장 즐겨 찾는 온천이 화청궁이었다. 현종은 양귀비와 함께 자주 이곳을 찾았는데 궁 안에 어홍은 5개가 있고 매우 화려하게 치장했다.

어느 어홍은 바닥을 흰 돌로 깔아 맑고 투명하게 꾸몄고 백옥석白玉石으로 오리, 물고기, 용 등을 조각해 물 위에 노니는 것처럼 했으며 석연화石蓮花를 만들어 물 위에 둥실 떠 있도록 했다. 탕 안에는 각종

장안성에서 대자은사와 서명사는 모란이 으뜸인데, 이곳은 사람들로 인산인해를 이루었다. 현재 남아 있는 중국의 고루 중 가장 규모가 큰 장안성 고루鼓樓.

보석으로 신선이 사는 산을 만들어 온천수의 증기와 함께 선계仙界에서 선녀와 목욕하는 것 같은 기분이 들도록 했다.

금나라가 베이징에 수도를 정한 후 역대 제국들은 모두 장안을 버리고 바닷가의 베이징과 난징에서 나라를 다스렸다. 내륙의 시대와 육로 교통의 시대에 중국의 중심이었던 장안은 황사에 묻혀 서서히 그 영화를 잃어갔다. 이제는 관광객으로 북적이고 낙후한 내륙 지대를 개발하려는 각종 재개발 사업에 몸살을 앓고 있지만, 중화中華 문명의 시원지로서 그 영광의 자취는 아직도 남아 있다.

앙코르톰

왕의
묘

　　크메르 제국의 인드라바르만 3세Indravarman Ⅲ, 1295~1307 시대의 수도 앙코르톰Angkor Thom은 화려한 사원 건축으로 그 영화가 절정에 달해 있었다. 우리에게 지극히 이국적이었던 그 시대 풍경을 따라가보자.

　　앙코르톰은 둘레 12킬로미터의 성곽도시로 성벽의 높이는 7.5미터다. 남북서에 문이 하나씩 있고 동쪽에 문이 2개 있다. 성 밖에는 커다란 해자가 있고 해자를 건너는 다리 양쪽에는 석신들이 조각되어 있고 난간에는 뱀이 조각되어 있는데 뱀의 머리가 7개다. 성문 위에는 커다란 석불이 있는데 머리가 다섯 면으로 동서남북을 바라보는 머리가 있고 중앙의 머리는 금으로 장식되어 있다.

　　서문으로 들어가면 왕궁이 나온다. 왕궁 등 크메르 제국의 주요 건물은 모두 동향이어서 남향을 중시하는 중국인이나 고려인이 보면 매우 특이하게 느껴진다. 정실正室의 지붕은 납 기와를 이었고 그 외 건물은 황색 흙 기와를 얹었다. 근처에는 왕족과 귀족들의 집이 즐비한데 대부분 풀로 지붕을 엮었지만 사당과 침실만 예외로 기와를 얹었다.

성의 여러 곳에 사원이 있는데 왕궁에서 가장 가까운 사원은 바푸온Bapuon 사원이다. 구리를 입힌 동탑이 찬란하게 빛나고 있다. 그 남쪽으로 내려가면 거대한 바이욘Bayon 사원이 있는데 중심탑은 금으로 도금해서 그 찬란함이 이루 말할 수 없다. 금탑 주위에는 석탑 20여 개가 둘러싸고 있고 긴 회랑이 둘러 있다. 그리고 남문 밖에는 수리야바르만 2세Sūryavarman Ⅱ, ?~1150?의 영묘靈廟인 앙코르와트가 있다(앙코르와트는 앙코르톰을 대표하는 건축물로 관광 자원의 보고이지만, 당시에는 왕묘이기 때문에 지금만큼 유명하지 않았다).

시장은 그 나라 사람과 물산의 집결지다. 그런데 더운 나라이다 보니 시장이 항상 열려 있지는 않다. 시장은 아침 5~7시에 열려 오후 1시에 문을 닫는다. 상점은 없고 돗자리를 깔고 그 위에 상품을 진열하고 흥정하는데 자릿세를 내야 한다. 여자들이 흥정을 잘해 중국인들은 이곳에 오면 먼저 여자를 구하고 그들에게 흥정을 맡긴다. 그러니 시장은 온통 여자 천지다.

사원과 시장을 드나드는 거리의 사람들은 모두 상투를 틀고 웃통을 벗은 채 허리에 천을 두르고 다녔다. 이들이 두르는 천은 신분에 따라 차등이 있어 구분할 수 있는데, 인근 나라에서 수입한 것이 많았고 아주 고급스러운 천은 인도에서 수입한 것이다. 신을 신지 않고 맨발로 다니며 여자들은 발바닥과 손바닥을 염색하는 것이 유행이었다. 여자들은 가슴을 드러내고 다니는데 왕비조차 예외가 아니어서 이상

앙코르톰에는 많은 사원이 있는데, 바이욘 사원은 중심탑이 금으로 도금되었고, 금탑 주위에 석탑 20여 개가 둘러싸고 있다.

하게 생각하지 않았다.

노비들도 자주 볼 수 있는데 이들은 국경지대 밀림 속의 소수민족들로 당적撞賊이라고 불렸다. 노비들은 자기들끼리 혼인하고 크메르인은 이들과 결코 관계를 맺지 않았다. 혹시 외국인이 노비들과 관계를 맺으면 그 외국인과는 상종을 하지 않았다. 도망친 노비들은 잡아서 얼굴에 푸른색의 문신형文身刑을 가하기 때문에 수치스러운 얼굴을 거리에서 만날 수도 있다.

개방적이면서 경건한
도시

시장에서는 크메르 제국에서만 볼 수 있는 진귀한 것이 많았다. 공작, 비취, 앵무새는 중국에는 없는 것이어서 특히 화교들이 신기하게 구경했다. 귤은 중국 것과 같지만 아무 생각 없이 덥석 먹으면 그 신맛에 얼굴을 찌푸릴 것이다. 물고기는 잉어가 가장 많고 잉어를 닮은 토포어도 있는데 토포어는 무게가 1킬로그램이 넘을 정도로 큰 것도 있었다. 거북이도 있고 뱀장어도 있는데 정작 지천으로 흔한 개구리는 없었다. 크메르인들은 개구리를 먹지 않는다. 그리고 채소 종류는 각종 향채香菜가 있는데 이곳에만 나는 것들이라 맛과 용도를 알기 어렵다.

외국인이 많은 곳에서는 무역이 이루어진다. 외국인들이 즐겨 찾는 것은 코끼리, 공작, 코뿔소 따위의 진기한 동물도 있는데, 특히 비취의 깃털이 인기가 높았다. 화황畫黄이나 자경紫梗 같은 염료도 있고 대풍자유는 대풍수라는 나무의 열매에서 짜낸 기름으로 약재다. 이런 특산품들은 밀림 속에 사는 번인蕃人(야만인)들이 잡거나 채취해서 파는 것들이다. 수입해 들어온 물건은 금은, 비단, 도자기가 제일 많고 이외에 합금류, 종이, 보석 등이다. 그 비용은 금과 은으로 치르며 사소한 것은 중국 동전이나 쌀로 치렀다.

따뜻한 남쪽 나라여서 절기가 달랐다. 음력 정월이 중국이나 고려의 음력 10월에 해당한다. 정월이 오면 왕궁 앞에 큰 누각을 만들어 여기에 등을 내걸고 폭죽을 비치한 뒤 밤이 되면 왕이 직접 점화해 불꽃놀이를 시작한다. 정월 축제는 보름까지 이어지고 외국의 사절들을

앙코르톰은 개방적이고 즐거우며 경건한 국제적 도시였으며, 앙코르와트는 식민 지배를 받기 이전 찬란했던 동남아시아 문명을 말해준다.

모두 초대해 구경시켰다.

1년 내내 더운 데다 곡식을 3~4차례나 수확하기 때문에 절기마다 하는 축제도 북쪽 나라와 달랐다. 벼 이삭 태우기는 음력 7월에 하고 음력 8월에는 왕궁 안에서 춤을 춘다. 이때 추는 춤 중에는 압사라춤도 있는데, 신에게 바치는 이 춤은 크메르를 상징하는 대표적 문화다. 10일 동안 춤을 추고 게임을 한다. 음력 4월에는 공놀이를 하고 음력 6월에는 육지에서 배 경주를 한다.

목욕은 1년 365일 매일 하는 일이다. 곳곳에 목욕탕이 있고 특히 왕궁 북쪽 대욕탕이 유명한데 귀족이든 평민이든 남자든 여자든 심지어 왕비조차도 함께 벌거벗고 들어가 목욕한다. 서로 알몸을 보는 것을 꺼리지 않는데 이 때문에 중국인들이 종종 물가에서 구경을 했다.

그러나 크메르인들은 딸에게 "수십, 수백 명의 남자에게 사랑받기를"
이라고 축원할 정도로 내외하지 않는다. 전성기 크메르 제국의 수도
앙코르톰은 개방적이고 즐거우며 경건한 국제적 도시였다.

이제는 유적만 남고 관광객들이 들끓는 그림자 도시가 되었지만,
앙코르톰과 앙코르와트는 식민 지배를 받기 이전 찬란했던 동남아시
아 문명을 말해준다. 그리고 그 문명은 쓰러져가는 사원과 왕궁의 유
적뿐만 아니라 그곳에 살았던 사람들의 기록과 이를 계승한 현대 동
남아시아인의 생활을 통해 더욱 우리에게 다가오는 것이다.

테노치티틀란

가장 아름다운
도시

아즈텍의 지배자 아우이트소틀Ahuitzotl, 1486~1502 왕의 시대에 수도 테노치티틀란Tenochtitlan을 방문한 여행자라면, 호수 위에 인공적으로 만들어진 거대한 도시에 찬탄을 금하지 못할 것이다. 이곳은 200년 전만 해도 멕시코 계곡을 중심으로 연결되어 흐르는 5개의 호수 중 가장 큰 텍스코코Texcoco 호수의 일부였다. 그러나 이곳으로 이주한 아즈텍인들이 근처에 있는 신의 도시 테오티우아칸Teotihuacán을 모방해 호수의 늪을 메우고 도시를 건설하면서 중앙아메리카에서 가장 아름다운 도시가 탄생했다.

도시는 호수 가운데 섬 위에 건설되었다. 호수는 수심이 2미터를 넘지 않았지만 그래도 도시에 들어가려면 배를 타거나 다리를 건너야 한다. 다리는 너비가 13미터나 되고 하중을 버티기 위해 호수 위에

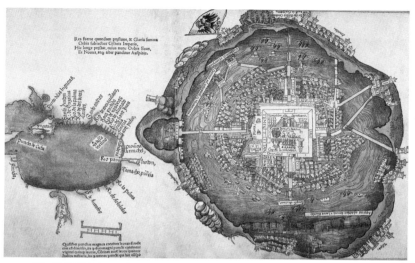

테노치티틀란은 물 문제를 해결하기 위해 인공섬인 치남파를 만들자 도시의 농토 혹은 주거지가 늘어나 거대한 도시로 변모했다.

나무기둥을 두 줄로 박고 그 사이에 돌과 흙을 채워 지반을 튼튼히 한 뒤 건설했다. 그 때문에 많은 사람과 각종 물자, 심지어 신전 건설을 위한 무거운 석재도 통과할 수 있었다. 육지와 도시를 연결하는 이 다리들이야말로 아즈텍 도로망의 기초이자 가장 아름다운 구조물이다.

도시에는 최고 30만 명 정도의 인구가 살았기 때문에 생활용수 부족 문제에 직면했다. 이를 위해 내륙의 깨끗한 샘물을 끌어올 거대한 수로를 건설했다. 수로는 높이 1.2미터, 너비 90센티미터, 길이 4.8킬로미터에 달했는데 2개의 관에 물이 흘러 도시의 분수나 저장소에서 솟구쳤다. 풍부한 물을 확보한 아즈텍인들은 목욕을 즐겼고 왕은 하루 두 번 목욕하는 것이 관례였다.

비가 오면 강으로 흘러가지 못하고 호수에 고이므로 홍수가 나면 그대로 도시가 잠겼다. 도시는 과거 몇 차례 물에 잠길 정도의 대홍수를 겪었는데 이를 막기 위해 거대한 제방을 쌓았다. 무려 16킬로미터에 달하는 길고 긴 제방은 높이 3.6미터, 너비 8.2미터에 달하는 웅장한 건축물이었다. 제방에는 수문이 있어 자유롭게 열고 닫음으로써 수위 조절을 한층 용이하게 했다.

용수 문제가 해결되자 주민들은 농업에 박차를 가했다. 이를 위해 만든 것이 치남파인데, 치남파는 길이 90미터, 너비 9미터의 인공섬이다. 나뭇가지를 그물 모양으로 엮어 물 위에 띄우고 그 위를 갈대와 호수의 진흙으로 덮어 농작물 재배가 가능하도록 만들었다. 6명이 8일이면 치남파 한 개를 만들 수 있기 때문에 순식간에 도시의 농토 혹은 주거지가 늘어나 테노치티틀란을 거대한 도시로 변모시켰다. 더군다나 치남파에서는 7모작이 가능했기 때문에 농업 생산력과 인구 증가율이 획기적으로 개선되었다. 이제 아즈텍은 중앙아메리카 일대에서 가장 강력한 정복 국가로 발전하게 된다.

아메리카의
비극적 역사

아우이트소틀 왕은 전성기의 아즈텍을 상징할 거대한 신전 마요르Mayor 사원을 건설했다. 도시의 북쪽 구역인 티오판에 건설된 마요르 사원은 높이 60미터, 119개에 달하는 매우 가파른 계단을 올라야 비로소 비의 신과 전쟁의 신을 모신 신전에 닿을 수 있는 구조였다. 아즈텍인들은 신을 찬양하며 종종 이곳에서 중죄인이나

아우이트소틀 왕은 전성기의 아즈텍을 상징할 마요르 사원을 건설했지만, 지금은 일부 건물 잔해와 그 터만 남아 있다. 아메리카의 비극적 역사를 웅변하는 것 같다.

전쟁 포로를 계단 아래로 집어던져 죽였다. 또 인신공양도 행해졌는데 이는 그들의 신앙과 밀접한 연관이 있다.

전설에 의하면 아즈텍의 족장 테노치는 다른 부족장과 결혼동맹을 맺었는데, 그들의 신앙에 따라 새로운 며느리를 죽여 신의 재물로 삼았다. 그러자 격노한 부족장이 아즈텍인을 추방했다. 황야를 떠돌던 어느 날 테노치는 독수리가 뱀을 물고 가다 텍스코코 호수의 섬 위 선인장에 내려앉는 것을 보고 신의 계시라며 그곳에 정착할 것을 결정했다. 습지에 물도 부족해 사람이 살기 꺼리는 땅은 버림받은 힘없는 부족에게 유일한 선택지였을 것이다. 그들은 오지를 일궈 운하와

수로와 농지와 제방과 고급 주택과 왕궁과 신전이 어우러진 아름다운 도시를 건설했지만 처음 그들의 인신공양 풍속만은 버리지 못했다.

테노치티틀란은 스페인 정복자에게 철저하게 파괴되어 땅 밑에 묻혔고 그 위에 현재의 멕시코시티가 건설되었다. 멕시코시티는 1,200만 명이 사는 거대도시로 사람과 자동차와 빌딩으로 가득해 지상에서 테노치티틀란의 흔적을 더는 찾아볼 수 없다. 단지 도시개발 공사 도중 지하에서 그 흔적들이 발견되었는데, 그중 하나가 마요르 사원이다. 아마도 땅 속의 테노치티틀란과 땅 위의 멕시코시티만큼 아메리카의 비극적 역사를 웅변하는 것은 없을 것이다. 그리고 복원할 수 없는 테노치티틀란처럼 파괴된 아메리카 토착 문명의 파괴는 인류사에 영원한 상처로 남을 것이다.

게르마니아

세계의
수도

　　1939년 히틀러가 제2차 세계대전을 일으키지 않
았다면, 히틀러가 1941년 6월 소련을 침공하지 않고 그전에 연합
국과 정전협정을 맺고 적절하게 현상 유지 정책을 취했다면, 우리는
1946년 무렵부터 독일의 새로운 수도 게르마니아Germania의 웅장한
모습을 볼 수 있었을지도 모른다.

　최초로 모습을 드러낸 게르마니아는 독일의 수도 베를린 서부의
올림픽 스타디움이었다. 1936년 베를린올림픽을 위해 만들어진 올
림픽 스타디움은 2층의 관객석에 11만 명의 관중을 수용할 수 있으며
로마 콜로세움의 지하구조를 본떠 1층을 지하에 만들고 지상에 2층
을 올리는 구조로 만들었다.

　히틀러는 나치독일이 로마를 계승한 신성한 유럽의 제국이라는

의미로 제3제국이라고 불렀다. 즉, 유럽 문화의 원류는 로마이고, 이 것이 신성로마제국(제1제국)과 독일제국(제2제국)을 이어 나치독일로 이어졌다는 의미였다. 그래서 그는 로마 건축과 도시를 모방하려 했고, 베를린올림픽에서도 콜로세움을 모방한 스타디움에서 그리스 올림포스산에서 점화한 성화를 봉송해 마침내 성화대에 불을 붙이는 세리머니를 만들었다.

올림픽 스타디움에서 실현된 제3제국의 건축 방향은 이후 본격적으로 게르마니아에 형상화되었다. 게르마니아의 중심은 베를린의 중심가에 펼쳐지는데 이를 위해 무려 10만 가구 이상의 도시민들이 강제 이주 당했다. 그 터전 위에 세워진 게르마니아 중심 지구는 웅장함 그 자체였다.

가장 먼저 마주치는 것은 개선문이다. 높이 118미터, 너비 168미터, 폭 119미터로 프랑스 파리 개선문보다 높이는 2배, 너비는 4배나 컸으며 총 면적은 파리 개선문의 49개가 들어갈 규모였다. 총 250만 톤의 석재가 사용되었는데 베를린의 지반이 약해 그 무게를 지탱하기 위해 몇 년이나 기초를 강화하는 특수공법을 연구해 실현시켰다. 로마의 개선문을 모방하고 파리의 개선문을 참조해 만든 이 개선문은 승리의 여신 니케가 모는 4륜 전차가 꼭대기를 장식하고 있다. 개선문 내벽에는 제1차 세계대전과 제2차 세계대전에서 전사한 병사들의 명단이 새겨져 있다.

개선문을 통과하면 전승대로가 나온다. 길이 5.6킬로미터, 폭 123미터로 파리 개선문이 있는 샹제리제 거리보다 2.5배가 더 길고 폭도 더 넓다. 교통 체증을 싫어하는 히틀러는 교통 분산을 위해 지하도로를 건설해서 도로는 쾌적하고 아름다웠다. 대로 좌우에는 정부 부처

히틀러가 계획한 올림픽 스타디움인 게르마니아는 알베르트 스페어가 만들었다. 게르마니아는 제3제국의 건축 방향이 형상화된 건축물이다.

건물, 백화점, 극장, 아파트 등이 늘어서 있다.

　이 모든 도시 설계를 주관한 사람은 알베르트 슈페어Albert Speer, 1905~1981인데, 그는 1920년대 독일을 풍미한 모더니즘 양식 대신 히틀러가 좋아하는 고전적 건축 양식에 따라 건물을 설계하고 만들었다. 그래서 대로를 걸으면 2,000년 전 로마의 중심가를 걷는 듯한 착각에 빠지게 된다.

총통 관저와
국민대회당

　　　　　개선문을 지나 대로에서 북쪽을 보면 정면에 웅장한 총통 관저와 국민대회당이 보였다. 이 거리의 주인공은 바로 저 두 건물이다. 총통 관저는 1939년 1월에 완공되었다. 건물의 정면은 700미터로 베르사유 궁전보다 100미터가 더 길다. 건물에 창은 없지만 5층에 발코니가 있어 광장에 모인 수백만의 군중 앞에 히틀러가 나와 연설할 수 있었다.

　　총통 관저에 초청된 사람이라면 호화롭고 웅장한 접견실에서 히틀러를 만날 수 있는데, 그중 압권은 내부로 들어가는 높이 5미터의 출입문이다. 이 출입문 위에는 독수리가 날개를 펴고 출입자를 거만하게 내려다보고 있다.

　　문을 열고 들어가면 긴 갤러리가 나온다. 베르사유 궁전의 거울의 방을 모방한 이 갤러리는 길이가 무려 150미터나 되는데 역시 거울의 방보다 2배 이상의 크기다. 히틀러는 거울의 방만큼이나 강렬한 빛을 원해서 항상 직원들에게 거울처럼 빛나도록, 이곳에 온 외교관들이 미끄러질까봐 조심조심 걸을 정도로 바닥을 닦으라고 지시했다.

　　히틀러를 만난 사람들은 대개 그의 소박하고 친절한 성품을 칭찬했다. 대부분 독재자는 자신의 행동과 말 그 자체를 일종의 프로파간다로 보기 때문에 결코 남에게 흠 잡힐 행동이나 말은 하지 않는다. 더군다나 히틀러는 채식주의자이자 동물 애호가로서 남에 대한 배려와 생명에 대한 존중의 정서를 갖고 있었다. 그렇기에 그의 지독한 야누스적 이중인격은 연구 대상이다.

국민대회당은 로마의 판테온을 모방한 것으로 돔 지름이 140미터로 너비가 판테온 돔의 8
배에 달한다. 돔 꼭대기에는 지구를 움켜쥔 거대한 독수리상이 조각되어 있다. 국민대회당
건축 모형.

　　총통 관저의 중심인 집무실은 화려한 장식과 가죽으로 꾸몄으며,
그 크기도 집무실이라기보다 작은 홀 수준이었다. 천장 높이가 수 미
터로 크기가 광대한 집무실에는 천장까지 치솟은 창을 통해 풍부한
햇빛이 들어와 그 안을 밝히고, 삼면에 놓인 책상과 응접세트에서 참
모들과 히틀러는 회의를 하거나 담소를 나눌 수 있었다. 그가 집무를
보던 책상에는 그리스 신화에 나오는 신들의 두상이 호화롭게 조각되
어 있었다.
　　게르마니아의 정점은 국민대회당이다. 국민대회당은 로마의 판테
온을 모방한 것으로 히틀러 자신이 직접 설계한 작품으로 알려져 있
다. 국민대회당 정면을 받치고 있는 붉은 기둥은 스웨덴에서 가져온
붉은 화강암으로 만들었고, 그 좌우에는 하늘과 땅을 상징하는 구체

를 짊어진 아틀라스Atlas와 텔루스Tellus의 조각상이 서 있다.

국민대회당의 돔은 지름이 140미터로 너비가 판테온 돔의 8배에 달하는데, 축구장보다 훨씬 크고 성 베드로 대성당이 16개나 들어갈 정도의 규모다. 돔의 꼭대기에는 지구를 움켜쥔 거대한 독수리상이 조각되어 있다.

내부에 들어가면 23미터 높이의 횟대에 앉아 있는 거대한 독수리가 있는데 이곳이 바로 연단이다. 중앙 무대는 3층의 관람석이 바라보고 무대 주위에는 3층 높이의 기둥 100개가 둘러싸고 있다. 이 엄청난 대회당에는 18만 명의 관중이 모일 수 있다. 그들은 300미터 높이의 허공에 떠 있는 거대한 돔을 보고 감탄하고, 이어 연단에서 연설하는 히틀러를 우러러보며 감격의 눈물을 흘릴 것이다. 그들이 질러대는 "하일 히틀러Heil Hitler"라는 열광적인 구호 소리는 돔을 돌아 쩌렁쩌렁 국민대회당 전체를 울릴 것이다.

20세기 전체주의 도시 설계의 완성작이 바로 게르마니아였다. 전체주의의 몰락과 함께 오늘날 게르마니아는 히틀러의 정신병적 광기를 표현하는 비현실적·몽상적 도시라고 비판받지만, 그것은 어디까지나 전체주의의 패배가 있었기에 가능한 것이었다. 실제로 총통 관저는 폭격으로 파괴되었고 개선문과 국민대회당은 완성되지 못했다. 그러나 히틀러 이후에도 우리는 전체주의를 모스크바나 어느 제3세계의 도시에서 보았고 지금도 볼 수 있다. 거대한 선전선동의 공간이 되어버린 도시, 과연 우리 마음속에 내재한 파시즘에 우리는 항상 당당할 수 있을까?

에필로그

　　2020년 5월 미국 경찰의 흑인 폭행 치사 사건은 미국의 민족 차별 문제를 다시금 부각했다. 혹자들은 이를 트럼프의 백인 중심 정치로 인해 일어난 일이라고 생각하지만, 흑백 차별 문제는 흑인 대통령 버락 오바마 시대에도 변함없이 제기되어왔던 일이다. 2014년 아카데미 작품상 〈노예 12년〉, 2017년 아카데미 작품상 〈문라이트〉, 2019년 아카데미 작품상 〈그린북〉은 민족 차별 문제가 항상적인 미국의 고질임을 웅변하고 있다(쿠엔틴 타란티노Quentin Tarantino의 〈장고 분노의 추적자〉[2013년]와 〈헤이트풀〉[2016년] 역시 오바마 시대 흑백 문제를 다룬 멋진 영화라고 할 수 있다).

　　미국에서 왜 민족 차별 문제가 해결되지 않을까? 2020년 미국 대선에서도 드러났지만 미국 정치는 유색인종에게 높은 진입 장벽을 쌓고 있다. 미국의 선거제도는 국민이 유권자 등록을 해야 선거권을 갖는데, 유색인종에게 이것은 만만치 않은 일이다. 주별 선거인단제도 역시 소수민족에게 불리하다. 그러나 무엇보다 가장 큰 문제는 바로 다수결의 원칙이다. 백인이 과반을 차지하기 때문에 과반 이하 유색인종의 정치적 발언권은 제한될 수밖에 없다. 2020년 대선도 백인 서민층이 승패를 좌우했다. 결국 미국의 선거제도는 유색인종을 차별해서 백인 중산층과 서민층의 지지를 받아야 승리하는 구조인 것이다.

이는 민주주의가 발달했다는 유럽 선진국들도 마찬가지다. 유럽 선진국에는 모두 10퍼센트 이상의 유색인종이 살고 있지만 이들의 정치적 발언권은 미미하다. 스웨덴에서 흑인이나 황인이 총리로 선출되거나 프랑스에서 무슬림이 대통령으로 선출될 가능성은 없다고 보아야 한다. 유럽은 백인들이 정치를 독점하고 있다.

그렇다. 우리가 알고 있는 현대의 절차적 민주주의는 대부분 단일 민족주의를 배경으로 하고 있다. 19세기 유럽에서 민족국가를 건설하며 형성된 절차의 틀이 지금도 계속 유지되고 있기 때문이다. 소수민족을 배려하고 그들에게 동등한 시민권을 부여할지 몰라도 정치권력을 허용하지는 않는다. 1인 1표, 다수결의 원칙을 지키는 한 백인이 다수를 차지하는 나라에서 소수민족이 권력을 장악할 가능성은 없는 것이다.

민족과 민족의 갈등은 왜 일어나는 것일까? 최근 한국의 어느 초등학교에서 일어난 일이다. 독도가 우리 땅임을 수업하고 있는데 학생 한 명이 울음을 터뜨렸다. 당황해서 교사가 이유를 물었더니 독도가 일본 땅이라는 것이다. 그 학생은 일본인이었다.

우리는 다문화를 의식주의 다양성 정도로 쉽게 생각하지만, 다문화는 가치의 다양성을 의미하는 것이다. 힐러리 클린턴의 자서전인 『살아 있는 역사』에는 그가 정치인으로서 미국적 가치에 충실하고자 했던 노력을 볼 수 있다. 아무리 그가 반전운동 세대 출신에 개혁적 정치인이고자 하더라도 기본적으로 미국적 가치를 넘어설 수 없었다. 미국 백인의 지지를 받지 않고 성공할 수 없기 때문이다.

그런 의미에서 새뮤얼 헌팅턴Samuel Huntington, 1927~2008의 '문명충돌론'의 의미를 좀더 명확하게 이해할 수 있다. 문명충돌론은 기독교 문명과 이슬람 문명이 충돌할 것이라는 의미가 아니라, 이슬람 문명과 충돌하는 한이 있어도 기독교 문명권의 가치를 양보하거나 공존할 생각이 전혀 없다는 것이 기독교 문명권의 보편적 시각이라는 의미다. 처음부터 이슬람 문명권의 생각이나 의지에는 관심이 없는 것이 바로 문명충돌론이다.

이는 우리도 마찬가지다. 중국인이나 일본인이나 흑인이나 백인이나 누구와도 같이 살 생각은 있지만, 그들의 가치를 이해하고 존중하고 타협할 생각은 없다. 우리의 국익적 가치를 한 치도 양보할 생각이 없기 때문이다.

무엇보다 이러한 국익적 가치 혹은 주류 민족의 가치관을 양보해서는 선거에서 표를 얻을 수 없다. 절차적 민주주의가 강조되고 다수 득표자가 권력을 획득하는 현대 민주주의 사회에서 주류를 넘어서는 보편적 가치를 주장하는 세력은 결코 유권자의 선택을 받을 수 없기 때문이다. 결국 현대 민주주의 사회는 민족 간 갈등과 충돌이 일상화될 수밖에 없는, 즉 민주주의로 인해 민족 분쟁이 심화되는 모순에 빠지게 되는 것이다.

20세기 지구촌에서 소수민족이 다수민족을 지배한 사례는 없을까? 많다. 아시아와 아프리카에서는 지금도 많이 존재한다. 그러나 주지하다시피 대부분 독재국가들이고 내전을 겪고 있다. '다수결'을 부정한 나라들은 독재가 필연이고 나라를 불행으로 빠뜨렸다. 소수의 다수 지배는 분명 정답이 아니다. 그렇다면 다민족·다문화 사회에서 민주주의가 정상적으로 작동하려면 어떻게 해야 하는가?

우리는 다원화 시대에 민주주의의 모델을 역사에서 찾아야 한다. 가장 대표적인 것이 오스만튀르크의 밀레트 제도다. 다양한 민족과 신앙의 공존을 위해 시행한 밀레트, 즉 민족과 신앙 자치 공동체 제도는 오스만튀르크가 16세기 강대국으로 성장하는 가장 강력한 동력이었다. 밀레트는 권력을 잡은 민족도, 다수의 신앙도 절대적 권력을 휘두르지 않고 다양한 민족과 신앙을 보듬은 공존의 제도였고 성공한 제도였다.

청나라도 성공적이었다. 만한병용滿漢竝用을 통해 소수민족이 정치권력을 잡았지만, 만주족과 한족은 동등하게 권력을 배분했다. 만주족은 다수의 한족을 차별적 존재로 보기보다 통치해야 할 민중으로 이해했다. 민족 이전에 민중으로 보고 그들의 부담과 고통을 덜어주려 한 정책은 만주족 왕조의 성공적인 200년 지배를 보장했다.

현대 민주주의는 민족국가에 기반하고 있으며, 21세기 다원화 시대 명백한 한계에 봉착했다. 스웨덴의 이민 규제, 프랑스의 이슬람 차별, 미국의 흑백 문제는 우리가 새로운 민주주의, 절차와 다수결을 넘어선 민주주의를 모색할 당위를 부여하고 있다.

한국은 상대적으로 다원적 민주주의에 대해 고민하지 않고 있다. 견고한 단일민족주의에 입각한 민주주의가 작동하고 있기 때문이다. 그 누구도 동남아시아 이주노동자들의 투표권이나 국회에서 대표성을 고민하지 않는다. 그러나 우리가 1인 1표와 다수결의 문제를 고민하지 않는 한 다원화된 대한민국을 만들 수 없다. 현재의 다원화 구호는 헛된 관념적 슬로건일 뿐이다.

21세기 세계를 이끌어갈 나라는 다원화에 기반한 민주주의에 대해 대안을 만들어낸 나라일 것이다. 1인 1표가 아니라 1족族 1표, 중앙집권적 단일정부가 아니라 지방분권적 자치 공동체, 다양한 공동체의 다양한 가치가 공존하고 어우러지는 사회, 궁극적으로 문화의 다원성이 아니라 정치의 다원성이 보장되는 사회를 만드는 나라가 세계화된 지구의 새로운 주도 국가가 될 것이다.

이 책은 다원적 가치의 충돌을 해결하고 공존하는 세상을 위해 상대적 가치관에 입각해 쓰였다. 일방적 목소리가 아니라 당사자의 주장을 존중하고 서로에 대한 상호 존중을 목적으로 현대의 우열과 상관없이 각 민족과 나라의 영광과 오욕을 모두 다루었다. 이를 통해 21세기 새로운 민주주의를 고민하는 장場으로 만들고자 했다. 이 책이 세계 모든 민족과 문명을 존중하고 서로 공존하는 세상에 보탬이 조금이나마 되기를 바란다.

참고문헌

고혜선 편역,『마야인의 성서 포폴 부』, 여름언덕, 2005년.

나가하라 게이지, 하종문 옮김,『20세기 일본의 역사학』, 삼천리, 2011년.

林房雄,『大東亞戰爭 肯定論』, 中央公論新社, 2014년.

박노자,『거꾸로 보는 고대사』, 한겨레출판, 2010년.

브룬힐데 폼젤, 토레 D. 한젠 엮음, 박종대 옮김,『어느 독일인의 삶』, 열린책들, 2018년.

笹山晴生 외,『山川 日本史總合圖錄』(增補版), 山川出版社, 2000년.

에드거 스노, 홍수원·안양노·신홍범 옮김,『중국의 붉은 별』, 두레, 2013년.

이시다 미키노스케, 이동철·박은희 옮김,『장안의 봄』, 이산, 2004년.

조길태,『인도사』, 민음사, 1994년.

조정래,『한강』(전10권), 해냄, 2007년.

존 줄리어스 노리치, 남경태 옮김,『비잔티움 연대기 1』, 바다출판사, 2007년.

주달관, 동국대학교 전자불전·문화재콘텐츠연구소 편,『진랍풍토기: 앙코르 문명에 관한 최초의 기행문』, 백산자료원, 2007년.

타밈 안사리, 류한원 옮김,『이슬람의 눈으로 본 세계사』, 뿌리와이파리, 2011년.

파드마삼바바, 장순용 옮김,『티베트 사자의 서』, 김영사, 2008년.

헤로도토스, 천병희 옮김,『역사』, 숲, 2009년.

힐러리 클린턴, 김석희 옮김,『살아 있는 역사』(전2권), 웅진지식하우스, 2003년.

상대적이며
절대적인
세계사
ⓒ 표학렬, 2021

초판 1쇄 2021년 11월 2일 찍음
초판 1쇄 2021년 11월 8일 펴냄

지은이 | 표학렬
펴낸이 | 강준우
기획·편집 | 박상문, 고여림
디자인 | 최진영
마케팅 | 이태준
관리 | 최수향
인쇄·제본 | ㈜삼신문화

펴낸곳 | 인물과사상사
출판등록 | 제17-204호 1998년 3월 11일

주소 | (04037) 서울시 마포구 양화로7길 6-16 서교제일빌딩 3층
전화 | 02-325-6364
팩스 | 02-474-1413

www.inmul.co.kr | insa@inmul.co.kr

ISBN 978-89-5906-616-2 03900

값 17,000원